SCHIFFFAHRT
AM BODENSEE

VOM EINBAUM ZUM KATAMARAN

Herausgegeben vom Vorarlberger Landesmuseum

Schifffahrt am Bodensee – Vom Einbaum zum Katamaran
Vorarlberger Landesmuseum

Steißlingen, Culturis Verlag Ernst Troll 2005
ISBN 3-9809773-1-5

1. Auflage 2005
© 2005 by Culturis Verlag Ernst Troll
Mozartstraße 1, D-78256 Steißlingen
www.culturis.de
info@culturis.de
Telefon   +49 7738 92 96 44
Telefax   +49 7738 92 96 48

Layout	Ernst Troll, Dipl. Designer
Landschaftsfotografie Doppelseiten	Anneros Troll (www.edition-fotoart.com)
Redaktion	Gerda Leipold-Schneider, Vorarlberger Landesmuseum
Lektorat	Anja Rhomberg
Autoren	Siehe Seite 176
Satz und Lithografie	Troll Design und Medien
Herstellung	Geiselmann PrintKommunikation GmbH
	Leonhardstraße 23, D-88471 Laupheim, Telefon + 49(0)7392 97 72-0

ISBN 3-9809773-1-5

SCHIFFFAHRT AM BODENSEE
VOM EINBAUM ZUM KATAMARAN

Inhalt

Vorworte

Über den See gesehen

Das kann er sein: der See der Pfahlbauer, der See der Römer, der See der Missionare, der See der Landesherren, der See der kleinen Leute, der See der Gewerbe- und Handeltreibenden, der See der Bauherren, der See der Künstler, der See der Historiker ...

Mit vorgeschichtlichen Pfahlbauten kann man am Ostende des Bodensees nicht dienen, wo der Pfänder fast senkrecht ins Wasser abfällt und im Flachen Leiblach, Bregenzerach und Rhein einströmen. Einen Flottenstützpunkt teilten sich aber Bregenz da und Konstanz im Westen zur Römerzeit. Die Missionare kamen hierher von Arbon zu Schiff ('christliche Seefahrt'). Die Wasserburg Fußach war umkämpft, wurde zerstört. Der Stadtschatz, er hätte zu Wasser nach Rorschach gebracht werden sollen, ist im Wintersturm untergegangen. Reisende gab es ... von Rom nach Weimar, Segler ... „Sowitasgoht". Der Turm von Birnau ... ein Leuchtturm.
Wasser gemalt von Adolf Dietrich, von André Ficus. Das Festspiel als Schiff ...

So könnte man dahindenken. Aber: hier soll man lesen, was Museumsleute, Archäologen, Archivare heben, retten.

Helmut Swozilek
Direktor des Vorarlberger Landesmuseums

Entdeckungsreise

Bodenseeumspannend ist die Schifffahrtsgeschichte. Das ganze Jahr belebten die Schiffe – vom römischen Mannschaftsboot bis zur Weißen Flotte – die Wasserfläche des Bodensees. Angetrieben von Muskel-, Wind- und Maschinenkraft werden die typischen Lastsegelschiffe und die eine neue Zeit ankündigenden Dampfschiffe als faszinierende Fahrzeuge hier vorgestellt. Der Verkehr zu Wasser hatte vielfältige Hintergründe, unterlag bestimmenden Faktoren und Einflüssen. Einiges davon wird der entdeckungsfreudige Leser erfahren.

Alte Leuchttürme, historische Hafenmauern und Lagerhäuser rings um den See sind sichtbare Relikte des zuletzt umfangreichen Güter- und Personenverkehrs per Schiff. Die Museen und Archive bewahren Bilder und Modelle, Gegenstände und Dokumente, die entdeckt werden wollen. Dies ist erklärtes Ziel unseres Buches, für das Archivare und Museumskuratoren aus der Fülle des Gesammelten und Überlieferten viel Interessantes ausgewählt haben.

Das Buch versteht sich als Einladung, selbst auf Entdeckungsreise zu gehen: vom Überlingersee bis zur Bregenzer Bucht, vom südlichen bis zum nördlichen Ufer des „Schwäbischen Meeres". Vom Archäologischen Landesmuseum in Konstanz bis zur Faktorei des Hafenortes Fußach, vom Vorarlberger Landesmuseum in Bregenz zur Greth (auch Gredhaus) in Überlingen. Treten Sie die Fahrt mit einem historischen Fahrzeug an. Erleben Sie den Wind auf der nach historischen Vorlagen gebauten Lädine „St. Jodok" und das Flair auf dem restaurierten königlich-württembergischen Dampfschiff „Hohentwiel"!

Gerda Leipold-Schneider

Blick vom Meersburger Schloss zum Säntis

Der Bodensee – eine Schiffslandschaft

Matthäus Merian und Achilles Pirmin Gasser, Ptolemäus Münster und Pater Gabriel Hecht, J. A. Pecht und August Brandmeyer, Kaspar Obach und Louis Bleuler, Künstler und Kartographen hielten den Bodensee als Schiffslandschaft fest. Wollen wir es nicht als künstlerische Freiheit abtun, so scheint es, dass die Bodenseelandschaft vom Schiffsverkehr geprägt war. Columban und Gallus nahmen das Schiff, der Leichnam des Heiligen Otmar wurde per Schiff transportiert, der Mailänder Bote fuhr damit. Schlachten wurden auf dem See geschlagen, von römischen Soldaten, von den Schweden und zahlreichen anderen.

Von der Urgeschichte bis ins Mittelalter

Bislang sind als materielle Zeugen der frühesten Schifffahrt auf dem Bodensee nur der Altfund eines Einbaums in der Ufersiedlung von Konstanz-Frauenpfahl und seit den 1980er Jahren der Fund eines Spielzeugeinbaums vor Sipplingen bekannt. Schriftliche Nachrichten berichten von einer Seeschlacht des Tiberius und Drusus um 15 v. Chr. während ihres transalpinen Eroberungszuges; noch in vorrömischer Zeit beschreibt der griechische Geograph Strabon einen Fährverkehr auf dem See. In der um 390 verfassten *Notitia dignitatum*, einem Verzeichnis der zivilen und militärischen Ämter des römischen Reiches, wird eine Schiffsflotte in *Brigantium* (Bregenz) erwähnt, zu deren Schutz wohl das 1972 am Bregenzer Leutbühel ergrabene, mit mächtigen Mauern versehene Kastell diente.[1] Spätantike Kastelle bestanden auch in Arbon, Konstanz und Eschenz. Die militärischen Zwecken dienenden römerzeitlichen Patrouillenboote vom *Lacus Brigantinum* kann man sich wie die römischen Militärschiffe von Rhein und Donau vorstellen, die anhand von archäologischen Funden rekonstruiert wurden: schnelle, mit Segel und vielen Riemen ausgestattete Fahrzeuge. Funde von römerzeitlichen Lastsegelschiffen fehlen bislang am Bodensee. Sie mögen vielleicht wie jene am Lac de Neuchâtel gefundenen flachbodigen Schiffe ausgesehen haben.[2]

Mittelalterliche Quellen weisen auf weiterbestehenden Schiffsverkehr hin. Von Klöstern gegründete Märkte, wie das sanktgallische Rorschach (947), das reichenauische Allensbach (998) und das vom Lindauer Damenstift gegründete Äschach (10. Jh.), lagen am Ufer des Sees und zeugen vom stärker werdenden überregionalen Handel, der nur zu gerne den Wasserweg benutzte.[3] Auch die Abgaben aus den weitverstreuten klösterlichen Besitzungen wurden wenn möglich auf dem Wasser spediert. 1179 stellte Kaiser Friedrich I. Barbarossa als Regalherr die Freiheit der Schifffahrt wieder her und erwähnte

Abb. 1
Columban und Gallus setzen von Arbon nach Bregenz über, um 610. Miniatur des Konrad Sailer aus St. Gallen von 1451.

Abb. 2
Römisches Hafenkastell Brigantium-Bregenz. Rekonstruktion Christine Ertel 1999.

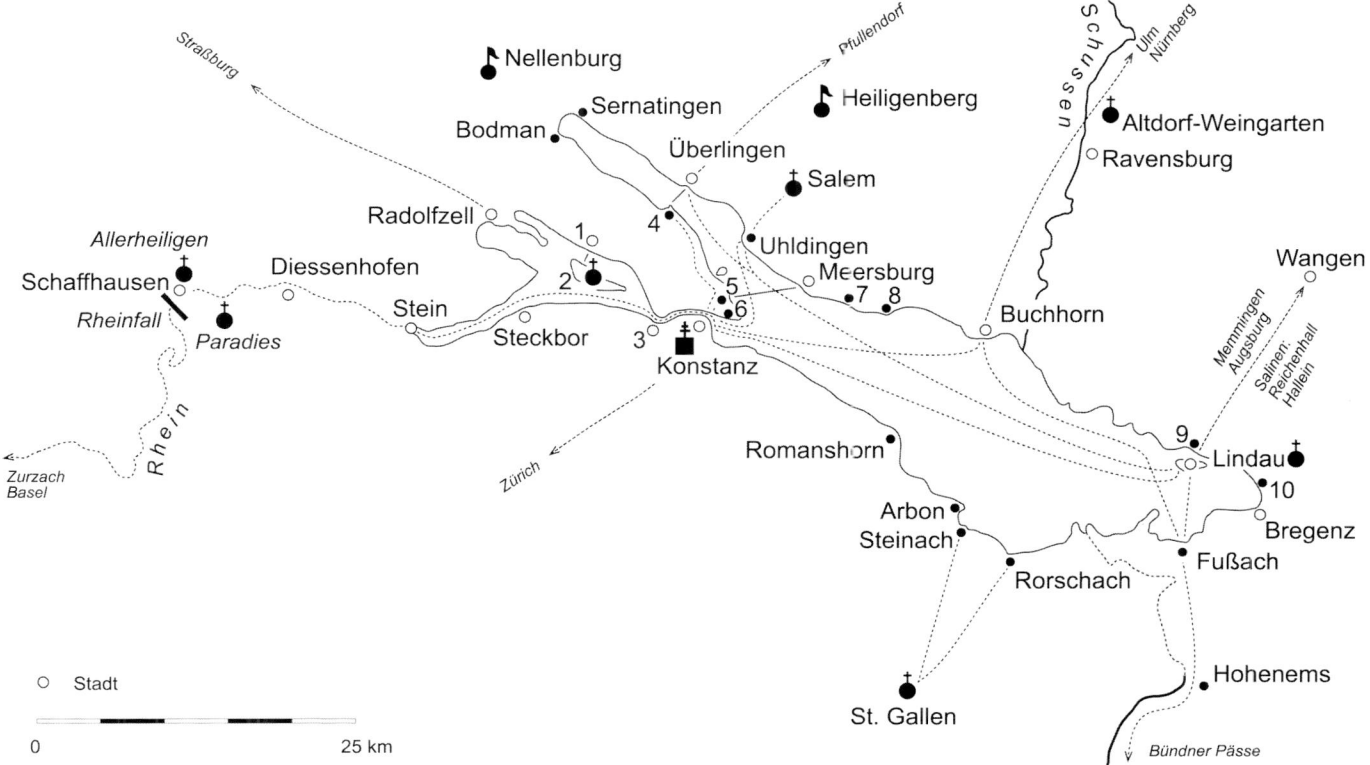

Abb. 3
Wichtige Verkehrsverbindungen über den Bodensee im Spätmittelalter.

nebenbei den Hafen von Konstanz, das sich von der Mitte des 14. bis zur Mitte des 15. Jahrhunderts zur Handelsmetropole am See entwickelte.[4]

Die Häfen - besser als Landestellen zu bezeichnen - waren mit Palisaden, die auch zum Anbinden wartender Schiffe dienten, vor Wellengang geschützt. Stege oder mit Pfählen befestigte, teils verspundete Stein- und Erddämme waren in die Flachwasserzone vorgeschoben. Verschiedenenorts bestanden seit dem Mittelalter trapezförmige Hafendämme, so etwa in Konstanz.[5] So genannte Winterhäfen waren kreisförmige Pfahlsetzungen weiter draußen im See.[6]

Lädinen, Segmer und Lauen

Die bekannten Lastsegelschiffe des Bodensees bestanden aus Eichenholz, die Fugen wurden mit Hanf ausgestopft und mit Pech verklebt[7], schließlich der ganze Rumpf mit Pech überstrichen.[8] Der Boden der Schiffe war flach, an den Enden war der Schiffsrumpf verjüngt und hochgebogen. Der mit Seilen abgespannte Mast stand in der vorderen Schiffshälfte und trug ein trapezförmiges Rahsegel. Schon im 18. Jahrhundert waren die Segel durch blaue Längsstreifen verschiedener Anzahl und Länge gekennzeichnet, sogenannte „Schildte", die auf den Heimathafen oder den Schiffseigentümer verwiesen.[9] Einen Namen trugen die Schiffe im Allgemeinen nicht. Vom ersten genauer bekannten, dem vor Immenstaad gefundenen und heute im Archäologischen Landesmuseum in Konstanz ausgestellten Lastsegler aus dem zweiten Viertel des 14. Jahrhunderts bis zu den letzten fotografisch festgehaltenen Schiffen Anfang des 20. Jahrhunderts ist eine typologische Entwicklung feststellbar.

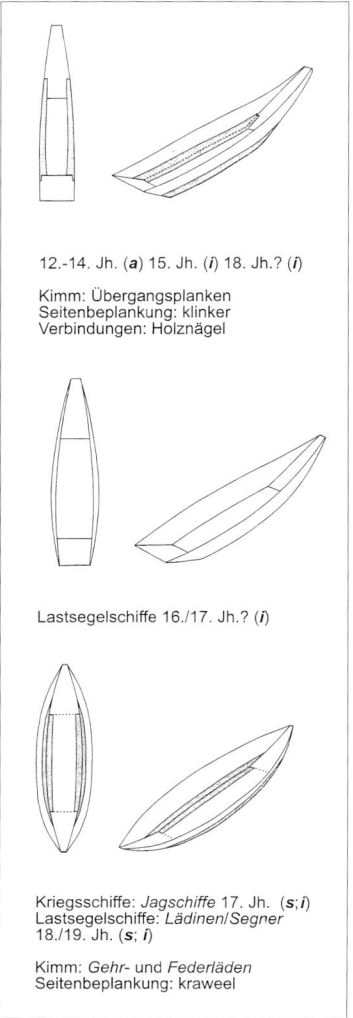

12.-14. Jh. (*a*) 15. Jh. (*i*) 18. Jh.? (*i*)

Kimm: Übergangsplanken
Seitenbeplankung: klinker
Verbindungen: Holznägel

Lastsegelschiffe 16./17. Jh.? (*i*)

Kriegsschiffe: *Jagschiffe* 17. Jh. (*s*;*i*)
Lastsegelschiffe: *Lädinen/Segner*
18./19. Jh. (*s*; *i*)

Kimm: *Gehr-* und *Federläden*
Seitenbeplankung: kraweel

Abb. 4
Idealtypen von Bodensee-Schiffsrümpfen zwischen Tradition und Innovation nach archäologischen (a), schriftlichen (s) und ikonographischen (i) Quellen.

Der Bodensee – eine Schiffslandschaft

Das vor Immenstaad geborgene Schiffswrack zeigt eine kastenförmige Rumpfform mit vertikaler überlappender (= geklinkerter), mit Holznägeln befestigter Seitenbeplankung. Die L-förmige Übergangsplanke zwischen Bodenplatte und Seitenbeplankung, die weit hochziehenden, angesetzten Kaffen könnten eine römerzeitliche Entwicklung sein.[10] Ebenfalls mit Holznägeln gefügt war das anlässlich der Vertiefung des Bregenzer Hafens im Jahre 1853 entdeckte Schiff.[11] Bei den neuzeitlichen Schiffen waren die auf den Spanten mit eisernen Nägeln befestigten Planken ohne Überlappung aneinandergefügt (= kraweel angebracht). Die Nägel sind senkrecht durch die Planken geschlagen. Statt der Übergangsplanken kam die aus Gehr- und Fensterläden zusammengesetzte Kimm in Verwendung. Der neuzeitliche Schiffsrumpf hatte nach außen gelehnte Seitenwände.[12]

Die Lastsegelschiffe wurden im Verlauf der Jahrhunderte immer größer gebaut. Seit dem ausgehenden 16. Jahrhundert ist die Bezeichnung Ledi für großes Schiff sicher überliefert, kleinere Schiffe werden als Segner (auch Segmer), kleine Ruderboote als Lauen bezeichnet. Dieser Begriff geht wie auch Lädine, Lädi, Ledin etc. auf mittelhochdeutsch *lede* (Last) zurück, Segmer auf lateinisch *sagma* (Last). Hier ist wohl die Benennung für die Ladung auf das Schiff übergegangen. Eine weitere Deutung sieht im Segmer auch ein zur Fischerei verwendetes Schiff und nimmt auf die Segi, lateinisch sagena, Bezug, mit der das Zugnetz der Bodenseefischer bezeichnet wurde.[13]

Abb. 5
Modell eines Lastsegelschiffes von 1850, nach den überlieferten Maßen eines Segners aus dem Jahr 1746.

In der ersten Hälfte des 18. Jahrhunderts sind aus Lindau erstmals Maße für die Schiffe bekannt.[14] Die angegebene Ladekapazität der Lastsegelschiffe schwankt beträchtlich. Im 16. Jahrhundert betrug sie mindestens 40-60 t[15], im 17. Jahrhundert 80 t; genauere Angaben im 18. Jahrhundert sprechen von 30-45 t für einen Segmer und von 90-150 t für eine Lädine. Danach sank die Ladekapazität der großen Schiffe wieder, so dass Lastsegler mit 60 t Ladevermögen nun die verbreitetsten auf dem See waren. Die Konkurrenz der Dampfschifffahrt machte sich bereits bemerkbar.[16] Als Lademarken schlug man Kupfernägel in den Rumpf der Schiffe, wodurch die Überladung der Schiffe vermieden werden sollte.[17] Freibordmaße sind erstmals im 16. Jahrhundert überliefert, sie betrugen zwischen der Oberkante des Schiffsrumpfs und der Wasseroberfläche 24 bis 42 cm. Mit sogenannten „Windläden", vorgeschrieben durch die Internationale

Schifffahrts- und Hafenordnung ISHO 1867, wurde der Abstand vergrößert.[18]

Mit dem Rollenseil wurde das Segel am Mast hochgezogen, bei starkem Wind musste man es tiefer hängen und reffen (von unten hinaufnehmen). Von den rechten und linken Enden der Segelrute liefen Zugseile, die „Glocken", zum Steuerrangen. Ein Ende wurde befestigt („Fuß"), das andere blieb beweglich.[19]

Das Steuerruder war fast immer auf der linken Seite des Heckteils, d.h. auf der Backbordseite angebracht, und hatte seit dem 16. Jahrhundert eine markante Form. Es konnte beim Be- und Entladen in flachen Uferzonen ausgehängt werden.[20] Wahrscheinlich fehlte den Schiffen lange Zeit ein festes Deck, das nur bei Bedarf aus einfachen Brettern zum Schutz der Ladung errichtet wurde. Meist waren die Hölzer im Bauch der Schiffe deponiert und schützten so zusätzlich vor dem Sickerwasser am Schiffsboden. Erst im Verlauf der zweiten Hälfte des 19. Jahrhunderts, als die Lastsegler vorwiegend Kies und Baumaterial transportierten, erhielten sie zur Erleichterung der Beund Entladung ein tragfähiges Deck.[21]

Die Schiffsausstattung umfasste neben Segel und Tauwerk Ruder, Steuerruder, Schöpfgeschirr und lange Zeit einen hölzernen Anker mit Metallspitzen. Eine Werkzeugkiste mit satteldachförmigem Deckel („Schiffstrog"), später ein eigenes kleines Haus, das „Sternahüsle", diente der Aufbewahrung von Kompass und Schiffszubehör.[22] Seit dem 16. Jahrhundert ist der Kompass am Bodensee bekannt, ein Inventar des Grafen von Montfort aus dem Jahre 1574 erwähnt ihn.[23] 1843 werden als Schiffsausstattung im Detail genannt: Mast mit vollständigem Tau- und Takelwerk, Kompass, sechs Lichter, zwei Laternen nebst Feuerzeug, Zange, Beil und Säge, ein hölzerner Anker (bis ins 18. Jh. aus Gabelholz, mit eisernen Spitzen[24]), zwei Ankerseile, zwei starke und vier kleinere Anbindstricke, neun Ruder, acht Schalten, ein Hacken (Hacke), vierundzwanzig Stück Wieden (Weiden) zum Einlegen der Ruder, 15 Stück Helmnägel, vier Trillerbengel (für die Winde im Heck des Schiffs zum Spannen des Seils), sechs Wasserschapfen (Schöpfgeschirre). Die Anzahl der Gerätschaften entspricht der Schiffsmannschaft: 6-7 Knechte und ein Steuermeister arbeiteten auf einer großen Lädine.[25]

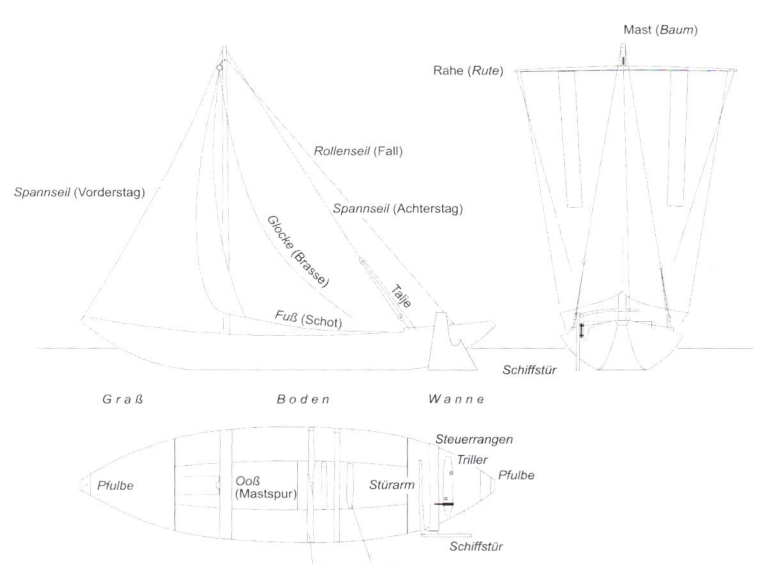

Abb. 6
Idealtyp eines Segners aus dem 19. Jahrhundert.

Abb. 7
Schiffstrog im Stadtmuseum „Zum Cavazzen", Lindau.

Der Bodensee – eine Schiffslandschaft

Neuzeit

Das neuzeitliche Schiff sah nicht nur anders aus als das mittelalterliche, auch die Art des Waren- und Personentransportes auf dem Bodensee veränderte sich mit der Verlagerung der Fernhandelsrouten und dem zunehmenden Warenaustausch. Wurden ursprünglich Kaufmannsgut und Pilger transportiert, waren es nun aus verschiedenen Gründen Reisende. Man beförderte verstärkt Massengüter wie Holz, Salz, Getreide, neben einer geringeren Menge anderer Waren, deren Vielfalt jedoch erstaunt. Im 18. Jahrhundert finden folgende Güter Erwähnung, die beispielsweise im Fußacher oder Überlinger Hafen umgeschlagen wurden: Reisfässer, Erzeugnisse der Viehwirtschaft (Schmalz, Käse, Zieger, Häute und Felle), des Weinbaus und der Textilerzeugung (Hanf, Flachs, Leinwand, Zwillich, Seile), Metalle (Eisen, Kupfer) und Glas sowie Arbeitsgerät wie Sensen, Wetzsteine und Mühlsteine.[26]

Von Bregenz und Hard aus – Zielorte des auf der Bregenzer Ache geflößten Holzes – wurden im Frühjahr Millionen Rebstecken verschifft, die in die Weinbaugebiete am Untersee und bis ins Elsass geliefert wurden. Ein weiteres wichtiges Transportgut der Bodenseelastsegelschifffahrt war seit dem Mittelalter das Salz, das in der Viehzucht und zur Konservierung von Lebensmitteln nötig gebraucht wurde. Über Lindau nach Schaffhausen und über Buchhorn (Friedrichshafen) in die Schweiz wurde im 17. Jahrhundert Salz aus Hall in Tirol und aus Reichenhall in Oberbayern spediert. Salzlieferverträge mit Schaffhausen wie auch mit Basel, Bern und Solothurn sind erhalten.[27] Die Lieferung nach Bern erfolgte zunächst bis Schaffhausen, dort wurde das Salz auf Fuhrwerke verladen und auf der Aare bis Brugg (bis 1798 bernisch) verschifft.

Im 18. Jahrhundert wurde Salz vom Lochauer Bäumle, später vom Bregenzer Hafen aus in den Breisgau, nach Luzern, Glarus und nach Schwyz geliefert. Buchhorn und Konstanz besaßen 1764 je vier große Schiffe mit einer Tragfähigkeit von bis zu 150 Tonnen, die in erster Linie dem Salztransport dienten. Auch von Radolfzell wurde Salz weit ins Württembergische hinein und in die Schweiz geliefert.[28] Die Schweiz verfügte bis ins 19. Jahrhundert über keine nennenswerte eigene Salzproduktion, ein einziges Salzvorkommen gab es in Bex (Wallis).

Im 16. Jahrhundert entwickelte sich der Handel mit Getreide zwischen Schwaben und der Schweiz bzw. Vorarlberg. Getreideumschlagplätze waren besonders Buchhorn, Langenargen, Lindau, Bregenz und Überlingen. Die Zielhäfen lagen in Bregenz, Rheineck und Rorschach. Von Schaffhausen und auch von Stein am Rhein aus erfolgte in großem Stil die Versorgung Zürichs mit Getreide.[29] Zu Zeiten politisch und versorgungspolitisch motivierter Getreideausfuhrverbote aus Schwaben in die Schweiz wurden große Mengen Getreide über den See geschmuggelt. Der Getreidetransport zu Wasser war bis ins 19. Jahrhundert wichtig und wurde nun in großem Ausmaß von der Dampfschifffahrt übernommen. Die Entwicklung der Dampfmaschine durch Dennis Papin und James Watt revolutionierte den Verkehr zu Lande und auf dem Wasser.[30]

Dampfschifffahrt

Seit das vom Amerikaner Robert Fulton (1765-1815) erbaute Dampfschiff „Claremont" 1807 erstmals auf dem Hudson gefahren war, wurden dampfbetriebene Schiffe 1812 in England, 1815 in Russland und den Niederlanden sowie 1816 in Frankreich in Betrieb genommen. Zwei Jahre später probierte der in Konstanz wohnhafte Zürcher Tuchscherer und Mechaniker Johann Caspar Bodmer sein selbst erbautes Dampfboot aus, welches zu Ehren der badischen Großherzo-

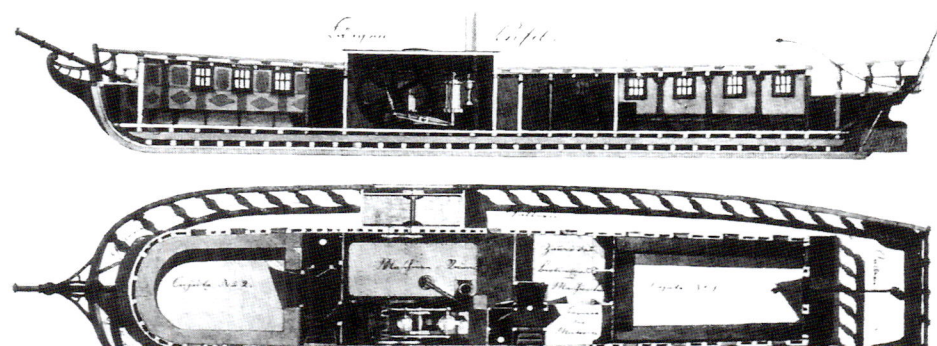

Das von Kasper Bodmer 1817 konstruierte erste Dampfschiff „Stephanie"

Abb. 8
„Stephanie".

gin auf den Namen „Stephanie" getauft wurde. Da die englischen Lieferanten der Dampfmaschine diese vor vollständiger Bezahlung nicht auslieferten, baute Bodmer eine kleine Dampfmaschine aus seiner Spinnereifabrik ein. Die eigentliche Jungfernfahrt wurde am 29. April 1818 von Konstanz nach Meersburg durchgeführt, war aber wegen der zu kleinen Dampfmaschine nicht erfolgreich. Aufgrund fehlender Finanzmittel wurde die „Stephanie" 1821 auf Abbruch versteigert, der Volksmund nannte das Schiff „Steh fahr nie".[31]

Doch bald wurden wiederum Wirtschaftskreise aktiv, deren Proponenten der Stuttgarter „Buchhändlerfürst" von Cotta, Edward Church, in Bordeaux akkreditierter Konsul der Vereinigten Staaten und Macaire d'Hogguer waren. Ein Jahr, nachdem auf dem ersten europäischen Binnensee, dem Genfer See, 1823 die Dampfschifffahrt begonnen hatte, gingen die ersten Dampfschiffe auf dem Bodensee in Betrieb. Am 1. Dezember 1824 nahm das württembergische Dampfboot „Wilhelm" seine regelmäßigen Fahrten zwischen Friedrichshafen und Rorschach auf. Zwei Tage später, am 3. Dezember 1824, führte das Dampfboot „Max Joseph" seine erste Fahrt von Friedrichshafen nach Lindau aus. 1829 wurde es aus wirtschaftlichen Gründen außer Dienst gestellt.[32]

Doch die alten Schifferzünfte erkannten in den Dampfschifffahrtsgesellschaften ihre existenzbedrohende Konkurrenz, die sie mit ihren Mitteln zu bekämpfen suchten. Der Betrieb der „Max Joseph" – 1831 in Friedrichshafen auf Abbruch versteigert – scheiterte am Widerstand der Lastsegelschiffer, deren drei Lindauer Gesellschaften sich 1811 zusammengeschlossen hatten. Sie besaßen das Recht zur Abfuhr aller Güter aus Lindau. Erst 1841 verkauften die Lindauer Schiffleute ihr Recht, Abfuhrgebühren zu kassieren, für 84.000 Gulden an die königlich-bayerische Regierung. Die 1837 gegründete Lindauer Dampfboot AG der „Ludwig" hatte 1838 regelmäßige Fahrten aufgenommen.[33] Die für die Dampfschifffahrt günstigste Lösung fand das Königreich Württemberg, das das gesamte Schiffsmaterial der Schifferzunft übernahm und jedem Zunftmitglied eine jährliche Leibrente von 450 Gulden gewährte. Der Hafenort Buchhorn wurde –

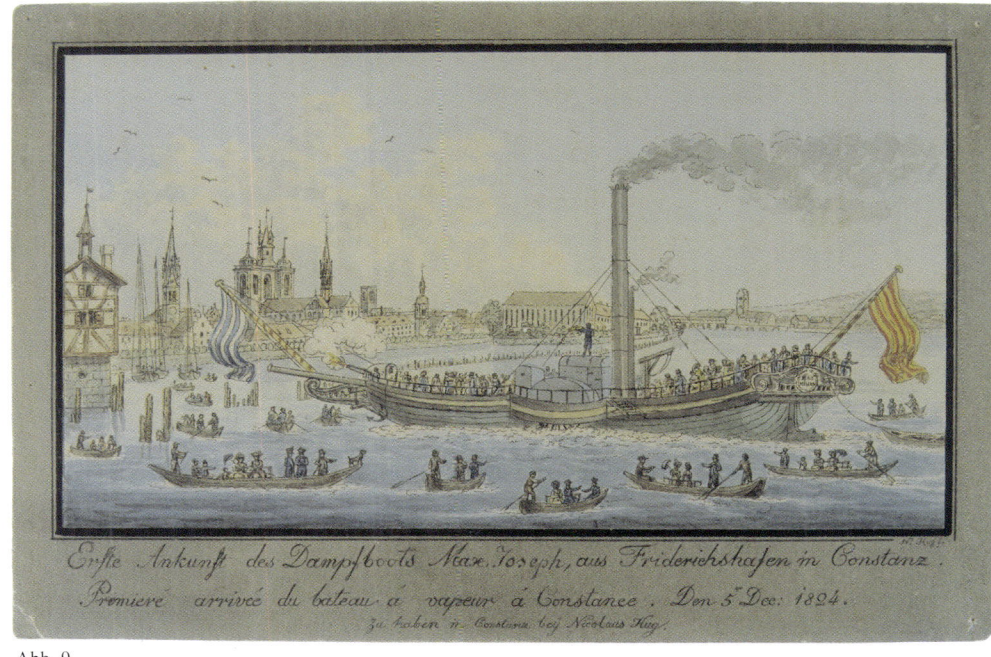

Abb. 9
Das bayerische Dampfschiff „Max Joseph".

vereinigt mit dem aufgehobenen Priorat Hofen – nach dem Übergang an Württemberg Friedrichshafen genannt und avancierte im 19. Jahrhundert nach Lindau zum zweitwichtigsten Hafen nördlich des Sees.[34]

Schon im Jahre 1831 war auch das Land Baden mit einem eigenen Dampfschiffsbetrieb gefolgt, der seine ersten Fahrten 1831 mit der „Leopold" und 1832 mit der „Helvetia" unternahm.[35]

Abb. 10
Glattdeckdampfer.

Die ersten Bodenseedampfer „Wilhelm", „Max Joseph", „Leopold" und „Helvetia" besaßen einen Schiffsrumpf aus Holz.[36] Die Glattdeckschiffe waren anfänglich noch mit zusätzlicher Segelausrüstung ausgestattet. Auf reinen Zweckverkehr ausgerichtet, hatten sie außer den beiden Radkästen und dem hohen Rauchfang damals keine Aufbauten, das langgestreckte Vorschiff wurde „Viehdeck" genannt. Als gedeckte Fahrgasträume standen den Reisenden lediglich eine oder zwei muffige Kajüten im Unterdeck zur Verfügung. Die Beförderung von Personen spielte vorerst nur eine untergeordnete Rolle, um so wichtiger war der Gütertransport.[37]

Eisenbahnzeitalter

Dort, wo die Eisenbahnlinien das Seeufer erreichten, entstanden wichtige Umschlagplätze etwa für den Getreidetransport: Friedrichshafen (1847), Lindau (1853), Romanshorn (1855). Seine größte Blüte erreichte der Lindauer Kornmarkt zwischen 1850 und 1884, dem Eröffnungsjahr der Arlbergbahn. Jede neu errichtete Eisenbahnlinie zog einschneidende Verkehrsverlagerungen nach sich, so wurde etwa der Hafen Rheineck durch den Bau der Eisenbahnlinie bedeutungslos. Ähnliches gilt auch für Überlingen und Sernatingen, das spätere Ludwigshafen. Nachdem die Eisenbahnlinien das Bodenseeufer erreichten, verloren die Schiffsverbindungen in der Längsrichtung des Sees an Bedeutung, während die Querverbindungen an Wichtigkeit zunahmen.[38]

Die Schweizerische Dampfboot AG für den Rhein und Bodensee, die 1851 auf dem Untersee und Rhein ihren Betrieb aufgenommen hatte, fusionierte fünf Jahre später mit der Schweizerischen Nordostbahn (NOB), die den bestehenden Schiffspark nach Romanshorn überstellte. Mit den Dampfern „Thurgau" und „Zürich" – von der Schaffhauser Gesellschaft übernommen – wurde der Querverkehr von Romanshorn nach Friedrichshafen und Lindau aufgenommen. 1864 wurde jedoch in Diessenhofen erneut ein Unternehmen, die heutige Schifffahrtsgesellschaft Untersee und Rhein gegründet, die mit „Arenaberg" und „Rheinfall" einen regelmäßigen Verkehr aufnahm.[39]

Die Eisenbahnlinien brachten nun auch zunehmend Ausflügler und Sommerfrischler an den See Dieser Tatsache Rechnung tragend, nahmen die Badischen Staatseisenbahnen mit dem „Kaiser Wilhelm" im Jahre 1871 erstmals einen Salondampfer in Betrieb. 1877 stellten die Württembergischen Staatsbahnen den Salondampfer „Christoph" in Dienst. Da sich bei beiden Schiffen der hohe Salonaufbau bei starkem Seitenwind negativ auswirkte, wurden in den folgenden Jahren

Halbsalondampfer gebaut. Bis 1902 stachen fünf badische, von 1884 bis 1892 drei österreichische und von 1890 bis 1913 sechs württembergische Halbsalondampfer in See - der letzte war der 1913 erbaute Dampfer „Hohentwiel". Das bayerische Neubauprogramm umfasste ausschließlich Halbsalonschiffe, welche im Zeitraum von 1879 bis 1912 in Dienst gestellt wurden. Mit einem Umbau der „Zürich" im Jahre 1883 begann auch auf der Schweizer Seite das Zeitalter der Halbsalonschiffe. Bis zum Jahre 1906 folgten noch fünf weitere Dampfschiffe dieses Baumusters. Außer der „Zürich" wurden am Bodensee aber noch weitere drei Glattdeckdampfer zu Halbsalonschiffen umgebaut.[40]

Die Zahl der den Bodensee befahrenden Dampfschiffe nahm stetig zu, waren es in den 1830er Jahren 3-4 Schiffe, so waren um 1845 bereits 8 und 1874 sogar 28 Dampfer auf dem See unterwegs.[41] Der rege Dampfschiffverkehr erforderte eine verstärkte Zusammenarbeit der einzelnen Gesellschaften rund um den Bodensee. So führten die spektakulären Unglücke, die sich um die Mitte des 19. Jahrhunderts häuften, zum Abschluss der Bregenzer Vereinbarung (1855), die schließlich die Grundlage der Internationalen Schifffahrts- und Hafenordnung von 1867 bildete.[42] Sie brachte verstärkte Sicherheitsvorschriften und die Aufhebung der Hafenabfuhrgebühren, ein Relikt der Zeit der Lastsegelschifffahrt.

Abb. 11
Postkarte mit dem Dampfschiff
„Maria Theresia" von Michael Zeno Diemer.

Abb. 12
Die Dampfschiffe „Habsburg", „Kaiser Wilhelm" und „Greif" im Konstanzer Hafen um 1910.

Der Bodensee – eine Schiffslandschaft

Der Steuerstand befand sich zunächst frei im Achterschiff und wurde später, wie bei den neuen Halbsalonschiffen in eine Kabine neben die Kommandobrücke verlegt. Dadurch hatten die Steuerleute nicht nur bessere Sicht zur Führung des Schiffes, sie waren ab jetzt auch gegen Kälte und Regen geschützt.[43]

Abb. 13
Trajektkahn.

Eine Neuheit in der Dampfschifffahrt stellten die Schleppschiffe dar: Trajektkähne mit oder ohne Antrieb zur Beförderung von Eisenbahnwaggons. Die erste Lindauer Trajektfähre lief am 20. Januar 1869 vom Stapel und transportierte allein im ersten Betriebsjahr 12.200 Eisenbahnwaggons, davon über die Hälfte auf der Hauptroute nach Romanshorn. (Rekordtransportleistungen wurden auch in den Jahren 1871, 1879 und 1883 verzeichnet.)[44] Einige Wochen später, am 22. Februar 1869, eröffnete die Schweizerische Nordostbahn gemeinsam mit den württembergischen Staatseisenbahnen die erste Trajektroute zwischen Romanshorn und Friedrichshafen. Auf gemeinsame Rechnung erbaute Escher Wyss nach Plänen des schottischen Schiffsbauingenieurs Scott-Russel eine selbst für heutige Maßstäbe gigantische Dampffähre mit einer Ladekapazität von 18 Güterwaggons, die wegen ihres enormen Brennstoffverbrauchs als „Kohlefresser" in die Schifffahrtsgeschichte einging, bevor sie 1883 aus wirtschaftlichen Gründen wieder stillgelegt wurde.[45]

Die österreichische Bodenseeschifffahrt nahm 1884 gleichzeitig mit der Personenbeförderung auch den Trajektverkehr nach Konstanz, Friedrichshafen und Romanshorn auf. Die Linie Bregenz-Friedrichshafen wurde 1913, Bregenz-Konstanz im Kriegsjahr 1917 eingestellt. Die Trajektverbindungen nach der Schweiz kamen 1915 zum Erliegen, wurden aber zwei Jahre später in unregelmäßigen Abständen wieder aufgenommen. Der stete Rückgang des Güterverkehrs zwang die Österreichische Verwaltung im Jahre 1925 auch die letzte Trajektstrecke Bregenz-Romanshorn endgültig einzustellen. Hingegen lief die Trajektroute Romanshorn-Lindau noch bis ins Jahr 1939, als die Einstellung aus politischen Gründen erfolgte. 1937 waren hier noch 34.000 Wagen transportiert worden. Der Gütertrajektverkehr diente in seiner Blütezeit vor allem dem Export von Baumwolle nach Deutschland, Holland und Russland und dem Import von Getreide und Hülsenfrüchten.[46] Mit der Verdichtung des Eisenbahnnetzes verloren jedoch die Gütertransporte über den Bodensee an Bedeutung, der See wurde zum Verkehrshindernis und die Schweiz bezog ab Ende des 19. Jahrhunderts ihr Getreide aus Osteuropa und den USA. 1976 überquerte zum letzten Mal ein mit Eisenbahnwagen beladenes Fährschiff zwischen Romanshorn und Friedrichshafen den See.[47]

Die Ausweitung des Verkehrs und die geänderten Erfordernisse durch Dampf- und Trajektschifffahrt erforderten Hafenumbauten, die an den meisten Orten rings um den See in der Mitte des 19. Jahrhunderts durchgeführt wurden. Einfluss darauf hatten wohl auch die sinkenden Mittelwasserstände des Sees im späten 19. und 20. Jahrhundert.[48] In Konstanz begann der Hafenausbau 1838; das neue, schließlich im Vergleich zu früher doppelt so große Hafenbecken mit Werf und Mole für Schiffsreparaturen war 1879 fertiggestellt.[49] In Lindau wurden 1853-56 Haupt- und Vorhafen vereinigt, so dass der Hafen nun eine Fläche von 38.200 qm umfasste. In Romanshorn ließ die Schweizerische Nordostbahn 1855 den bis heute flächenmäßig größten Hafen anlegen.[50]

Nach dem Ersten Weltkrieg

Nach dem Ersten Weltkrieg wurden fast alle Bodenseeschiffe, deren Namen an Herrscher- oder Königshäuser erinnerten, umgetauft. Aus den österreichischen Kaiserschiffen „Franz Josef I.", „Elisabeth" und „Maria Theresia" wurden „Dornbirn", „Bludenz" und „Feldkirch". Selbst die bei Kriegsausbruch stillgelegten Schiffe „Austria" und „Habsburg" änderten ihre Namen in „Bezau" und „Schruns". Auf den österreichischen und bayerischen Schiffen wurden die Königskronen aus den Radkastenwappen gebrochen. Die Schiffe „Prinz-Regent", „Rupprecht" und „Wittelsbach" hießen ab 1919 „Nürnberg", „München" (I) und „Augsburg" (I). Die zur Ausmusterung vorgesehene „Ludwig" wurde in „Kempten" (I) umbenannt. 1919 wurde aus der „Kaiser Wilhelm" die „Baden". Die württembergischen „Königsschiffe" behielten ihre Namen, jedoch wurden die Königskronen von den Radkästen entfernt und durch einen Strahlenkranz ersetzt.[51]

Die Reisenden der 1920er Jahre waren immer weniger Stammferiengäste aus gehobenen Gesellschaftskreisen, sondern schließlich zu zwei Dritteln Tages- und Wochenendausflügler aus allen sozialen Schichten. Es bestand Bedarf an Räumlichkeiten für die zweite Schiffsklasse, für die auf deutschen Schiffen zuerst das lange offene Vorschiffdeck adaptiert und das achtern gelegene „Salondeck" freigegeben wurden. Im Jahre 1930 erfolgte der Umbau des DS „Lindau": auf dem Vorschiff entstand ein Salon für die zweite Klasse, ein Rauchsalon wurde aufgebaut und Stabilitätswülste zur Erhöhung der Fahrgastkapazität angebracht. Ähnliche Umbauten erlebten die Schiffe „Bavaria" 1932, „Rhein" 1930/31 und „St. Gallen" 1931/32, die „Hohentwiel" 1933-1935, die „Stadt Meersburg" 1934/35 und die „Friedrichshafen" 1934. Modernisiert wurde auch die „Stadt Bregenz" zu Beginn des Jahres 1938.[52]

Besonders für den Verkehr im Winterhalbjahr entstanden auf der 1919 gegründeten Bodanwerft in Kressbronn ab 1925 die ersten kleineren und mittelgroßen Motorschiffe. Dem ersten Fahrgastschiff „Konstanz", das 1925 für die Konstanzer Verkehrsbetriebe geliefert wurde, folgte 1926 das erste Doppelschrauben-Motorschiff „Stadt Radolfzell" für den Untersee.[53]

Während des Zweiten Weltkriegs war der Schiffsverkehr eingeschränkt, ab dem 2. Juni 1940 wurde er zwischen Deutschland und der Schweiz eingestellt. Bis 1944 wurde der innerdeutsche Verkehr immer mehr reduziert, bis zuletzt nur mehr vier Dampfschiffe und die dieselgetriebene Fähre „Meersburg" verkehrten. Ab dem 1. November 1944 wurde der Schiffsverkehr zwischen Friedrichshafen und Bregenz eingestellt.[54] Die „Königin Charlotte" diente zusammen mit dem Fährschiff „Schussen" und mehreren Trajektkähnen als Basis für eine Flakbatterie vor Friedrichshafen und wurde beim Bombenangriff vom 27./28. April 1944 beschädigt. Die „Friedrichshafen" brannte in der Werft vollkommen aus, die „Württemberg" sank im Hafenbecken.[55] In der Nacht zum 26. April 1945, kurz vor Kriegsende, wurden nach einem streng geheim gehaltenen Fluchtplan von Dr. Ing. Alfred Otter die in Lindau und Bregenz liegenden Schiffe in Schweizer Häfen vor einer möglichen Zerstörung durch SS-Truppen in Sicherheit gebracht.

Der Bodensee – eine Schiffslandschaft

Nach dem Ende des Zweiten Weltkriegs eröffnete am 16. Oktober 1945 die „Stadt Bregenz" den Längsverkehr nach Konstanz, die „Zähringen" nahm den Kurs auf dem Überlingersee wieder auf und ab Juni 1946 fuhren im deutschen Oberseeverkehr die Schiffe wieder täglich.[56] Ab dem 15. Mai 1949 – das Datum der Wiederaufnahme des kleinen Grenzverkehrs zwischen der Schweiz und Westdeutschland – konnte auch der Querverkehr zwischen Friedrichshafen und Romanshorn und kurze Zeit später ebenso von Lindau nach Rorschach wieder aufgenommen werden.[57]

Abb. 14
Motorboot „Montafon" im ersten Betriebsjahr 1953.

Die zunehmende Motorisierung des Straßenverkehrs zog den Einsatz von Fährschiffen zuerst zwischen Meersburg und Konstanz nach sich, wo am 30. September 1928 die erste Fähre „Konstanz" in Betrieb gegangen war. Bereits seit 1930 fuhr ein zweites Fährschiff, das nun wiederum den Namen „Konstanz" erhielt, während das kleinere Fährschiff in „Meersburg" umbenannt wurde. Die 1952 in Dienst gestellte „Linzgau" war das letzte Fährschiff mit Schraubenantrieb, danach kam auch hier der Voith-Schneider- Propeller als Antrieb zum Einsatz.[58]

Auch die Einstellung des Winterverkehrs zwischen Anfang November und Mitte März auf der Teilstrecke Friedrichshafen-Bregenz 1952/53 war eine indirekte Folge des von Jahr zu Jahr zunehmenden Autoverkehrs.[59] Die Bodenseeschifffahrt wurde seit den 1950er Jahren zunehmend zur Freizeiteinrichtung. Zwischen 1953 und 1957 entstanden auf der Bodanwerft in Kressbronn insgesamt fünf kleinere Motorschiffe der sogenannten „Raubvogelklasse" mit gut 100 Passagieren Fassungsvermögen und wurden von der Österreichischen Bodenseeschifffahrt die Boote „Feldkirch" und „Dornbirn" in Betrieb genommen, um den neuen Bedürfnissen der Fahrgäste zu entsprechen. Die Passagierzahlen erreichten nach den überwundenen Folgen der Kriegs- und Besatzungszeit wieder jene der Vorkriegszeit.[60]

Als besondere Touristenattraktion wurden von 1950-54 die Wettfahrten um das „Blaue Band des Bodensees" veranstaltet, initiiert vom Verkehrsverein Lindau. Diese Rennen erstreckten sich über eine Distanz von 10,4 Kilometern vom Rohrspitz bis vor die Hafeneinfahrt von Lindau

Blaues Band des Bodensee's 1951

Abb. 15
Das Blaue Band des Bodensees gewann zuletzt das österreichische Motorschiff „Austria".

Mehrfach siegte das österreichische Motorschiff „Austria" (1950, 1951, 1953, 2003), gefolgt vom Dampfschiff „Stadt Überlingen" (1952, 1954).[61] Die Wettfahrt 2003 fand unter anderen Bedingungen zwischen Meersburg und Mainau statt.

In den 1950er Jahren wurden die Dampfschiffe „Stadt Bregenz", „Rhein" und „St. Gallen" von Kohlen- auf Schwerölfeuerung umgstellt, 1954 auch die „Schaffhausen". Doch die Ära der Dampfschiffe ging zu Ende, nach und nach wurden alle zwischen 1955 (Außerdienststellung der „Bludenz") und 1967 (letzte Fahrt der „Schaffhausen") aus dem Verkehr gezogen.[62] Gleichzeitig nahm man in den 1960er Jahren neue Großmotorschiffe in Betrieb, von der „Stuttgart" (1960) bis zur „St. Gallen" (1967). Die Dampfschiffe waren vor allem aufgrund ihres größeren Personalbedarfs unrentabel geworden.

Den neuen Erfordernissen entsprechend ergänzten die Schifffahrtsunternehmen ihr Fahrtenprogramm mit zusätzlichen Unterhaltungsangeboten; 1976 etwa wurden Nachmittagsfahrten im Advent eingeführt. 1980 erfolgte die Aufhebung der ersten und zweiten Klasse auf den Bodenseeschiffen. Ihre Ausstattung mit dem auf dem Rhein und anderen Wasserstraßen

Abb. 16
MS „Stadt Bregenz" im Sommer 2003.

Europas weit verbreiteten Schottel-Antrieb nahm 1970 mit dem Motorschiff „Schaffhausen" ihren Anfang. Zahlreiche neue Schiffe wurden auch noch in den 1980er und 1990er Jahren in Betrieb genommen: „Arenenberg" (1983), „Graf Zeppelin" (1989), „Stadt Bregenz" II, „Königin Katharina" (1994) und „Munot" (1998).[63]

Der Bodensee – eine Schiffslandschaft

Neben der Schifffahrt als touristischem Angebot gibt es im Zeitalter des Kraftfahrzeugs den Bedarfsverkehr nur mehr auf den beiden ganzjährig befahrenen Fährerouten Konstanz - Meersburg und Friedrichshafen - Romanshorn.[64] Die hier in jüngster Vergangenheit neu eingesetzten Fahrzeuge sind die Fährschiffe „Euregia" (1996), „Tábor" (2004) und zwei Katamarane, gebaut von der Bodanwerft Kressbronn, die bei diesem Auftrag mit der Damen Shipyards in Holland kooperierte. Als neue Verkehrseinrichtung verbinden die Katamarane „Fridolin" und „Constanze" Friedrichshafen und Konstanz im Stundentakt. Auf dem Untersee verkehrt seit 2000 ein weiteres innovatives Schiff, die Solarfähre „Helio".

Abb. 17
Die Katamarane „Fridolin" und „Constanze" verkehren seit Juli 2005 zwischen Friedrichshafen und Konstanz.

Abb. 18
Die Fähre „Tábor" verbindet Konstanz und Meersburg.

Die Bodenseeschifffahrt – einst Verkehrsmittel zwischen den Bodenseeanrainerländern und -gemeinden – wurde im Verlauf der letzten 100 Jahre zu einem wichtigen touristischen Angebot für die Region. Die Großschifffahrt wird von den Betriebsgesellschaften unter der Bezeichnung „Vereinigte Schifffahrtsunternehmen für den Bodensee und Rhein" im Verkehrsverbund betrieben.[65] An Sommertagen bevölkert die Weiße Flotte den Bodensee, bei Schönwetter begleitet von unzähligen Privatbooten, außerhalb der Saison präsentiert er sich aber als eine weitgehend menschenleere Wasserfläche.

Gerda Leipold Schneider

Abb. 19
Die „Euregia", das modernste Fährschiff auf der Linie Friedrichshafen - Romanshorn.

Abb. 20
Die Solarfähre „Helio" verkehrt auf dem Untersee.

Fischeridylle auf der Insel Reichenau

Gedanken zum Plattbodenschiff im Spiegel der archäologisch-historischen Überlieferung

Binnenschiffe geben sich dem Betrachter durch eine schiffsgeometrische Eigenart zu erkennen: Ihr Boden ist gewöhnlich absolut flach, die Bordwände sind zumindest in der Mittelsektion senkrecht. So lässt sich aus einem Minimum an Tiefgang ein Maximum an Verdrängung und damit an Kapazität erzeugen. Dieses simple Prinzip gilt bis in unsere Tage, und weicht ein Binnenfahrzeug morphologisch davon ab, haben sich Designer bemüht, einem Rumpf gefälligere, an das Seeschiff angenäherte Linien zu geben. Dennoch bestimmen die Verhältnisse des Reviers und die einem Fahrzeug abverlangten Eigenschaften, auf Binnenwasserstraßen gewöhnlich Tiefgangbegrenzung, die Schiffsform, namentlich den Querschnitt. Und was für den modernen Stahlschiffbau gilt, das galt umso mehr für das traditionelle Binnenschiff, dessen Ursprünge im vorindustriellen, rein handwerklich begründeten Milieu zu suchen sind. Hier war man gewohnt, mit einfachsten Mitteln Produkte zu schaffen, und so wundert es nicht, dass die meisten Vertreter des Genres in technischer und formaler Hinsicht an Schlichtheit kaum noch zu überbieten sind.[1] Ausnahmen, wie namentlich die oft sehr aufwändigen Abdichtungsmaßnahmen, waren unvermeidlich.

Abb. 1
Reliefblock eines flavierzeitlichen Grabbaus in Köln, Plattbodenfahrzeug mit Spiegelheck, angehängtem Ruder und Riemenantrieb.

Das traditionelle Binnenschiff in seiner zeitlichen Tiefe zu beleuchten, fällt alles andere als leicht. Gewöhnlich hat man dabei den regional gültigen Namen eines Typs im Auge, der sich über kurz oder lang in der Vergangenheit verliert. Überdies kann man sich nicht sicher sein, ob die Identifikation von Wort und Sache heute und damals übereinstimmt. Technikgeschichtlich relevante Dokumente, die vor das 19. Jahrhundert zurückreichen, wird man im deutschsprachigen Raum kaum finden, nicht solche, die über Konstruktion und bauliche Details Auskunft geben. Weit besser ist es mit der bildlichen und archäologischen Überlieferung bestellt; erstere ist freilich nur regional aufgearbeitet, letztere gerade für die jüngere Vergangenheit allzu spärlich.

Volkskundler und Schiffshistoriker, namentlich aber die Schiffsarchäologie stellen zuweilen das nach herkömmlichen Methoden gebaute Binnenfahrzeug in eine bis in die Antike, wenn nicht gar bis in die Vorgeschichte zurückreichende Tradition. Das überzeugt, wenn überhaupt, nur in individuellen Fällen und bei kontinentaler Sichtweise, keinesfalls generell oder fokussiert auf die schiffbaulichen Eigenarten einer Region bzw. eines Gewässersystems. So lässt sich inzwischen die Entwicklungsgeschichte des zwischen Rhein und mittlerer Donau verbreiteten römerzeitlichen Prahms recht klar über mittelalterliche und neuzeitliche Funde hinweg bis in die

Abb. 2
Grabstele des Schiffers Blussus. Rückseite mit dem Relief eines frühkaiserzeitlichen Plattbodenfahrzeugs, Fundort Mainz.

Gegenwart verfolgen, wenngleich nicht im Sinne einer geschlossenen Reihe.[2] Soweit Typen begrifflich zugänglich sind, kann man etwa die Bodensee-Lädine als mittleren Ast dessen Stammbaums sehen und die Donau-Plätthe oder den Weidling bereits in dessen Krone ansiedeln. Von nach industriellen Maßstäben aus Stahl, Kunststoff und selbst aus Beton gebauten Fährprahmen, Autofähren, Schuten usw. gar nicht zu reden.

Eine technikgeschichtlich-schiffstypologische Aufarbeitung traditioneller Binnenfahrzeuge stützt sich am besten auf retrospektive Vergleiche, und wenn dabei mit zunehmendem zeitlichen Abstand zum rezenten Objekt - etwa bei heterogenem Quellenmaterial - auch die Informationslücken immer größer werden; zumindest lässt sich noch den formalen Aspekten Rechnung tragen. Zugegeben, was äußerlich miteinander korrespondiert, ist nicht zwangsläufig identisch. Aber Plausibilität steht und fällt mit Art und Umfang an Argumenten, und die werden nicht zuletzt von der Verfügbarkeit über geeignete Denkmäler bestimmt. Das sei einmal am Beispiel eines auf der Basis sekundärer archäologischer Quellen erschließbaren antiken Binnenfahrzeuges und seines mutmaßlichen Nachfahrens knapp erläutert:

Das römerzeitliche Plattbodenfahrzeug wird durch eine nicht ganz kleine Serie original erhaltener Überreste bezeugt, in der Masse teils bis über 30 m lange prahmartige Plankenfahrzeuge, deren Zweckbestimmung als Frachter und Fähren auf der Hand liegt. Dazu kommen einzelne Wracks eines morphologisch eng verwandten Typs, dessen monoxyler Rumpftrog an den Seiten durch angesetzte Oberborde und an den Enden durch Plattsteven ergänzt wurde; ein Baumuster, das die Fahrzeuglänge auf rund 10 bis 12 m begrenzte und nicht viel mehr Schiffsbreite zuließ, wie eine zu einem trapezförmigen Profil gehöhlte Eiche hergab. Beide Vertreter mögen das Erscheinungsbild gallorömischer Binnenschifffahrt bestimmt haben; letzterer für seinen Teil zumindest im Westen, der Prahm jedoch auch im Südosten Europas.[3] Das relativiert sich freilich durch den Blick auf die zeitgenössische Kunst, die Binnenfahrt mit anderen Facetten inszeniert. Der große Frachtprahm spielt dort so gut wie keine Rolle. Stattdessen begegnet in der römischen Schiffsikonographie ein unbestreitbar verwandtes, dimensional hingegen ganz unvergleichliches Genre, das Aufmerksamkeit verdient. Demnach waren auf dem Tiber genauso wie auf dem Rhein auch deutlich kleinere Fahrzeuge unterwegs, darunter vor allem Spielarten des Plattbodenschiffes (Abb. 1-2).[4]

Abb. 3
Rekonstruktion eines frühkaiserzeitlichen Plattbodenfahrzeuges nach dem Schiffsrelief auf der Grabstele des Mainzer Schiffers Blussus (Form), orientiert an schiffsarchäologischen Daten (technisches Konzept). Modell im Maßstab 1:10 im Museum für antike Schifffahrt Mainz. Entwurf: Ronald Bockius.

Gedanken zum Plattbodenschiff im Spiegel der archäologisch-historischen Überlieferung

Ein prominentes Beispiel bietet die bei Mainz gefundene Grabstele des Schiffers Blussus, deren Rückseite ein wenig elegant wirkendes Wasserfahrzeug abbildet (Abb. 2). Durch seine streng geometrischen Linien, namentlich den am ebenen Boden schräg ansetzenden Rumpfenden, teilt sich bereits die enge Verwandtschaft zum Prahm mit. Das heckseits aufgehängte Ruder mit seinem längsschiffs eingezapften Helmstock findet man noch heute an einem auf der Loire beheimateten Mehrzweckfahrzeug („fûtreau"). Dieses Prinzip der Steuerung, der den Frachtraum freihaltende Riemenantrieb, ein unbetakelter Treidelpfosten und der im Vorschiff mit einem paddelartigen Gerät hantierende Mann - alles Attribute eines auf Binnengewässern verkehrenden "Schiffes", dem diese Bezeichnung aufgrund seiner ungedeckten Bauart wie auch den überschaubaren Abmessungen eigentlich nicht zusteht. Seine dimensionale Rekonstruktion als rund 8 bis 12 m langes, etwa 2,3 m breites und mittschiffs um 1,3 m hohes Gefährt lässt sich mit ruderphysikalischen Sachverhalten begründen, wobei die Silhouette des Schiffsreliefs gerade in ihrer vertikalen Steigerung etwas überzeichnet wirkt,[5] folglich nicht kritiklos für bare Münze genommen werden muss. Doch ändert sich das Erscheinungsbild vom Rumpf nicht eben drastisch, setzt man die maximal veranschlagbare Länge von 12 m an und streckt die Vor- und Achterschiffssektionen proportionsgerecht.[6]

Dem Entwurf die von gallorömischen Schiffsfunden beziehbaren bautechnischen Accessoires überstülpend entsteht eine Replik, die beim Kenner traditioneller Binnenfahrzeuge Erinnerungen weckt. Aber es hieße Äpfel mit Birnen vergleichen, wollte man das hergeleitete Baumuster eines frühkaiserzeitlichen Kleinfrachters kommentarlos neben regionaltypische Plattbodenfahrzeuge der jüngeren Vergangenheit halten. Immerhin, wir stoßen noch bei mittelalterlichen Bildquellen auf ganz frappierende Übereinstimmungen. Hier bieten namentlich zwei Miniaturen aus Codices der St. Galler Stiftsbibliothek[7], die frühmittelalterliche Motive aufnehmen, aber das Schiff aus der Sicht der späteren Gotik fassen, gute Anhaltspunkte für das Nachwirken antiker Schiffbautradition im Binnenmilieu (Abb. 4 und s.S. 8, Abb.1). Lassen sich so die Ursprünge andeuten, reichen unsere Quellen allenfalls für eine Spurensuche aus. Da im einzelnen nach der Herkunft regionaler Vertreter zu fragen, erscheint müßig. Es muss genügen, auf die schiffbaulichen Wurzeln der ganzen Familie verweisen zu können.

Ronald Bockius

Abb. 4
Spätgotisches Plattbodenfahrzeug. Miniatur des
Konrad Sailer, St. Gallen, von 1541.

Abb. 5
Modell eines römisches Mannschaftsbootes (*Lusoria ?*). Museum für antike Schifffahrt, Mainz.

Fischerdorf Ermatingen am Untersee

Von Einbäumen und Lastschiffen – frühe Schifffahrt auf dem Bodensee

Die ersten Boote und Schiffe

Die Ufer des Bodensees wie auch der vielen anderen größeren Seen rund um die Alpen wurden bereits in der Jungsteinzeit etwa ab 4200 v. Chr. dicht besiedelt. Die einzelnen Siedlungen lagen oft nur in einem Abstand von einigen Kilometern voneinander entfernt. Sie waren getrennt durch unwegsames Gelände mit dichten und unterholzreichen Wäldern; es lag daher nahe, als Verkehrsweg für Personen oder Lasten den Seeweg zu wählen.[1] Für Fahrten am Ufer entlang, aber auch den See querend dürfte vor allem der Einbaum gedient haben, der ebenso für den Fischfang als wichtiger Beitrag zur Ernährung eingesetzt wurde. Wie der Name besagt, wurde der Einbaum durch Aushöhlen eines Baumstammes mittels Axt und Dechsel gefertigt. Dank seiner massiven Bauart bestanden für ihn durch die Jahrtausende gute Überlieferungsbedingungen. Andere Bootstypen wie Kanus, Flöße oder Konstruktionen, deren Herstellung technisch keine Schwierigkeiten bereitet haben dürfte, sind dagegen vielleicht aufgrund ihrer Leichtbauweise bislang nicht belegt.

Abb. 1
Männer kommen in einem Einbaum von Jagd und Fischfang zurück. Wandgemälde im Kreuzgang des Konstanzer Inselhotels, des ehemaligen Dominikanerklosters, gemalt von Häberlin im Jahre 1887.

Einbäume können als Evergreen des Bootsbaus gelten. Ausschlaggebend war sicher die einfache Fertigungsweise, für die keine größeren spezifischen Kenntnisse notwendig waren. Dazu kam der Vorteil ein fugenloses Boot zu besitzen, das einmal fertig gestellt keiner aufwändigen Pflege bedurfte. Daher waren sie noch im Mittelalter, in einigen Voralpenseen auch bis in das 20. Jahrhundert hinein, in Gebrauch. Über die Jahrtausende ist bislang weder in der Form noch in der verwendeten Holzart eine Entwicklung zu erkennen. Während besonders aus dem nahen Oberschwaben aber auch von Neckar und Rhein eine Vielzahl von Einbäumen überliefert ist, sind am Bodensee bislang nur zwei Spielzeugeinbäume von etwa 20 bis 30 cm Länge gefunden worden.[2]

Abb. 2
Etwa 5000 Jahre alter Spielzeugeinbaum aus Sipplingen, an der Einkerbung konnten Kinder eine Schnur befestigen und ihn hinter sich herziehen.

Im Zuge experimenteller Archäologie ließen sich allerdings ohne weiteres Fahrten im Ober- und Untersee realisieren, bei stärkerem Wind und bewegter See ist dieses Fortbewegungsmittel jedoch gänzlich ungeeignet.

Für schwere und sperrige Transportgüter war diese Bootsform nur bedingt tauglich. Bereits in der Zeit der Kelten ist ein intensiver Schwerlastverkehr vor allem von Wein nachzuweisen, der in großen Amphoren verhandelt, den Weg über die Rhone von Südfrankreich zum Rhein nahm. Daher ist spätestens für die letzten beiden Jahrhunderte vor Christus mit größeren Plankenschiffen auch auf dem Bodensee zu rechnen.[3]

Militärische und zivile Schifffahrt in der Antike

Im Zuge der römischen Besetzung Südwestdeutschlands wird von dem antiken Schriftsteller Strabo für das Jahr 15 v. Chr. von einer Seeschlacht auf dem Bodensee berichtet, die Tiberius gegen die keltischen Vindeliker geschlagen hat. Wie immer man diesen Bericht auch interpretieren mag, darf er doch als erstes Zeugnis einer militärischen Flotte gelten. Die Römer nutzten auch in der Folge Flüsse und Seen für militärische Operationen. Mit dem Verlust der rechtsrheinischen Reichsgebiete um die Mitte des 3. Jahrhunderts n. Chr. kamen der römischen Rheinflotte wichtige Aufgaben bei der Verteidigung der durch die Flüsse Rhein, Donau und Iller gebildeten Grenzen zu. In der Spätantike ist neben dem Hauptstützpunkt Mainz auch eine Flotteneinheit *numerus barcaiorum* in Bregenz am Bodensee belegt. Im Bereich der zivilen Schifffahrt griffen die Römer auf keltische Erfahrungen zurück und bauten die Handelsorganisation aus. Die Waren auf den Binnengewässern, vor allem Getreide, Wein und Baumaterialien, transportierte der *nauta*. Diese Unternehmer waren in Kollegien zusammengeschlossen, den ältesten bekannten Zusammenschlüssen von Schiffern. Die *nautae* nutzten flachbodige Schiffe, deren bautechnische Strukturen zum Beispiel vom Neuenburger See in der Schweiz, aber auch vom Niederrhein bekannt sind.[4]

Klösterliche Seefahrt

Nach dem Ende der Römerzeit schweigen die Quellen. Erst in den frühmittelalterlichen Heiligenlegenden und in den Aufzeichnungen und Chroniken der Klöster hören wir wieder von Schiffsreisen. Gerade die Klöster der Bodenseeregion, besonders St. Gallen und Reichenau, waren auf eine organisierte Schifffahrt angewiesen, um den Warenaustausch mit ihren weitverstreuten Besitztümern zu gewährleisten.[5]

Abb. 3
Vom Archäologischen Landesmuseum gefertigter Einbaum „Seegurke" auf dem Bodensee vor Konstanz.

Abb. 4
Der um 1480 aus der Alb bei Ettlingen geborgene Weihestein nennt ein *contubernium* der Schiffer, der Stein ist dem Gott Neptun geweiht.

Abb. 5
Überführung des Leichnams des St. Galler Abts Otmar von der Insel Werd nach Arbon. St. Galler Gradualbuch von 1562.

Von Einbäumen und Lastschiffen –
frühe Schifffahrt auf dem Bodensee

Die historische Überlieferung enthält leider keine näheren Angaben zum Aussehen der Schiffe und die Schiffsansichten, die uns die Mönche hinterlassen haben, spiegeln die Realität kaum wider. Jedoch überliefern die Reichenauer Nekrologe ein Schiffsunglück, bei dem 18 Menschen ertrunken sind. Es liegt daher nahe, dass schon Schiffe von einer gewissen Größenordnung auf dem See fuhren.[6]

Märkte und Waren

Mit dem Entstehen von überregionalen Märkten und dem sich daraus entwickelnden Städtewesen seit dem 10. Jahrhundert nahm das Transportvolumen aus verschiedenen Gründen mehr und mehr zu und erreichte nie gekannte Ausmaße.[7] Der Bodensee wird so im späten Mittelalter und der frühen Neuzeit eine Drehscheibe für den Regional- und Fernverkehr. Parallel zu dieser Entwicklung werden an den wichtigen Umschlagplätzen die Hafenanlagen ausgebaut, an Orten von minderer Bedeutung ist allerdings nach wie vor das Anlanden an flach ansteigenden Ufern die Regel.[8] Erst für die frühe Neuzeit lässt sich der Umfang des Warentransports mit Hilfe einiger Belege verdeutlichen und quantifizieren. So wurden ab 1715 jährlich bis zu 25.000 Fässer bayerisches Salz über Memmingen und Lindau verkauft. 1611 wechselten in Überlingen ca. 40.000 Getreidesäcke den Besitzer, das entsprach etwa 6-7.000 Tonnen. Im Jahre 1601 belief sich der Getreidetransit über Konstanz auf ca. 130.000 Zentner. In Überlingen gab es in der

Abb. 6
Auf archäologischen Befunden basierende Ideenskizze des Konstanzer Hafens in der ersten Hälfte des 14. Jahrhunderts.

Abb. 7-8
Ausgrabung des Immenstaad-Schiffs. Während der Bug sich noch im Wasser befindet, sind die übrigen Schiffsteile bereits trockengelegt.

ersten Hälfte des 17. Jahrhunderts einen jährlichen Weinertrag von 2,5 bis 4 Millionen Litern der fast ausschließlich für den Export bestimmt war. Am ungewöhnlichsten muten heute die mehrere Millionen Rebstecken an, die jährlich aus den Waldgebieten Vorarlbergs und des Allgäus in die Weinanbaugebiete am westlichen Bodensee und des Hochrheins transportiert wurden.[9] Neben den schon genannten Waren wurden auch Tuche wie die berühmte Bodensee-leinwand, Eisenwaren und vieles mehr tagtäglich per Schiff befördert. Gängiger Transportbehälter war das Fass, einge-brannte Marken gaben den Eigentümer an.[10]

Eine besondere Bedeutung hatten schwergewichtige Baustoffe wie Holz, Kies oder der an zahllosen Häusern und Kirchen rund um den See verbaute Rorschacher Sandstein, die sich über größere Entfernungen fast nur auf dem Wasser bewegen ließen. Neben den Lasten wurden natürlich auch Personen befördert, seien es Besucher des nächstgelegenen Marktes, Pilger auf dem Weg nach Einsiedeln und Rom oder Kaufleute und andere Gewerbetreibende.

Abb. 9
Schwer beladenes Lastschiff auf dem Bodensee vor Lindau. Dellersches Epitaph um 1604.

Der mittelalterliche Schiffbau

Über das Aussehen und die Bautechnik mittelalterlicher Schif-fe geben zeitgenössische Abbildungen leider nur wenig Aus-kunft. Sie dienten der Illustrierung biblischer Geschichten oder Heiligenlegenden und zeigen daher häufig keine realen Vorbil-der, deshalb sind sie nur mit großem Vorbehalt zu verwenden. Glücklicherweise steht mit dem Lastschiff von Immenstaad ein einzigartiges Zeugnis mittelalterlichen Schiffbaus zur Verfü-gung. Dieses wurde 1981 am Strand entdeckt und, um einer drohenden Zerstörung zuvorzukommen, im Winter 1990/1991 geborgen. Erhalten war der flache Boden des schlanken ka-stenförmigen Schiffrumpfs, die übrigen Teile wurden wahr-scheinlich beim Abwracken entfernt und als Brennstoff oder Baumaterial weiterverwendet. Seine Erbauung kann mit Hilfe der Dendrochronologie in die Zeit zwischen 1325 und 1350 n. Chr. datiert werden, ein vergleichbarer Schiffstyp dürfte aber bereits rund hundertfünfzig Jahre früher existiert haben.[11] Im Anschluss an die jahrelange aufwändige Konservierung konn-te der hölzerne Lastsegler im Archäologischen Landesmuseum Baden-Württemberg, Außenstelle Konstanz innerhalb einer großen Abteilung zur frühen Schifffahrt in Südwestdeutsch-land museal präsentiert werden.[12]

Das Schiff von Immenstaad war ursprünglich etwa 20 m lang und 2,5 m breit. Der flache Boden verjüngt sich zu einem lan-gen, rampenartig um 12° - 15° ansteigenden Bug. Noch steiler mit etwa 35° steigt das Heck an. Besonders charakteristisch sind die so genannten Übergangsplanken, die vom Boden zur Seitenbeplankung überleiten. Sie sind im Gegensatz zu den

Abb. 10
Das Lastschiff von Immenstaad innerhalb des modernen Anbaus an das Archäologische Landesmuseum Baden-Württemberg, Außen-stelle Konstanz. Der Wandausschnitt verdeutlicht die ehemalige Höhe der Bordwand.

Abb. 11
Rekonstruktionsmodell des Immenstaadschiffs im Maßstab 1:10. Modellbau D. Hakelberg.

Von Einbäumen und Lastschiffen – frühe Schifffahrt auf dem Bodensee

anderen 5-7 cm starken gesägten Boden- und Seitenplanken mühselig aus je einem massiven Eichenstamm von mindestens 1,2 m Durchmesser herausgearbeitet worden. Diese mit 11,6 m und 12,8 m Länge monumentalen Bauteile versteiften das Schiff in Längsrichtung und garantierten an dieser sensiblen Stelle zwischen Boden und Wandung eine gewisse Dichtigkeit. Die obere Bordplanke sitzt in Klinkertechnik, also überlappend angeordnet, auf der Übergangs-

Abb. 12
Das Modell einer mittelalterlichen Werft verdeutlicht die verschiedenen Arbeitsschritte, die Arbeitstechniken und die eingesetzten Werkzeuge (Modellbau M. Kinsky). Im Bildhintergrund links ist das Herausarbeiten der Übergangsplanken aus dem vollen Stamm zu sehen, hinten rechts werden die anderen Planken gesägt.

planke. Die Plankenschale wird durch Spanten aus zugebeilten, krumm gewachsenen Eichenästen gehalten, zwischen die auf die Grundplatte alternierend gerade Hölzer gesetzt wurden. Planken und Spanten wurden durch Holzdübel verbunden, die im Wasser aufquellen und so weitgehend dicht sind. Die Kalfaterung bestand aus Leinenwerg, das vermutlich in Pech getränkt war. Die Verwendung von Werg, einem Abfallprodukt der Leinenherstellung, ist im mittelalterlichen Schiffbau bislang einzigartig. Dies ist sicherlich ein Reflex auf den florierenden Leinen- und Hanfanbau im Bodenseegebiet. Die kalfaterten Fugen wurden anschließend mit dünnen aufgenagelten Buchenbrettchen bedeckt, um ein Auswaschen des Kalfatmaterials zu verhindern.

Eine Aussparung für einen Mast in einem vorderen Spantenpaar weist auf die Möglichkeit hin, das Schiff mit einem Segel fortzubewegen. Über Takelage und Segel lassen sich nur Vermutungen anstellen, da auch die zeitgenössischen Bildquellen kein klares Bild entstehen lassen. Nach intensiven Recherchen von D. Hakelberg ist ein rechteckiges Rahsegel an einem etwa 10 m hohen Mast am wahrscheinlichsten. So konnten die Schiffleute vor dem Wind fahren, ein Kreuzen gegen den Wind

Abb. 13
Blick in das Heck des rekonstruierten Modells des Immenstaad-Schiffs.

Abb. 14
Einpassen der Heckplanken, im Schiffsinneren sind unterschiedliche Stadien des Verbindens der Holzteile dargestellt: Die Holzdübel wurden zunächst von oben eingeschlagen, dann an der Unterseite des Schiffs abgebeilt und zuletzt durch kleine Keile aufgetrieben. Detail aus dem Werft-Modell.

war aber wohl nicht möglich. Bei Flaute oder ungünstigen Winden konnte das Schiff durch Rudern oder Staken vorangetrieben werden. Gesteuert wurde es wohl mit einem achtern befestigten seitlichen Ruder (Ziehruder).[13] Beladen wurde das Schiff von der Seite, möglicherweise auch über den schlanken Bug, der als eine Art Laderampe fungieren konnte. Die Ladefähigkeit lag nach Berechnungen von J. Leidenfrost bei etwa 17-21 Tonnen.[14]

Zeitgenössische Bezeichnungen dieses Schiffstyps kennen wir leider nicht. Wohl erst im 15. Jahrhundert werden Segelschiffe des Bodensees Segner und Lädinen genannt. Die Herkunft dieser Begriffe wird zumeist auf die mittelhochdeutsche bzw. lateinische Bezeichnung für Last zurückgeführt.[15] Vielleicht klassifizierte man schon im Mittelalter die Schiffe nach ihrer Tragfähigkeit, die vom aus Sicherheitsgründen vorgeschriebenen Freibordmaß abhängig war. Aufgrund der Lindauer Schiffschau- und Schiffbauordnung von 1746 kann man die folgenden Maße errechnen,[16] die aber sicher nicht für das 15. oder 16. Jahrhundert Gültigkeit besaßen:

	Länge (1 Lindauer Stadtwerkschuh = 28,8 cm)	Innenbreite des flachen Bodens	Geforderte Tragfähigkeit
Lädine	ca. 110 Schuh (31,68 m)	14 Schuh (4,32 m)	bis zu 150 t
Halbe Lädine	80 Schuh (23,03 m)	10 Schuh (2,88 m)	ca. 60 t
Segner	68 Schuh (19,58 m)	8,5 Schuh (2,44 m)	120 Fässlein Salz (ca. 40 t)

Neuzeitliche Lastensegler

Die Erforschung des neuzeitlichen Schiffbaus am Bodensee steht trotz einiger taucharchäologischer Untersuchungen und der Auswertung von Bildquellen noch am Anfang. Als Schlüsselfund kann bislang das vorläufig in das 16. Jahrhundert eingeordnete Wrack eines Lastseglers gelten, der vor Unteruhldingen auf dem Seegrund liegt.[17]

Dieser ist zwar noch weitgehend von Sediment bedeckt, trotzdem lassen sich einige wichtige Aussagen treffen. Der flache Boden ist 4 m breit, die maximale Schiffsbreite liegt über 6 m. Die Maße sprechen dafür, dass es sich hier um den größten

Abb. 15-16
Taucher vermessen das Wrack eines vor Unteruhldingen liegenden Lastschiffes.

Von Einbäumen und Lastschiffen –
frühe Schifffahrt auf dem Bodensee

Schiffstyp handelt, der auf dem See gefahren wurde, eine sogenannte Lädine von etwa 30 m Länge. Die Breite der Planken und die dichte Folge der Spanten erinnert noch an das Immenstaad-Schiff, auch wenn die Bauweise in vielen anderen Details abweicht. Dies offenbart sich vor allem am Fehlen der aus einem Baumstamm gefertigten, im Querschnitt winkelförmigen Übergangsplanken. Dieses Bauteil wurde durch zwei im stumpfen Winkel aneinandergefügte Planken ersetzt, mit denen eine größere Bauchigkeit des Schiffs und damit ein deutlich gesteigertes Ladevolumen erreicht wurde. Die Bordplanken wurden nun kraweel, d.h. stumpf übereinandergesetzt und durch senkrecht eingeschlagene lange Eisennägel fixiert.

Die Veränderungen im Schiffbau an der Wende vom Mittelalter zur Neuzeit dürften sowohl auf ökologische, als auch auf ökonomische Gründe zurückzuführen sein. Einerseits waren mehr als 100 Jahre alte starke Eichen, die für die Übergangsplanken gebraucht wurden, durch das Zurückdrängen und Auslichten der Wälder knapp geworden, andererseits verlangte der zunehmende Handel nach Schiffen mit größeren Ladekapazitäten. Die Schiffbauer erreichten dies bei einer in den Maßen weitgehend unveränderten Grundplatte und gleichbleibender Schiffslänge durch eine Vergrößerung des Winkels zwischen Boden und Bordwand im Schiffsinneren, sie neigten die Bordwand quasi nach außen. Da dies im Bug- und Heckbereich nur bedingt möglich war, wurden die neuzeitlichen Schiffe zwangsläufig bauchiger als ihre recht kastenförmigen Vorgänger.

Das Schiff aus Unteruhldingen ist ein Glied in einer Kette, die erst im späten 19./ Anfang des 20. Jahrhunderts abbricht. Von den Lastseglern der letzten Generation sind über Wasser leider keine Exemplare mehr vorhanden. Über Fotografien und Modelle sind sie dennoch recht gut zu fassen, wenn auch zu vielen Konstruktionsdetails die technischen Lösungen noch unbekannt sind.[18] Ihre extreme Bauchigkeit ist das wesentliche Unterscheidungsmerkmal zu den mittelalterlichen und frühneuzeitlichen Schiffen. Sie wurde durch Biegen der Bordplanken wohl unter Einwirkung von Hitze oder Dampf erreicht, die Planken mussten daher zwangsläufig schmaler und dünner werden als beim mittelalterlichen und frühneuzeitlichen Schiffbau.

Die Lastsegelschiffe auf dem Bodensee waren seit dem 16. Jahrhundert mit einem in Europa einzigartigem Steuerruder ausgestattet. Sein Aufkommen steht in Zusammenhang mit de

Abb. 17
Rekonstruktionsmodell eines Segners, um 1850, im Maßstab 1:10. Modellbau M. Kinsky.

Abb. 18
Heckbereich des Segnermodells mit der Schiffstür.

Veränderung der Rumpfform. Diese Schiffstür war seitlich achtern angebracht. Sie war aus mehreren Bohlen zusammengesetzt und verjüngte sich nach oben. An einem massiven Balken, dem Steuerrangen, war das Ruder befestigt und wurde mit einer Pinne geschwenkt. Der Vorteil dieses Steuers war wahrscheinlich die seitliche Lage im unverwirbelten Teil des Wassers.[19]

Seit dem zweiten Viertel des 19. Jahrhunderts erhielten die hölzernen Lastschiffe Konkurrenz durch Dampfschiffe, die mehr und mehr den Warentransport übernahmen, lediglich Baumaterialien wurden noch in größerem Umfang mit ihnen befördert. Den Todesstoß für die traditionelle Lastschifffahrt setzte aber ab der Mitte des 19. Jahrhunderts der Bau der Eisenbahnen. Im ersten Drittel des 20. Jahrhunderts wurden die letzten Lastschiffe abgewrackt, die trotz des Einbaus von Verbrennungsmotoren nicht mehr konkurrenzfähig waren. Damit endete der hölzerne Lastschiffbau, nur bei kleineren Booten, zum Beispiel für den Fischfang, wurden technische Lösungen im traditionellen Bootsbau weiter überliefert.

Ralph Röber

Archäologisches Landesmuseum Baden-Württemberg
Außenstelle Konstanz
Benediktinerplatz 5, D-78467 Konstanz
T +49 (0) 7531 9804-0
F +49 (0) 7531 68452
www.konstanz.alm-bw.de
info@konstanz.alm-bw.de

Abb. 19
Mit Bauholz beladener Lastsegler.

Abb. 20
Bodenseefischer vor Staad mit einem Lastsegelschiff in Kleinformat.

Pfahlbaumuseum in Unteruhldingen

Die Lädine „St. Jodok" –
das historische Lastsegelschiff auf dem Bodensee

Nach etwa zehnjährigen Vorbereitungen stellte der Lädinen-Verein Bodensee e.V. 1999 den Nachbau eines Lastsegelschiffes in Dienst. Von der Kommune Immenstaad wurde ein Liegeplatz zur Verfügung gestellt, da das Schiff eine alte Schiffsbautradition am Bodensee wieder aufleben ließ. Die sogenannte Lädine ist mit ihren 18 m Länge eigentlich ein Segmer. Da aber diese Bezeichnung in weiten Bevölkerungskreisen unbekannt ist, wählten die Initiatoren des Nachbaus des historischen Lastsegelschiffs die Bezeichnung „Lädine". Das Schiff wiegt ohne Passagiere an Bord 20 Tonnen. Der Tiefgang beträgt etwa 80 cm, der Lateralplan des flachbodigen Schiffes ist also gering. Selbst das mit 50 Personen beladene Schiff taucht nur wenige Zentimeter zusätzlich ein. Die erreichte Höchstgeschwindigkeit liegt bei 14,8 km/h unter achterlichem östlichen Wind mit etwa 5 Windstärken.

Abb. 1
Der Lädinenachbau vor dem schweizerischen Bodenseeufer.

Das rekonstruierte Lastsegelschiff wurde wie die historischen Vorbilder aus Eichenholz gebaut Charakteristisch für diese Bodenseeschiffe ist das backbord angebrachte Steuerruder, desser Blatt in einer typischen Form gebaut wurde. Die Pinne steht quer zur Schiffsrichtung. „Ase" (ar sich ziehen) und „vuse" (von sich schieben) lauteten die entsprechenden Steueranweisungen

Die historischen Vorbilder der Immenstaader Lädine „St. Jodok" hatten keine Namen. Der Nachbau erhielt den Namen des bislang in der regionalen Literatur nicht als solcher beschriebenen Patrons der Schiffleute. Der Sohn eines bretonischen Königs lebte im 7. Jahrhundert als Priester und Einsiedler an der Küste, nahe der schmalsten Stelle des Ärmelkanals. Aus seinem Leben wird von einem Wunder berichtet, das zwei kleine Schiffe zum Gegenstand hat. Nach seinem Tod wurden in der Nähe seiner Einsiedelei ein Kloster, das viele zum Dank für glückliche Überfahrt aufsuchten, und ein Hospiz für die Schiffsreisenden und Schiffer errichtet. Auch am Bodensee gibt es eine bedeutende Zahl von Jodokpatrozinien: In Konstanz und Überlingen steht eine Jodokkirche, in Meersburg und Hagnau standen Jodokkapellen, in Immenstaad besteht eine Jodokus-Pfarrei.[1]

Abb. 2
Die Lädine unterwegs mit Fahrgästen.

Da eine vollständige Finanzierung durch Vereinsmittel und Sponsoren nicht zustande kam, war der ursprünglich ins Auge gefasste Plan, mit originalen Werkzeugen und nach alter Bauweise in Handarbeit ein Lastschiff als wissenschaftliches Projekt zu bauen, nicht möglich. Statt absoluter Originaltreue mussten die Initiatoren des Nachbaus Kompromisse zwischen den modernen

Die Lädine „St. Jodok" –
das historische Lastsegelschiff auf dem Bodensee

Anforderungen und dem Original finden, überliefert durch einige Modelle, viele Fotos und Gemälde, jedoch keinem Bauplan. Ziel war es auch, ein vom Schifffahrtsamt Friedrichshafen zulassungsfähiges Passagierschiff zur Beförderung von Fahrgästen zu bauen.

Die Maschinen- und Sicherheitstechnik wurde weitgehend im Rumpf versteckt. Ein geschlossenes Vorpiek soll der Aufnahme von Rettungsmitteln u.ä. dienen. Die Achterkajüte nahm Toiletten, Spüle und Kühlschrank auf und dient als zusätzlicher Stauraum. Ein ähnliches Häuschen

(Steuerhaus) achtern gab es schon um 1900, nach dem Beginn der Motorisierung von Lastsegelschiffen. Der Steuermann der Immenstaader Lädine steht nach wie vor hinter der Kajüte im Freien und bedient die querliegende Pinne sowie das moderne Steuerrad und -ruder.

Weil aber nicht wie früher zahlreiche Schiffsknechte eine Fahrt begleiten, musste die Lädine so konzipiert werden, dass mit einer Mannschaft von zwei Personen gefahren werden kann, dass zwei Mann die schwere Rah samt Segel bedienen können. Die Segelfläche ist zur leichteren Handhabung und aus Sicherheitsgründen mit 60 qm im Vergleich zum Original kleiner. Die Schiffsmannschaft verzichtet aus Sicherheitsgründen auch auf das Reffen des Segels, wobei die Rah nach unten gelassen und das Segel nach oben gebunden wird. Auf der Immenstaader Lädine wird die Rah mit Segel ganz nach unten geholt und in einem gewissen Abstand zum Mast seitlich aufgehängt. Das Hin- und Herpendeln der Rah hatte in den ersten Betriebswochen der Lädine „St. Jodok" zur Folge, dass Holzspäne vom Mast abgerieben wurden. In der Folge wurden zum Schutz am Mast ein Kupferblech und an der Rah ein Lederstück angebracht. Das Schlagen der Holzteile gegeneinander bei Wellengang wurde durch eine Tauschlinge weitgehend beseitigt. Zur Ausrüstung der Lädine gehört heute ein Dieselmotor und ein zusätzliches Ruderblatt im Schraubenstrom.

Gerda Leipold-Schneider

Daten des Schiffs:
Baujahr 1998, Länge 17,5 m, Breite 5,3 m, Tiefgang 0,8 m
Segelfläche 60 qm, Verdrängung 18 t
Max. Personenzahl einschl. Besatzung 50 Personen
Besatzung 2 – 4 Personen

Lädine „St. Jodok", Im Jachtclub
D-88090 Immenstaad am Bodensee
T +49 (0) 7545 901779 (Info), 2039639 (Charter)
F +49 (0) 7525 923399
www.laedine.de, info@laedine.de

Abb. 3-4
Das Segel wird gerefft.

Sankt Nikolaus als Patron der Schiffs- und Handelsleute

Sankt Nikolaus von Myra gehört zu jenen Heiligen, von deren Leben und Wirken nur wenige Nachrichten geschichtlich verbürgt sind. Der historische Bischof lebte mit großer Wahrscheinlichkeit im 4. Jahrhundert zur Zeit Kaiser Konstantins. Die Gestalt des in der Legende bis auf den heutigen Tag fortlebenden Nikolaus ist jedoch durch die Zusammenführung des geschichtlichen Bischofs von Myra in Lykien mit dem gleichnamigen Abt Nikolaus von Sion entstanden, der zugleich Bischof von Pinora war und am 10. Dezember 564 gestorben ist. Aus beiden Personen ist die überragende Gestalt des großen Wundertäters erwachsen, die erstmals in der Überlieferung der griechischen Kirche im 6. Jahrhundert sichtbar wird.[1]

Abb. 1
Der hl. Nikolaus stillt, kniend vor Maria mit dem Christusknaben, einen Sturm auf dem Untersee. Deckengemälde von N HR in der Pfarrkirche von Allensbach.

Der hl. Nikolaus wurde vermutlich um 270 in der antiken Hafenstadt Patara, dem heutigen Patras, geboren, war Teilnehmer des Konzils von Nicäa im Jahre 325 und starb an einem 6. Dezember um 342. Das Bischofsgrab in Myra und die Metropole des byzantinischen Reiches, Konstantinopel, waren in der Spätantike die bedeutendsten Zentren der Nikolausverehrung. Von hier aus breitete sich der Kult des Heiligen in der ganzen griechischen Kirche, später in den slawischen Ländern und in der lateinischen Christenheit aus. Als Stichdatum der Verehrung im Westen galt nach landläufiger Auffassung die Überführung seines Leichnams vom kleinasiatischen Myra zum italienischen Bari im Jahre 1087. Zahlreiche Kulthinweise belegen jedoch, dass der Nikolauskult schon im 8./9. Jahrhundert beginnt und durch die byzantinische Prinzessin Theophanu nach ihrer Vermählung mit Otto II. 972 stark gefördert worden ist.

Im Verlauf des Mittelalters wird Sankt Nikolaus von einem überaus reichen Kranz von Legenden umrankt, in denen er als großer Wundertäter und himmlischer Helfer in allen Nöten und Lebenslagen erscheint. Dadurch wählten ihn die unterschiedlichsten Personen und Berufsgruppen zum Schutzpatron, weshalb W. Mezger den hl. Nikolaus auch als einen "Allround-Heiligen" bezeichnet hat.[2] So hat die Feldherrenlegende z. B. zum Patronat der zu Unrecht Verurteilten, der Richter, Anwälte und Notare geführt. Die Schülerlegende machte ihn zum Fürsprecher der Kinder, Schüler und Studierenden, der Wirte, Metzger, Pilger und Reisenden und durch die Jungfrauenlegende ist er zum Helfer für eine glückliche Heirat, aber auch zum Patron der Tuchhändler, Knopfmacher, Leinenweber und Tuchscherer geworden.

Durch zwei weitere Legenden ist Sankt Nikolaus mit dem Meer, der Schifffahrt und dem Handel verbunden. Es sind die Geschichten von der Errettung der Seeleute und das Getreidewunder, die die Gestalt des Heiligen nicht nur in den großen europäischen Küsten- und Hafenstädten, an Flüssen und Flussübergängen, sondern auch am Bodensee populär gemacht haben. Das belegen nicht nur die Nikolaikirchen in den Hansestädten, sondern auch die vielen Nikolauskirchen und –kapellen, die an den Ufern des Schwäbischen Meeres und dessen Zuflüssen gegründet worden sind. In der Seefahrerlegende rufen die Schiffsleute den hl. Nikolaus in einem schweren Sturm um Hilfe an. Daraufhin erscheint und hilft ihnen der Heilige, und das Meer beruhigt sich. Seitdem wurde er von den Vertretern der See- und Binnenschifffahrt wie Matrosen und Fischern, Flößern und Fährleuten, von Pilgern und Reisenden, aber auch als Schutzpatron der Küstenbewohner und Brückenbauer gegen Überschwemmungen verehrt. In der Kornschifflegende rettet Sankt Nikolaus seine Bischofsstadt Myra aus einer großen Hungersnot. Dadurch wurde er zum Schutzpatron der Bäcker und Müller, Krämer, Kaufleute und speziell auch der Getreidehändler gewählt.

Die frühesten Zentren der Nikolausverehrung sind zweifellos die großen Bodenseeabteien und die Bischofsstadt Konstanz. Hier finden sich die ersten liturgischen Belege und Reliquien, bei ihnen entstanden die ersten Kultstätten und von ihnen aus strahlte die Verehrung des hl. Nikolaus in die nähere und weitere Umgebung aus. Eine der ältesten Nikolauskapellen stand auf der Insel Reichenau. Die erste Erwähnung des Gedenktages (6. Dezember) findet sich in einem reichenauischen Heiligenkalender vom Ende des 9. Jahrhunderts. Ein Reichenauer Mönch schrieb schon vor 842 nach einer aus dem Griechischen ins Lateinische übersetzten Vorlage ein Buch mit Heiligenlegenden, das auch die Geschichte von der wundersamen Errettung der drei Feldherren durch den hl. Nikolaus, die so genannte Stratelatenlegende, enthält. Wie lebendig der Nikolauskult auf der Klosterinsel war, verdeutlicht ein Messformular, das im 12. Jahrhundert für den Tag des hl. Nikolaus in einem Reichenauer Sakramentar des 11. Jahrhunderts nachgetragen worden ist.

Abb. 2
Der hl. Nikolaus als Lehrender. Steinplastik vom Anfang des 14. Jahrhunderts im Nikolaus-Münster Überlingen.

Die Reichenauer Mönche haben die Verehrung des hl. Nikolaus auch außerhalb des Klosters kräftig gefördert. Darauf weisen die vielen Nikolauspatrozinien der reichenauischen Landkirchen in der näheren und weiteren Umgebung hin: Sankt Nikolaus in Allensbach, Dingelsdorf, Feldbach, Mannenbach, Obergailingen und Triboltingen – all diese Orte liegen direkt am Ufer des Bodensees, bzw. Rheins, dort wo das tägliche Leben maßgeblich vom Fischfang und der Schifffahrt geprägt wurde. Allensbach war ein wichtiger Brückenkopf und Anlegeplatz der Abtei. Die kirchlichen Anfänge gehen nach K. Hecht auf die Errichtung einer romanischen Basilika in der zweiten Hälfte des 10. Jahrhunderts,[3] möglicherweise in die Zeit der Marktgründung, zurück, als das Inselkloster an dieser Stelle einen Handelsplatz anlegen wollte. Die heutige Pfarrkirche St. Nikolaus und Petrus ist ein stattlicher Barockbau von 1732. Auf dem mittleren Deckengemälde ist der hl. Nikolaus zu sehen. Es zeigt, wie der Schutzpatron der Seeleute vor Maria mit dem Christuskind kniend einen Sturm auf dem Untersee stillt. Die Nikolauskirchen in Mannenbach und Triboltingen am gegenüberliegenden Seeufer werden 1155 erstmals urkundlich erwähnt. Zu den ältesten

Sankt Nikolaus als Patron der Schiffs- und Handelsleute

Nikolauskirchen zählt die ehemalige Pfarrkirche von Stein am Rhein. Sie ist 1222 erstmals belegt und wurde wahrscheinlich für die in frühester Zeit am dortigen Rheinübergang entstandene Siedlung von Fischern und Schiffsleuten erbaut. Westlich davon stößt man auf die Nikolauspatrozinien in Ramsen, Obergailingen, Feldbach, Schaffhausen und Rheinau, die sich am Ufer des Hochrheins wie die Perlen einer Kette aneinanderreihen. Mit großer Wahrscheinlichkeit wurde der Heilige an diesen Orten auch als Schutzpatron gegen Überschwemmungen und Hochwasser verehrt. Kloster Allerheiligen wurde von Graf Eberhard von Nellenburg um 1049/50 an einem wichtigen Handelsplatz und Rheinübergang gegründet. Alle Waren mussten hier wegen des Rheinfalls umgeladen werden. Es betätigte auch Schiffstransporte auf dem Bodensee und Rhein.

Mit über 15 Kirchen, Kapellen und Altären ist die Zahl der Kultstätten zu Ehren des hl. Nikolaus auch am Überlinger und Obersee einschließlich der Bischofsstadt Konstanz außerordentlich hoch. Deutlicher als bei den Patrozinien am Rheinausfluss und Untersee tritt dabei neben der Verehrung durch die Seeleute das Patronat des Heiligen über die Kaufleute, speziell die Getreidehändler, die Reisenden und Pilger, aber auch gegen die Gefahren des Hochwassers zu Tage. Das gesamte Bodenseegebiet war ein bedeutender Wirtschafts- und Handelsraum. Es war Zentrum des oberdeutschen Textilgewerbes und lag im Schnittpunkt alter Fernhandelswege, die von Deutschland über die Alpen nach Italien oder durch die Innerschweiz nach Frankreich führten. Auf dem Wasser herrschte ein lebhafter Schiffsverkehr. Die Bodenseestädte Radolfzell, Konstanz, Überlingen, Meersburg, Buchhorn (Friedrichshafen) Lindau und Bregenz waren wichtige Warenumschlagplätze für Wein, Salz, Tuche oder Korn. Von hier aus wurden die Waren an das westliche und südliche Seeufer

Abb. 3
Sankt Nikolaus bei seiner Ankunft an der Schiffslände in Überlingen, 1959.

verschifft: nach Rorschach und Steinach, dem Hafen der Stadt St. Gallen, nach Rheineck, Bregenz, Hard oder Fußach unweit der Mündung des Alpenrheins in den See. Von den Häfen am Südufer des Bodensees ging es das Rheintal hinauf über Altach nach Feldkirch, wo sich ein wichtiger Getreideumschlagplatz befand. Auch die Personenschifffahrt spielte eine wichtige Rolle. Die frühesten Nachrichten über den Fernverkehr von Reisenden und Pilgern reichen bis ins 10. Jahrhundert zurück. Sie werden schon im Rorschacher Marktprivileg Kaiser Ottos I. vom 12. Juni 947 erwähnt. Zahlreiche Schiffsunglücke haben sich auf dem See ereignet. Schon um 780 kamen dabei 19 Angehörige des Klosters Reichenau ums Leben. Der vom Sturm überraschte Mönch ist ein Motiv, das in vielen mittelalterlichen Quellen wiederkehrt. Unter diesen Lebens- und Wirtschaftsverhältnissen bot sich beinahe wie von selbst der hl. Nikolaus als idealer Schutzpatron und Nothelfer an.

In Überlingen ist Sankt Nikolaus Kirchen- und Stadtpatron. Eindrucksvolles Zeugnis seiner Verehrung ist eine um 1300 geschaffene Steinplastik, die den hl. Nikolaus in bischöflichem Ornat als Lehrenden zeigt. Aufgrund der archäologischen Befunde kann an der Stelle der heutigen Pfarrkirche eine kleine einschiffige Saalkirche des 10. Jahrhunderts nachgewiesen werden. Nach der Errichtung des Marktes Ende des 12. Jahrhunderts wurde die Nikolauskapelle zur Marktkirche. Grundlage der städtischen Entwicklung waren der Getreidehandel und die Fährstelle an der alten Wegführung Pfullendorf-Konstanz. Auf der gegenüberliegenden Seeseite in Klausenhorn, zwischen Wallhausen und Dingelsdorf, befand sich bis in die Mitte des 19. Jahrhunderts der Landeplatz für alle Schiffe, die von Überlingen zum anderen Ufer fuhren. Seinen Namen trägt der Landvorsprung von einer kleinen Nikolauskapelle und einer Nikolausstatue, die nach dem Abbruch der Kapelle im seichten Seeufer, an der ehemaligen "Anlände", aufgestellt worden war. Die Verehrung des hl. Nikolaus an der Pfarrkirche von Dingelsdorf steht sicherlich auch mit der Schifffahrt und dem Fährbetrieb in engem Zusammenhang. In den Niederlanden hat die Seefahrerlegende zu folgender Brauchbildung angeregt: Dort erzählt man den Kindern, dass der hl. Nikolaus am Abend vor dem Festtag mit dem Schiff über das Meer komme. Dies hat in Überlingen zur Entstehung eines noch jungen Brauchtums geführt: Hier wird seit 1959 der Bischof von Myra am Vorabend seines Festes von einer großen Volksmenge an der Schiffslandestelle empfangen und auf Hofstatt begrüßt. Anschließend geleitet man ihn unter feierlichem Glockengeläute in das Nikolausmünster, um die erste Nikolausandacht zu begehen.[4]

Abb. 4
Sankt Nikolaus stillt den Seesturm und rettet die Seefahrer. Spätgotisches Relief aus der Stadtpfarrkirche St. Nikolaus in Friedrichshafen, 2. Hälfte des 15. Jahrhunderts. Im Hintergrund des sturmbewegten Sees ist eine Bergkulisse mit drei Burgen dargestellt, evtl. eine der ältesten Abbildungen der Bodenseelandschaft.

Sankt Nikolaus als Patron der Schiffs- und Handelsleute

Ähnlich wie in Überlingen war auch das Wirtschaftsleben der ehemaligen Reichsstadt Buchhorn ganz auf die Schifffahrt mit dem Warentransport über den See und insbesondere den Kornhandel ausgerichtet. An der östlichen Bucht wurde wahrscheinlich vom Kloster Weingarten noch im 12. Jahrhundert ein Markt mit einer 1293 erstmals erwähnten Nikolauskapelle gegründet, aus der die heutige Pfarrkirche St. Nikolaus hervorgegangen ist. Das gotische Gotteshaus wurde im Zweiten Weltkrieg total zerstört, doch ist durch einen glücklichen Zufall ein spätgotisches Nikolaus-Relief erhalten geblieben, das die Jungfrauenlegende und die Rettung der sturmbedrängten Seeleute durch den hl. Nikolaus zeigt.

Auch in Lindau ist die Verehrung des hl. Nikolaus bezeugt. Hier wurde im Jahre 1341 auf dem Friedhof zwischen der Stifts- und Stephanskirche ein Rundbau zu Ehren des Heiligen erbaut, 1526 aber auf Geheiß des Rats abgebrochen.[5]

In Bregenz wurde im Jahre 1485 vom Bregenzer Stadtammann Kilian Loher und dessen Ehefrau Elisabeth Herzenmoser in der St. Nikolauskapelle der Galluskirche eine ewige Messe und Pfründe zu Ehren Unserer Lieben Frau und des hl. Nikolaus gestiftet. Viel konkreter noch als im Patrozinium spiegelt sich die Rolle des hl. Nikolaus als Patron der Seefahrer im religiösen Brauchtum der Bregenzer Schiffsleute wider. Dort wurde bis ins 18. Jh. in der St. Nepomukkapelle auf dem Kornmarkt vor jedem Auslaufen eines Schiffes die hl. Messe gefeiert. Sobald ein Schiff den Hafen verließ, wurden auf den Ruf des Schiffsmannes „m maß Klöße Beate" acht Vaterunser gebetet, von denen eins zu Ehren des hl. Nikolaus gesprochen wurde. Die Bregenzer Schiffsleute, deren Zunft eine 10 Pfund schwere Silberstatue des hl. Nikolaus besaß, hielt ihren Jahrtag alljährlich am Festtag des hl. Nikolaus ab. Auch aus Bregenz ist das Patronat des hl. Nikolaus über das Wasser und die Seefahrt ikonographisch überliefert. Es handelt sich um ein jetzt im Besitz des Vorarlberger Landesmuseum befindliches Votivbild der Familie Deuring aus der Bregenzer Seekapelle, das Matthäus Zehender (1641-1697) zugeschrieben wird. Das Bild zeigt ein vor einer dunklen Bergkulisse in Seenot geratenes Schiff, dessen vom Ertrinken bedrohte Besatzung verzweifelt zum hl. Nikolaus um Hilfe ruft. Die Verehrung des hl. Nikolaus in Bregenz muss eng mit der ursprünglich unmittelbar am Uferrand stehenden Seekapelle verbunden gewesen sein, da der Heilige hier zusammen mit Maria, Georg, Leonhard und Hilarius auch auf dem Gemälde des Hauptaltars und als sitzende Bischofsfigur über dem nördlichen Eingang zu sehen ist

Abb. 5
Glorie des hl. Nikolaus von Johann Bernhard Müller 1750 in der Pfarrkirche St. Gallus, Bregenz.

In Fußach an der alten Mündung der Dornbirnerach ist St. Nikolaus Kirchenpatron. Der Ort war ein wichtiger Warenumschlagplatz. Er galt als bedeutendste Schiffslände am diesseitigen Bodenseeufer. Von hier aus wurden die von Buchhorn kommenden Waren das Rheintal hinauf über die Alpen nach Como, Mailand und Genua, ja selbst nach Nordafrika transportiert. Das Fußacher Nikolauspatrozinium weist aber auch auf die Verehrung des Heiligen als Helfer gegen Hochwasser und Überschwemmungen hin, von denen der Ort bis zur Einpolderung im letzten Jahrhundert häufig bedroht war. Auch die Nikolauskirchen in Wolfurt[6] an der Bregenzerach und in Altach unweit des Alten Rheines sind höchstwahrscheinlich auf die Gefährdung der Menschen durch Hochwasser und Überschwemmungen zurückzuführen. In Altach kommt möglicherweise noch das Patronat des hl. Nikolaus über den Handel und Warenverkehr, speziell den Getreidehandel, hinzu, denn in Bauern befand sich eine von Feldkirch errichtete Kornhütte, in der das von Oberschwaben über den See transportierte und teilweise sogar auf dem Rhein verschiffte Getreide umgeladen und gespeichert wurde.

Abb. 6
Heiliger Nikolaus über dem Nordportal der Seekapelle in Bregenz.

Das Nikolauspatrozinium der ehemaligen Stadtpfarrkirche und jetzigen Domkirche in Feldkirch steht sicherlich mit der Verehrung des hl. Nikolaus durch die Kaufleute in Zusammenhang. Die Stadt war wegen ihrer zentralen verkehrsgeographischen Lage bedeutendster Handelsplatz Vorarlbergs. Der Getreidehandel spielte dabei eine wichtige Rolle. Mit der Erhebung des 1287 erstmals genannten Gotteshauses zur Pfarrkirche wurde die von den Grafen von Montfort um 1200 gegründete Stadt dem Schutz des Patrons der Händler, Fuhrleute und Reisenden unterstellt. Außerdem muss aber auch das Patronat über das Wasser in Betracht gezogen werden, da Feldkirch bis ins zwanzigste Jahrhundert hinein von zahlreichen Überschwemmungen durch die Ill heimgesucht wurde.

In der Pfarrkirche St. Jakobus d. Ä. und Andreas in Steinach am Südufer des Bodensees zählt Nikolaus als zweiter Patron des Hochaltars. In Steinach befand sich schon im frühen Mittelalter der Hafen des Klosters St. Gallen. Auf dem Gewölbefresko von Franz Ludwig Hermann von 1770 ist Nikolaus als Helfer in Seenot geratener Schiffsleute zu sehen. Auch im benachbarten Arbon, das im Hochmittelalter bischöflich-konstanzischer Hafen geworden war, ist die Verehrung des hl. Nikolaus belegt. Hier wird er in einer Chronik des 16. Jahrhunderts zusammen mit dem hl. Kreuz als Konpatron eines Nebenaltars der Pfarrkirche St. Martin genannt.

Die frühesten Spuren der Nikolausverehrung in Konstanz finden sich nicht innerhalb der Bischofsstadt, sondern auf der gegenüberliegenden Rheinseite in Petershausen. Hier, auf dem Friedhof des bischöflichen Eigenklosters, wurde um die Mitte des 11. Jahrhunderts eine Kapelle zu Ehren Johannes d. Täufers und des hl. Nikolaus geweiht, aus der später die St. Nikolaus-farrkirche des Ortes Petershausen hervorgegangen ist. Aus dem Hinweis auf ihre Ausstattung mit einem eigenen Priester (sacerdos) darf man auf einen (Welt)Geistlichen schließen, der für die pastorale Versorgung der Hörigen zuständig war, die Bischof Gebhard bei der Gründung von Petershausen in der Nähe des Klosters angesiedelt hatte. Nach Aussage der Klosterchronik waren es keine von der Landwirtschaft lebenden Bauern, sondern Angehörige des Klosters, die ihren Lebensunterhalt nach dem Willen des Klostergründers ausschließlich aus der Schifffahrt

Abb. 7
Sankt Nikolaus lässt Getreide in die von einer Hungersnot bedrohte Stadt Myra schaffen. Wandbild in der Nikolauskapelle im Konstanzer Münster (vor 1410).

und Fischerei bezogen. Die Gründung der Nikolauskapelle von Petershausen ist besonders bemerkenswert. Sie belegt die Patrozinienwahl des hl. Nikolaus für eine Landkirche an einer Siedlung von Fischern und Schiffsleuten im 11. Jahrhundert und lässt erkennen, dass der Bischof von Myra schon in dieser frühen Zeit als besonderer Schutzheiliger der von der Fischerei und Schifffahrt lebenden Bevölkerung verehrt worden ist.

Wie an vielen anderen Orten gab es auch in Petershausen eine Nikolausbruderschaft. Sie wurde im Jahre 1344 gegründet, 1431 vom Konstanzer Bischof bestätigt und bestand bis ins 19. Jahrhundert. Im Jahre 1796 gab sie in deutlicher Anspielung auf das Patronat der Seeleute ein Büchlein unter dem Titel „Hellglänzender Gnadenstern zu einer glückseligen Schiffahrt aus dem Zeitlichen in das ewige Leben" heraus.

Mit der zunehmenden Verehrung durch eine Vielzahl von Berufs- und Bevölkerungsgruppen, der Entwicklung zum Patron der Bürger und zum Volksheiligen geht im späten Mittelalter die Verehrung des hl. Nikolaus innerhalb der Bischofsstadt, insbesondere am Konstanzer Münster, einher. Hier waren dem Bischof zwei Heiligtümer, eine untere und obere Kapelle, geweiht. Die im Verlauf des 14. Jahrhunderts umgestaltete obere Kapelle ist bereits 1313 belegt. Darüber hinaus wird 1490 auch ein Nikolausaltar in der St. Laurentiuskapelle am Obermarkt, einem der wichtigsten Marktplätze, erwähnt. Eindrucksvolle Zeugnisse der Nikolausverehrung sind die spätmittelalterlichen Wandmalereien mit szenischen Darstellungen der Nikolauslegende in der Nikolauskapelle im Konstanzer Münster und die Reliefs mit den Wundern des Heiligen vom Aufsatz des dortigen Nikolausaltars.

Welches Bild der mittelalterliche Mensch von der Gestalt des hl. Nikolaus hatte, welch ungebrochen naive Vorstellung er vom hilfreichen Eingreifen des großen Wundertäters besaß, dies wird deutlich, wenn man die Legenden in der alten sprachlichen Fassungen liest, in der sie am Ende des Mittelalters in den deutschen Passionalien erschienen sind:

Die Legende von der Errettung der Seefahrer

Einstmals waren viele Leut auf dem Meere in einem Schiff. Da ward ein solches Ungewitter, daß sich die Leut ihres Leibes und Lebens verwegen hätten. Da riefen sie alle gemeinlich: „Nikola, wir haben gehöret, daß Gott der Allmächtige gar viel für deinen Willen tut. Ist das wahr, so laß uns genießen, und hilf uns aus dieser Not!" Zuhand erschien ihnen ein Mann, der war Sankt Niklas gar gleich, und sprach: „Was soll es? Ich bin hie." Und half ihnen, daß das Sturmwetter erlag, und verschwand. Da wurden sie gar froh, und dankten Gott und Sankt Niklas der Gnaden. Und da sie an das Land kamen, da Sankt Niklas war, da gingen sie in die Kirche und sahen da den heiligen Bischof an. Da erkannten sie ihn, daß er der war, der ihnen auf dem Meer geholfen hätt. Da dankten sie ihm seiner Güte, daß er sie erlöset hätt. Da sprach er: „Es hat euch der allmächtige und barmherzige Gott geholfen durch seine große Güte und grundlose Barmherzigkeit."[7]

Bischof Nikolaus von Myra war einer der faszinierendsten Heiligen. Seine Legende erzählt von eindrucksvollen Wundertaten. Dadurch wurden ihm die vielfältigsten Wesenszüge und Zuständigkeiten zugeschrieben. Dies hat zur Enstehung einer Vielzahl von Patronaten geführt. Sankt Nikolaus – das ist die große himmlische Vatergestalt, die Schutz und Hilfe in fast allen täglichen Nöten und Sorgen versprach. Aus diesem Grunde wurde er von vielen Berufsständen und Bevölkerungsgruppen, insbesondere aber von den Schiffs- und Handelsleuten auch am Bodensee verehrt.

Fredy Meyer

Schloss Montfort in Langenargen

Schifffahrt – ein Thema im Rosgartenmuseum Konstanz

Das 1870 vom Konstanzer Apotheker Ludwig Leiner begründete Museum besitzt eine reichhaltige kulturgeschichtliche Sammlung. Zahlreiche Objekte illustrieren dabei auch die Bodenseeschifffahrt.

Abb. 1
Lädinenmodell nach F. Heimlich (ca. 1935-40), Länge 68 cm.

Abb. 2
Glasbecher mit Schiffszene in Schwarzlotmalerei von Wolfgang Spengler, 1676.

Neben dem Lädinenmodell zeigt das dem Konstanzer „Ordinary Schiff Pateron nacher Lindauw" Lienhardt Spengler 1676 gewidmete Trinkglas die älteste bekannte Darstellung einer Winde im Heck des Schiffs, den sogenannten Triller zum Spannen des Seils, mit Zahnkranz für die Sperrklinke.[1] Der Maler des Trinkglases, Wolfgang Spengler, gehörte der berühmten 1656-1776 in dieser Stadt tätigen Glasmalerfamilie an.

Konstanz, Hafenort am Schnittpunkt der Handelsstraßen nach Oberitalien, Frankreich und Osteuropa, avancierte vom 10. bis zum 14. Jahrhundert zu einem wichtigen Handelsplatz für Pelze, Leinen und Gewürze. In der ersten Hälfte des 13. Jahrhunderts, so die jüngsten archäologischen Befunde, wurde der Hafen erneuert, vielleicht auch als Ersatz für eine weiter nördlich bei der Stephanskirche gelegene Landestelle neu errichtet.[2] 1386 besuchte eine Mailänder Gesandtschaft Konstanz, um eine Verbesserung der Handelsbeziehungen zu erreichen. Dies war Anstoß für den Ratsbeschluss vom 1. Februar 1387, für fremde Kaufleute ein Haus zur Lagerung ihrer Güter zu bauen.[3] Das Kaufhaus entstand 1388, an der Seeseite war das Gebäude durch einen großen Kanal von einem Lagerplatz getrennt, so dass die Schiffe bis unmittelbar an das Gebäude heranfahren konnten. Weiter draußen diente ein Palisadenzaun als Wellenbrecher. Die Einfartslücke war durch Ketten bei Nacht und in Kriegszeiten verschließbar. Dies geschah vom ebenfalls 1388 neu errichteten Lukenhaus aus, das als Leuchtturm und Hafenwache diente.[4] Im zweigeschossigen Holztürmchen mit Mauersockel befanden sich die Wohnungen des Wächters und Rheinlotsen; von hier aus wurden auch die Schiffer bei Nacht und Nebel mit der Nebelglocke gewarnt.[5]

Die damalige Bedeutung der Stadt Konstanz zeigt sich auch darin, dass hier im 15. Jahrhundert ein Konzil stattfand, wonach das Kaufhaus den Namen „Konzil" erhielt. Von 1414 bis 1418 tagten Kirchenvertreter aus allen europäischen Ländern in der Stadt und wählten 1417 Martin V. zum neuen Papst.

Ab dem 16. Jahrhundert – Konstanz war seit 1548 nicht mehr Reichsstadt, sondern österreichische Landstadt – kam es durch Verlagerung der Handelsrouten zum Niedergang de

Fernhandels, doch gewann nun der Transport von Massengütern wie Getreide, Salz, Wein, Holz etc. an Bedeutung. Im Winter des Jahres 1540 wurde vor dem Kaufhaus in Konstanz ein trapezförmiger Damm geschüttet, der über eine Holzbrücke mit dem Kaufhaus verbunden war.[6] Das Erscheinungsbild der Landestelle prägte bis ins 19. Jahrhundert auch ein Hafenkran. Mit den Sieg Napoleons wurde Konstanz 1806 in das neu geschaffene Großherzogtum Baden eingegliedert. Die Ansiedlung neuer Industrien, der Bau der Eisenbahn und die Entwicklung der Dampfschifffahrt verhalfen der Stadt zu wirtschaftlichem Aufschwung und neuen städtebaulichen Akzenten. Am 12. Mai 1839 wurde der Grundstein gelegt und 1842 mit dem Bau des Leuchtturms, der das alte Lukenhaus ersetzte, der Neubau des Konstanzer Hafens abgeschlossen. Der neue Hafen, dessen Baumaterial zu einem großen Teil aus den abgebrochenen Toren und Türmen der Stadt kam, konnte nun sechs Dampfboote aufnehmen. Auf der kolorierten Lithographie von J. A. Pecht verlässt gerade die „Stadt Constanz" den Hafen. Das kleine Haus links ist die Wache, dahinter das Gasthaus „Zum Weißen Kreuz", das „Konzil" mit dem Zollamt und das imposante Kirchenschiff des Dominikanerklosters. Rechts steht der neue Leuchtturm, der 1892 bis auf das erste Stockwerk gekürzt wurde.

Gerda Leipold-Schneider

Abb. 3
Der Konstanzer Hafendamm um 1825/26. Aquatinta von Franz Hegi.

Abb. 4
Der Konstanzer Hafen, um 1855. Kolorierte Lithographie von J.A. Pecht.

Rosgartenmuseum
Rosgartenstr. 3-5 , 78459 Konstanz
T +49 (0) 7531 900 246
F +49 (0) 7531 900 608
www.konstanz.de/kultur_freizeit/museen_galerien/rosgarten

Die Hafeneinfahrt in Friedrichshafen mit Aussichtsturm

Die „Greth" in Überlingen –
zu ihrer Baugeschichte

Wie Perlen einer Halskette umgeben die Grethhäuser - auch Korn- oder Kaufhäuser genannt - den Bodensee und sind so stumme Zeugen der einstigen Transportwege über den See. Greth wird von *gradus*, ein durch Stufen erhöhter Platz, abgeleitet und in der Bodenseeregion für Lagergebäude an Handelsplätzen verwendet. Zu den bekannten zählen etwa das Konstanzer „Konzilsgebäude", das Kornhaus von Rorschach/SG, das Grethhaus von Steinach/TG und nicht zuletzt jenes von Überlingen. Umfangreiche Untersuchungen zum bestehenden Gebäude und zur Baugeschichte anlässlich einer umfassenden Renovierung 1997/98 machen es zum beispielhaften Anschauungsobjekt.[1]

Mittelalterliche Vorgängerbauten
Die Überlinger Greth, ein ausgesprochen großer, zweigeschossiger Massivbau liegt direkt am Ufer des Bodensees. Der mittelalterliche Kernbau ist überraschend umfangreich, Fundament-

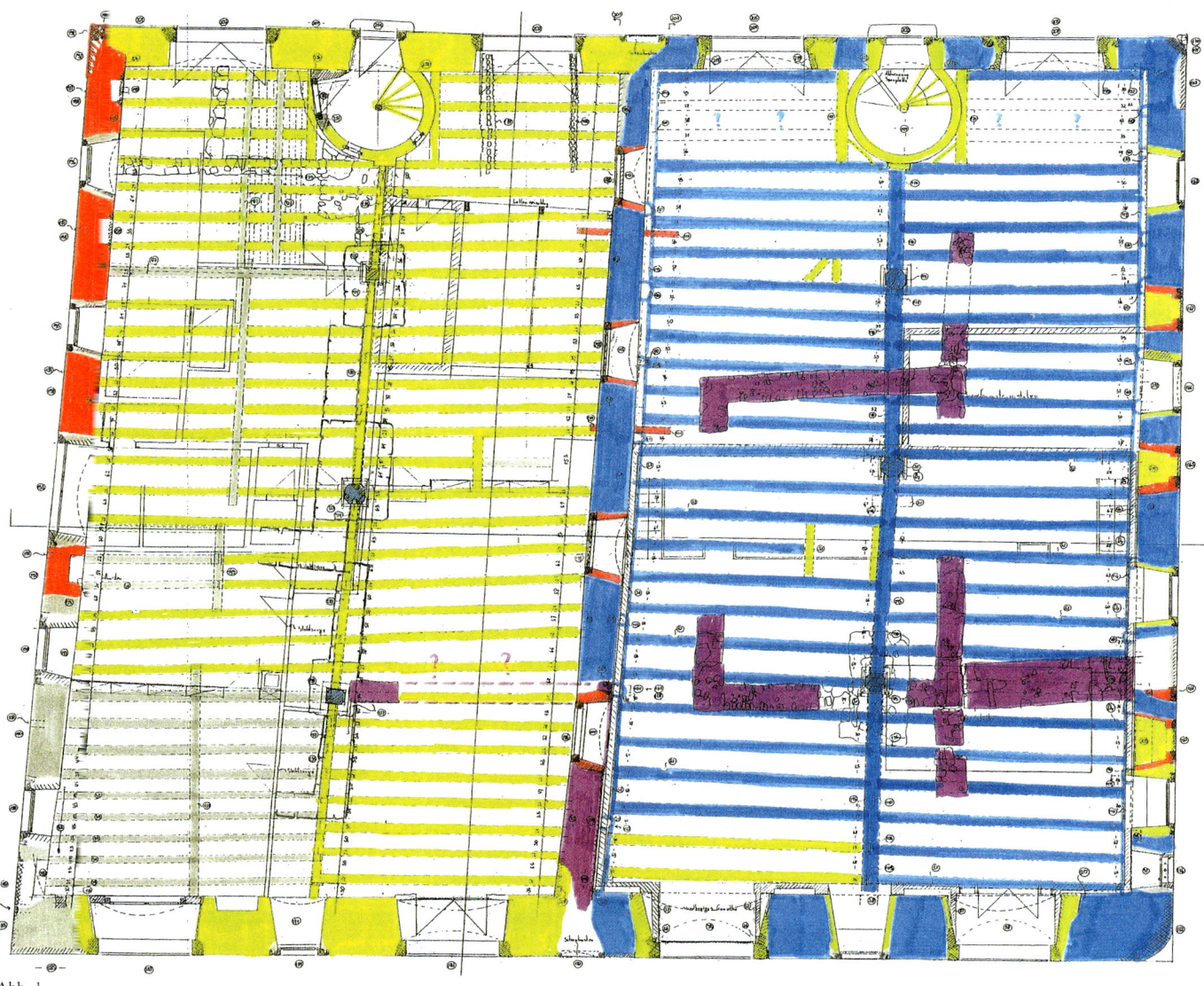

Abb. 1

Grundriss der Greth: Baualterplan (violett = hochmittelalterlich, vor 1382, blau = spätmittelalterlicher Kernbau um 1382, rot = Veränderungen zwischen 1382 und 1787, gelb = Barockumbau von F.A. Bagnato 1787-89, grau = moderne Veränderungen).

reste weisen auf hochmittelalterliche Vorgängerbauten vor dem 14. Jahrhundert. Im östlichen Gebäudeteil fanden sich die etwa 80 cm dicken Grundmauern eines einräumigen Massivbaues von 8,5 m Länge und 6 m Breite. Das 4,5 m hohe Erdgeschoss des heutigen Baues, das in der Mitte geteilt ist, weist in der östlichen Hälfte bis unter das Dach spätmittelalterliches Mauerwerk auf, das Deckengebälk konnte dendrochronologisch auf 1382 datiert werden.

In der östlichen Gebäudehälfte ruht das Deckengebälk auf drei ebenfalls auf 1382 datierten Ständern mit zum Achteck gefasten Schäften, mit viereckigen Sockeln und ebensolchen Schalenköpfen. Die Fußpunkte stehen auf quadratischen Sandsteinplatten mit gefasten Kanten. Das Erdgeschoss war eine große, nur durch die Ständerstellung unterteilte Halle. An der Nordseite gab es zwei mittelalterliche Außenöffnungen unter einem flachen Bogen, der aus ebenen, plattenartigen Sandsteinen gemacht ist.

Abb. 2
Mittelalterlicher Ständer im Erdgeschoss der östlichen Gebäudehälfte.

Grethhäuser wurden als Lagerhäuser, aber auch für Tanz, Theater, als Fest- und Repräsentationsraum genutzt. Kontinuierlich wurde das Überlinger Grethhaus verändert und den wechselnden Bedürfnissen angepasst. An der Westseite des Kernbaues von 1382 entstanden im 16. Jahrhundert eine große Rundbogenöffnung und Veränderungen am Mauerwerk, die um 1600 datiert werden können. Vier große Rundbogenfenster im Erdgeschoss wurden nach einer Jahreszahl am südlichsten Fenster im Jahr 1722 an derselben Seite durchgebrochen, bevor wenige Jahrzehnte später eine grundlegende Umgestaltung der Greth durch Franz Anton Bagnato 1787-89 erfolgte. Sein Vater Giovanni Gaspare Bagnato baute 1746-48 in Rorschach das neue Kornhaus.[2]

Abb. 3
Überlingen, Darstellung der Greth auf dem sogenannten Belagerungsbild von Überlingen. Kopie nach Votivbild von 1634 von Daniel Hauser.

Die „Greth" in Überlingen – zu ihrer Baugeschichte

Die Greth besaß im 18. Jahrhundert, so lässt sich aus Akten erschließen, eine gedeckte Stiege als Zugang, an- oder vorgebaut eine Grethlaube und Grethstube sowie einen seewärts gerichteten Landungssteg. Nach der Ansicht Überlingens von Matthäus Merian und dem Belagerungsbild von Überlingen hatte der Gebäudeteil von 1382 einen Staffelgiebel. Grundgedanke der Umgestaltung von 1787–89 war es, die verschiedenen Gebäude der Greth zu einem einzigen, von außen einheitlichen Gebäude zusammenzufassen. Das Obergeschoss des westlichen Gebäudeteils nimmt zu drei Viertel die Kornschütte ein, während das Erdgeschoss im Plan Bagnatos zur Hälfte als „Kornhandlung" und zur anderen Hälfte als „Haberhandlung" bezeichnet wird. Entlang der Südfront befand sich im westlichen Gebäudeteil die Wohnung des Grethmeisters; die Grethamtsstube und die Grethknechtsstube erhielten neue Öfen.

Gerda Leipold-Schneider

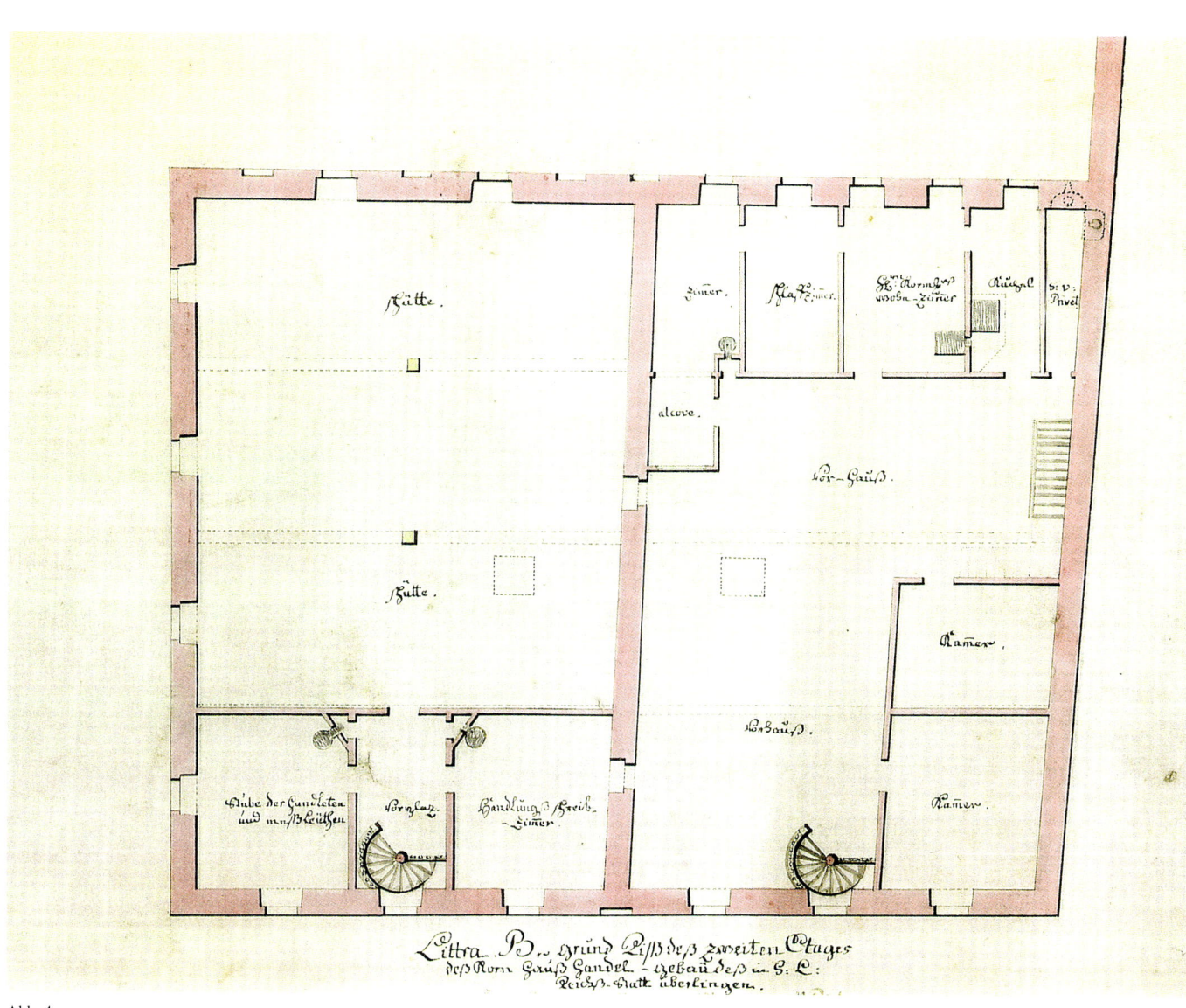

Abb. 4
Entwurfsplanung von Franz Anton Bagnato für den Grethumbau 1788, Grundriss bzw. Obergeschoss.

![Abb. 5 architectural drawing]

Abb. 5
Entwurfsplanung von Franz Anton Bagnato für den Grethumbau 1788, Ansicht Südseite.

Abb. 6
Ansicht der Greth. Blick von Westen entlang der Südfront, 1870.

Abb. 7
Ansicht der Greth nach dem Umbau von 1997/98.

Uferpromenade Überlingen mit der Greth

Die Schifffahrt im Städtischen Museum Überlingen

Das 1871 gegründete Museum befindet sich im 1462 errichteten Patrizierhaus der Reichlin von Meldegg. Der Garten bietet Ausblick auf Stadt und Bodensee. Das kulturgeschichtliche Museum zeigt Gegenstände aus Archäologie, Geschichte und Kunst. Im Rahmen des Handwerks wird hier auch die bedeutende Schiffahrtsgeschichte der einstmals freien Reichsstadt lebendig.

Abb. 1
Votivbild für Errettung aus Seenot, 1794. Anonymes Ölgemälde.

Neben dem Salztransport (Salzmonopol durch Karl V., 1547) und neben Obst- und Weinbau bildete lange der Getreidehandel – angeliefert aus dem schwäbischen Hinterland, verschickt in die östliche Schweiz und ins Rheintal – die wichtigste Überlinger Erwerbsquelle.[1] Händler aus den Schweizer Kantonen Basel, Solothurn, Bern, Luzern, Graubünden und St. Gallen, aus dem Bregenzerwald und dem Allgäu sowie aus den Bodenseestädten Lindau und Konstanz besuchten den Überlinger Markt.[2] Die Reichsstadt, deren Marktrecht von 1217 an erwähnt wird, lag am Kreuzungspunkt der Straßen von Stockach nach Meersburg und von Pfullendorf an den Bodensee.

In der Greth, dem Lagergebäude am Hafen, waren in Mittelalter und Frühneuzeit bis zu 100 Personen beschäftigt: der Grethmeister, drei Marktverseher, vier Unterkäufer, 30 Kornmesser und viele Kornschütter und Knechte. Die Ordnung des Grethhausmeisters sieht Taxen vor für Wein, Honig, Wachs, Eisen, Kupfer, Tuch, Wolle, Garn, Zwillich, Brot, Heringe, Obst, Mühlsteine, Salz, Hühner usw. Im 19. Jahrhundert ist die Rede von 60 hier beschäftigten Personen.[3]

Abb. 2
Ansicht der Stadt Überlingen am Bodensee von der Nachtseite, 1826. Aquarell von J. S. Dürr.

Meersburg als Landungsplatz der Fähre Konstanz - Meersburg erhielt 1233 Markt- und Stadtrecht. Hier kreuzten sich die Verbindungswege Ravensburg – Markdorf – Konstanz mit der am See entlang führenden Straße Überlingen – Buchhorn – Lindau – Bregenz. Unter Bischof Hugo von Landenberg wurde 1505 das Grethhaus mit durch Rundbögen und Wandvorlagen reich gegliedertem Treppengiebel als Korn- und Warenspeicher der Stadt erbaut. Die für die Dampfschifffahrt erforderlichen Ausbauten der Häfen von Meersburg (1846-1855) und Überlingen (1862/63) erfolgten deutlich später als etwa in Konstanz. Sie hatten aber – wie auch Ludwigshafen (das frühere Sernatingen) – als Ausfuhrhäfen für landwirtschaftliche Produkte in den 1870er Jahren noch eine gewisse Bedeutung, die jedoch mit der Fertigstellung der Bodenseegürtelbahn 1901 gänzlich verloren ging.[4]

Auf der Ansicht von J. S. Dürr von 1826 hat die Ära der Dampfschifffahrt für Überlingen sichtbar begonnen. Dampfschiffe landeten seit 1825 hier, doch die Errichtung von nachbarlichen Konkurrenzhäfen (Friedrichshafen 1811, Ludwigshafen 1826) und schließlich der Ausbau des Eisenbahnnetzes (Bodenseegürtelbahn von Radolfzell nach Lindau 1895-1901) sorgten auch hier für einen beträchtlichen Rückgang des Handelsvolumens.[5]

Gerda Leipold-Schneider

Städtisches Museum Überlingen,
Krummebergstraße 30
D-88662 Überlingen
T +49 (0) 7551 991079
F +49 (0) 7551 991679
www.ueberlingen.de
museum.ueberlingen
@gmx.de

Abb. 3
Prospekt der Stadt Überlingen am Bodensee, 1809. Aquarell von J. S. Dürr.

Abb. 5
Kappe eines Grethknechts, Leder. Angeblich verwendeten sie die Kappe auch zum Getreideschöpfen.

Abb. 6
Gewitterstimmung über dem Meersburger Hafen, um 1850. Anonymes Ölbild.

Abb. 4
Kontrolltafel aus der Greth, Eiche. Die auf den Schiebern vermerkten Namen der Grethknechte wurden auf den Tafeln wohl verschiedenen Diensten zugeordnet.

Die „Vorarlberg" vor der Einfahrt nach Bregenz

Die Hafenanlage in Steinach

Die genauen Anfänge des Hafens von Steinach sind unbekannt. Es lassen sich in den Quellen aber einige Hinweise finden, die schon im frühen Mittelalter auf einen Hafen hindeuten. Da ist zuerst einmal die Überführung des hl. Otmar[1], des Gründers des Klosters, nach St. Gallen zu nennen. Er war am 16. November 759 auf der Insel Werd bei Stein am Rhein verstorben und sein Leichnam im Jahre 769 von Mönchen des Klosters nach St. Gallen heimgeführt worden. Wo das Schiff am St. Galler Bodenseeufer angelegt hatte, ist leider nicht erwähnt. Es wird lediglich das Einlaufen in den Hafen des ersehnten Gestades (*Cumque optati litoris portum subissent*) beschrieben und nicht der Ort der Anlandung. Steinach wird in diesem Zusammenhang noch nicht ausdrücklich als Landestelle genannt. Im Laufe der Jahrhunderte setzte sich dann aber wohl die Meinung durch, dass Steinach der Anlegeplatz für das Boot der St. Galler Mönche gewesen war. Ein Bild, das 1699 gemalt wurde und bei Johannes Duft abgedruckt ist[2], stellt die Ankunft der Mönche im Hafen von Steinach dar und vermittelt den Eindruck, die ursprünglichen Geschehnisse wiederzugeben (s. auch S. 27, Abb. 4, S. 31, Abb. 5)

Abb.1
Steinach, Gredhaus.

Den ersten greifbaren Hinweis auf einen vorhandenen Hafen in Steinach gibt eine Urkunde aus dem Jahr 827, die regelmäßige Transporte von Korn und anderen Gütern vom Hafen Steinach zum Kloster erwähnt.[3] Für Steinach als Landestelle könnte die Tatsache gesprochen haben, dass zum einen die Seebucht einen gewissen Wetterschutz bot und zum anderen von Steinach aus der kürzeste Transportweg nach St. Gallen bestand. Der Transportweg führte von Steinach über Wittenbach und Rotmonten.[4] Arbon verfügte im frühen Mittelalter ebenfalls über einen Hafen, wie uns aus der Lebensgeschichte des hl. Gallus bekannt ist. Dieser Hafen gehörte jedoch zum Besitz des Bischofs von Konstanz, und da das Kloster St. Gallen im Gebiet des sogenannten Arbongau lag und es gerade in der Anfangszeit des Klosters St. Gallen immer wieder Versuche von Seiten des Konstanzer Bistums gegeben hat grundherrschaftlich auf St. Gallen einzuwirken, hätte somit die Abtei in St. Gallen in eine nicht beabsichtigte Abhängigkeit in Bezug auf Waren- und Personentransporte gelangen können.[5]

Je mehr sich der Grundbesitz des Klosters durch Schenkungen auch an der nördlichen Seite des Bodenseeufers vergrößerte, desto wichtiger wurde ein eigener Hafen, der es sowohl Pilgern als auch Händlern ermöglichte, den Bodensees mit einem Schiff auf dem kürzesten und schnellsten Weg zu überqueren. Die Entstehung einer regen Schifffahrt auf dem Bodensee schon zu Beginn des Hochmittelalters hat Fritz Moser[6] aufgrund einer Quelle aus dem Jahr 891 vermutet, in der das Kloster das Recht erhielt, Schiffsholz im Kobelwald (Rheintal) zu fällen und über den See zu führen, damit daraus von Seiten der Abtei Schiffe gebaut werden konnten. Im Rahmen eines möglicherweise regen Reisebetriebes über den Hafenplatz Steinach nach St. Gallen ist ein bei Johannes Duft[7] erwähnter Besuch König Konrads III. in St. Gallen an Weihnachten 911 hervorzuheben, der den größten Teil seiner Reise von Konstanz nach St. Gallen über den Bodensee zurückgelegt, dann wahrscheinlich von Steinach aus den Aufstieg zum Kloster St. Gallen angetreten hatte.

Vom 11. bis in das 15. Jahrhundert hinein lassen sich in den Quellen keine direkten Nennungen des Steinacher Hafens ausmachen. Das Vorhandensein des Landeplatzes ist nur indirekt aus den Schriften ersichtlich, nämlich immer dann, wenn Rechte in Steinach übertragen werden.[8] Mit dem Beginn des 15. Jahrhunderts rückt Steinach und in der Folge auch die Landestelle in den Interessenbereich des städtischen St. Gallen. Ein Burgrechtsvertrag, der St. Gallen die Nutzung der Steinacher Burg ermöglichte, und die Besitzübernahme verschiedener Rechte durch mehrere St. Galler Bürger verstärkten den Einfluss der Stadt in Steinach im Verlaufe dieses Jahrhunderts und mündeten in der 2. Hälfte des 15. Jahrhunderts in der Übertragung von Gericht, Zwing und Bann an die Stadt St. Gallen durch Caspar Ruchenacker.[9] Nach der Ausfertigung einer Offnung für Steinach im Jahr 1462 durch die Stadt St. Gallen begann im Jahr 1473 der Ausbau der Landestelle mit der Errichtung eines Gredhauses in Steinach. Das Gebäude diente vornehmlich als Zwischenlager für verschiedenste Produkte, die entweder von St. Gallen aus nach „Norden" transportiert oder nach St. Gallen befördert werden sollten. Aus dieser Zeit ist uns ein Gredbuch von 1477 erhalten, das uns Auskunft über die Nutzung des Gredhauses gibt.[10] Es enthält eine Zolltarifliste mit einer überraschend großen Zahl an Waren, für die Zoll gezahlt werden musste. Verschiedene Sorten Getreide, Eisen, Wachs, Kupfer, Zinn, Federn, Wein, Blech, Schmalz, Nürnberger Krämerwaren und Leinwand sind ein Teil der Produkte, die in Steinach ankamen und abgingen. Insgesamt hat die Liste 29 Produkte aufgenommen,

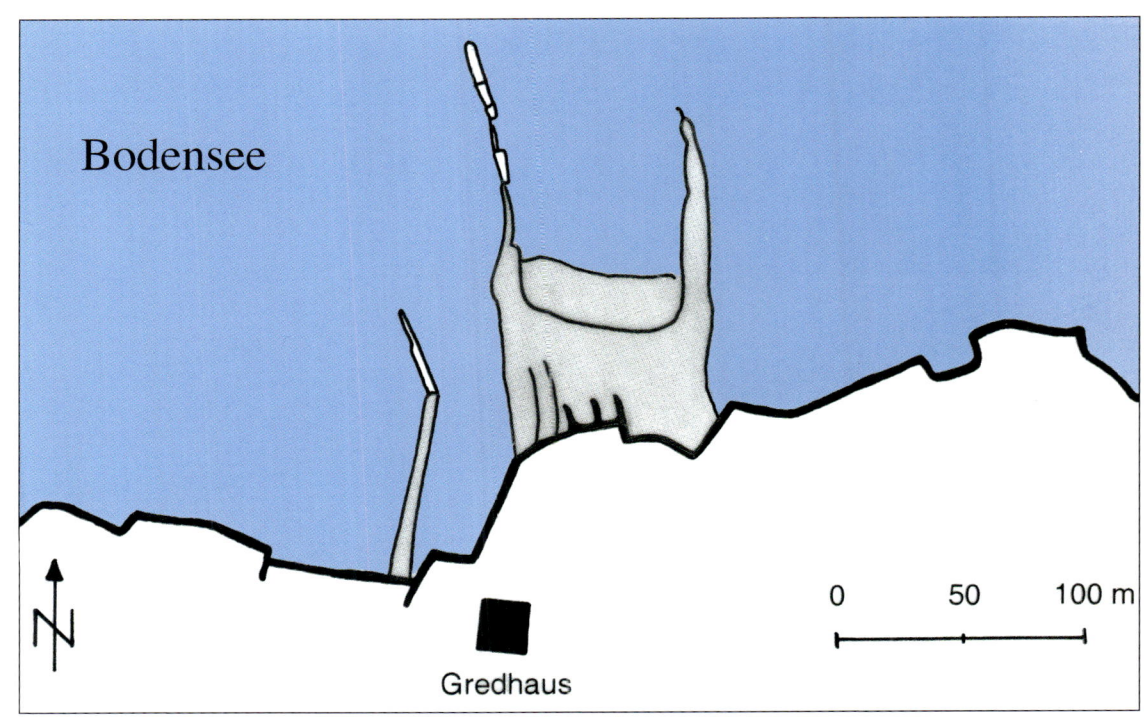

Abb. 2
Steinach – Alter Hafen. Schematische Darstellung der drei alten Molen im See vor dem Gredhaus von 1473.

1729 wies eine erweiterte Zollliste schon 69 Positionen auf.

1490 musste die Stadt die Herrschaftsrechte in Steinach im Rahmen der Wiedergutmachung für den der Abtei entstandenen Schaden durch den Klosterbruch in Mariaberg an die Abtei St. Gallen abtreten. Bis zu diesem Zeitpunkt war Steinach die Hauptanlegestelle für den Warentransport von und nach St. Gallen. Die Hafenanlage in Rorschach ließ Abt Ulrich Rösch (1463 – 1491) erst ab 1483 ausbauen, nachdem er den Plan gefasst hatte, das Kloster nach Rorschach zu verlagern. Nach 1490 verfügte nun die Abtei St. Gallen über zwei gut ausgebaute Hafenplätze am St. Galler Ufer, die sich im Laufe der kommenden Jahrhunderte die Transportaufgaben geteilt haben dürften[11] und in gesunder Konkurrenz zueinander standen.

Die Hafenanlage in Steinach

Steinach wurde insbesondere von den Häfen des westlichen Bodensees angesteuert. Es sind hier vornehmlich Überlingen, Radolfzell und Buchhorn zu nennen, von wo aus vor allem der Markt der Stadt St. Gallen mit Waren versorgt worden war. Das wichtigste Produkt, das das St. Galler Bodenseeufer erreichte, war Getreide.[12] Frank Göttmann schildert die wöchentliche Ausfuhrmenge von Überlingen recht anschaulich: „Was an Frucht jede Woche Überlingen über den See verließ, reichte, um 23.000 Menschen sieben Tage mit Brot zu versorgen."[13] Steinach erhielt davon, vor Konstanz und Uttwil, den größten Teil der Gesamtausfuhr. Dieser Umstand führte dazu, dass die Äbte im Verlaufe der Jahrhunderte nicht nur in die Hafenanlage in Rorschach investierten, sondern auch Steinach weiter unterhalten wurde. Eine verstärkte Hinwendung nach Rorschach wird erst seit der Mitte des 18. Jahrhunderts erkennbar, als die Fürstenlandstraße, die Rorschach und Wil miteinander verband, und das Kornhaus erstellt wurden.

Abb. 3
Steinach. Grenzatlas der alten Landschaft der Fürstabtei St. Gallen von ca. 1730.

Das Ende der Steinacher Hafenanlage ist im 19. Jahrhundert schleichend gekommen und zog sich über viele Jahrzehnte hin. Gegen Ende des 18. Jahrhunderts verlor die Hafenanlage für die Abtei wirtschaftlich an Bedeutung. Sie war keine wirtschaftlich einträgliche Einrichtung mehr und das Interesse an der Hafenanlage ließ aus diesem Grund von Seiten der Abtei nach. Nach der Auflösung der Abtei St. Gallen 1805 war die Hafenanlage als Staatsdomäne in den Besitz des neu entstandenen Kantons gelangt. Von nun an wurde das Gredhaus mitsamt der Funktion des Gredmeisters und des Zöllners verpachtet.[14] Die Aufgaben veränderten sich dadurch nicht wesentlich.

Die Nutzung des Hafens und des Gredhauses als Lagerplatz ging nur langsam zurück. Zwischen 1818 und 1822[15] gelangten noch 5.836 Doppelzentner Korn aus

Stockach nach Steinach und sogar 34.584 Doppelzentner, etwa 25% dessen, was noch 70 Jahre zuvor angeliefert worden war, kamen im jährlichen Mittel aus Überlingen. Rorschach dagegen erhielt aus Überlingen gar nichts und aus Stockach 1.158 Doppelzentner, was allerdings nicht den Eindruck erwecken soll, dass Rorschach einen noch größeren Niedergang als Steinach erlebte. Es darf nicht vergessen werden, dass Rorschach weiterhin aus Lindau als Hauptexporteur am Obersee beliefert wurde.

Die letzte Seite in der Geschichte des Hafens von Steinach wird in den folgenden Jahren aufgeschlagen, wie sich leicht aus den Liefermengen ersehen lässt. Zwischen 1875 und 1879 sind für Steinach keine Lieferungen mehr aus Überlingen dokumentiert, Rorschach dagegen konnte immerhin noch 1.963 Doppelzentner Getreide aus Überlingen beziehen. Insgesamt wurde um diese Zeit schon erheblich weniger Getreide über den See per Schiff transportiert als noch fünfzig Jahre zuvor. In den 70er Jahren des 19. Jahrhunderts wird deutlich, dass Steinach nicht mehr regelmäßig mit Warenlieferungen angefahren wurde. Dazu hat natürlich die seit dem Beginn des 19. Jahrhunderts einsetzende Dampfschifffahrt erheblich beigetragen. Für die Dampfschiffe war Steinach als Hafen ungeeignet und konnte somit nicht mehr angelaufen werden.

Aber noch erheblich stärker wirkte sich ein anderes Verkehrsmittel seit den 1870er Jahren aus. Die Eisenbahn hatte Europa und seine Distanzen verkleinert. Auch am Bodensee war in den 60er Jahren des 19. Jahrhunderts eine Bahnlinie gebaut worden, die an das europäische Netz angeschlossen war. Es war nun nicht mehr nötig, das Getreide im benachbarten grenznahen Raum einzukaufen. Die Eisenbahn brachte große Mengen Getreide in kurzer Zeit aus Ungarn in die Ostschweiz und verdrängte damit die jahrhundertealten Handelsrouten.

1860 wurde das Gredhaus versteigert und ging zu einem Preis von 14.000 Fr. an einen Herrn Jacob Götti über, Gemeindeammann von Tablat[16], der das Gebäude in Wohnraum umgestaltete. 1871 konnte man sich noch einmal die Größe des Gebäudes zu Nutze machen, als dort die 203 für Steinach zur Aufnahme bestimmten Bourbaki Soldaten untergebracht werden konnten. Die Hafenanlage selbst blieb weiter im Besitz des Kantons. Am 13. März 1875 wurde allerdings vom Regierungsrat des Kantons St. Gallen beschlossen, die Hafenanlage eingehen zu lassen und die dazugehörige Gredscheune nebst Land günstig zu verkaufen. Dies geschah am 27. Januar 1876. 1.000 Fr. betrug der Preis, den ein Herr Mathias Wegmann aus Bodman dafür bezahlte. Der Landesteg und das Ufer blieben noch einige Jahre im Besitz des Kantons.

Nachdem dem Kanton von privater Seite her verschiedene Offerten zum Kauf des Landesteges gemacht worden waren, entschloss sich der Steinacher Gemeinderat zum Erwerb des Landesteges, weil man in ihm einerseits einen Schutz vor allzu heftigem Wellenschlag erkannte und weil der Steg zumindest noch sporadisch für Holztransporte zum Nutzen für die Steinacher Bevölkerung angefahren wurde. Der Landesteg und das Ufer wurden am 21. Februar 1888 für 100 Fr. an die Gemeinde abgetreten.[17] Die Zeiten, in denen der Hafen von Steinach als Einfuhrhafen und Stapelplatz für Waren der verschiedensten Art genutzt worden war, waren endgültig zu Ende.

Achim Schaefer

Das kleine Dampfschiff „Gustav Prym" vor Ludwigshafen

Mit Segel und Dampf – Schifffahrtsgeschichte im Seemuseum Kreuzlingen

Die ursprünglich dem Augustiner-Chorherrenstift Kreuzlingen gehörende Kornhütte an der Landestelle „Hörnli" ist als Seemuseum geradezu prädestiniert. Die „Schmugglerbucht" wurde von manchen Schiffen angelaufen, um damit den Hafen Konstanz zu umgehen. So war sie den Konstanzern ein stetes Ärgernis, Auseinandersetzungen wurden bis vor die eidgenössische Tagsatzung getragen. Heute werden hier auf 1.200 qm unzählige Bilder über und Gegenstände aus der Schifffahrts- und Fischereigeschichte gezeigt. Schiffsmodelle veranschaulichen die Entwicklung der Bodenseeschifffahrt vom Mittelalter bis ins 20. Jahrhundert.

Abb. 1
Lädinenmodell von Ivan Trtánj, 1995/96.

Alte Lastsegelschifffahrt

Ein von Ivan Trtánj 1995/96 gefertigtes Modell führt den Besucher in die Epoche der Lastsegelschifffahrt ein, als Lädinen und Segmer Getreidesäcke und Salzfässer in großen Mengen über den See führten.

Schiffsbau

Die Geschichte des Schiffsbaus am Bodensee ist noch nicht geschrieben. Die Lieferung von Schiffsbauholz aus dem Rheintal zum See ist ein erster direkter Hinweis darauf[1], indirekt lässt sich aber auch aus der simplen Tatsache, dass es hier Schifffahrt gab, auf Schiffsbau schließen.

Wir besitzen verstreute Hinweise auf den Bau von Schiffen in den Seegemeinden Überlingen, Bodman, Gottlieben, Reichenau, Stein am Rhein, in Lindau, Fußach, Hard und Bregenz, gegeben hat es aber wohl noch andere Schiffbauorte. In Bregenz waren um 1600 die Schiffsbauer mit Namen Merkenberger, Bühelmann und Dietrich tätig. 1661 wurden die Lindauer Schiffmacher Eustachius Meller und Hans Conrad Bentz von der Stadt Zürich für den Bau von Jagschiffen zu militärischen Zwecken bzw. von Postschiffen angefragt; während des Dreißigjährigen Krieges waren diese Schiffsbauer in Konstanz tätig (1633).[2] 1776 arbeitete Franz Josef Schneider als Schiffmacher in Fußach. 1819 wurden in Hard jährlich fünf Schiffe gebaut, acht Mann waren beim Bau eines Schiffes 3-4 Monate beschäftigt. 1877 war Johannes Hermann Schiffmacher in Hard; um 1860 wurde in dieser Gemeinde auch das große Bodmaner Lastsegelschiff mit 100 Fuß Länge und 100 Tonnen Tragfähigkeit gebaut.[3] Die zuvor genannten Männer stehen beispielhaft für die unzähligen Schiffsbauer in den Seegemeinden, musste doch ein Schiff alle 8-10 Jahre durch ein neues ersetzt werden.

Aus Hard besitzen wir auch eine genaue Beschreibung eines Schiffsbaus um 1900, dessen erste Hauptarbeitsschritte wie folgt waren: „Auf einem starken Gerüst aus Rundhölzern legte man lange, 6 cm dicke Eichenbohlen, die ‚Bodenstücke', nebeneinander. Alle Halbmeter wurden

,Nadeln', das waren 6 cm dicke und 16-18 cm breite Eichen- stücke, quer darübergelegt und so mit Eisennägeln der Schiffs- boden gezimmert. An die Bodenstücke wurden vorne die ,Grasstuck' und hinten die ,Wannostuck', die vorne mehr und hinten weniger spitz zulaufenden und nach oben gebogenen Vorder- bzw. Hinterteile des Schiffsbodens, angefügt. Dann folgte der Aufbau der Beplankung. War die Schale fertig, so ging es ans ,Schoppa' (Stopfen): mit Hanf wurden alle Fugen sorgfältig verstopft, dann kochte man Pech, tränkte damit die verstopften Fugen und bestrich schließlich den ganzen Rumpf von außen."[4]

Zur Instandhaltung des Schiffs musste die Abdichtung der Schiffsplanken immer wieder erneuert und ergänzt werden. Auf dem Bild der aus Bodman stammenden Malerin Sophie Ley ist ein Ofen zum Wärmen des Pechs sichtbar. Verschieden große Schiffe liegen auf einer einfachen Werft, vielleicht auf der Reichenau, vielleicht am Ufer des Überlinger Sees zwi- schen Uhldingen und Nussdorf. Die Werften besaßen einen „Schlipf" (Helling) und eine Winde.

Korn- und Salzhandel über den See

In großem Stile wurden in der Neuzeit mit den Lastschiffen Getreide und Salz über den See gebracht. Das Getreide aus dem agrarischen Oberschwaben mit seinem Getreideüber- schuss diente der Versorgung der protoindustrialisierten Nord- ostschweiz. Von Schaffhausen und auch von Stein am Rhein aus erfolgte die Versorgung Zürichs mit Getreide. Zielhäfen des östlichen Bodensees waren unter anderem Bregenz und Rheineck, wobei Bregenz ab den 1730er Jahren Rheineck ab- löste.[5] Höchster Schiffer bekamen im 18. Jahrhundert wieder- holt von Überlingen das Privileg des Getreidetransportes zwi- schen Überlingen und dem schweizerischen Rheintal verlie- hen.[6] Ein wichtiger schweizerischer Einfuhrhafen und bedeu- tender Warenumschlagplatz bestand in Rorschach dank seiner verkehrstechnisch günstigen Lage, des großen Kornhauses, er- baut in der Mitte des 18. Jahrhunderts vom St. Galler Abt Cö- lestin (1740-1767), und des zahlreich besuchten Wochenmark- tes.[7] Die Haupthäfen der Kornausfuhr aus Oberschwaben wa- ren Überlingen und Lindau, es folgten Buchhorn (das spätere Friedrichshafen) und Langenargen.[8]

In den Jahren 1689-1716 und 1733/34 kam es zu politisch und versorgungspolitisch motivierten Kornausfuhrsperren des schwäbischen Reichskreises in die Schweiz.[9] Zu solchen

Abb. 2
Sophie Ley (Bodman 1849 – Karlsruhe 1918), Werft am Überlinger See, eventuell zwischen Uhldingen und Nussdorf, 1884.

Abb. 3
Schiffswerft in Hard. Zeichnung, Sepia-Tusche, um 1880.

Abb. 4
Paul Heitinger (München 1841-1920), Schiffswerft, eventuell zwischen Nonnenhorn und Wasserburg.

Mit Segel und Dampf –
Schifffahrtsgeschichte im Seemuseum Kreuzlingen

Sperrzeiten blühte natürlich der Schmuggel; so wurde 1730 Georg Nagele von der „privilegierten Höchster Überlinger Kornschifffahrt" aufgegriffen, als er 45 Malter, also nicht ganz 10 Tonnen Getreide in die Schweiz schmuggeln wollte. Gleichfalls aktenkundig wurden des öfteren auch die Schiffleute Georg und Anton Helbock, die einmal 60 Malter Getreide mit sich führten, umgerechnet rund 13 Tonnen.[10]

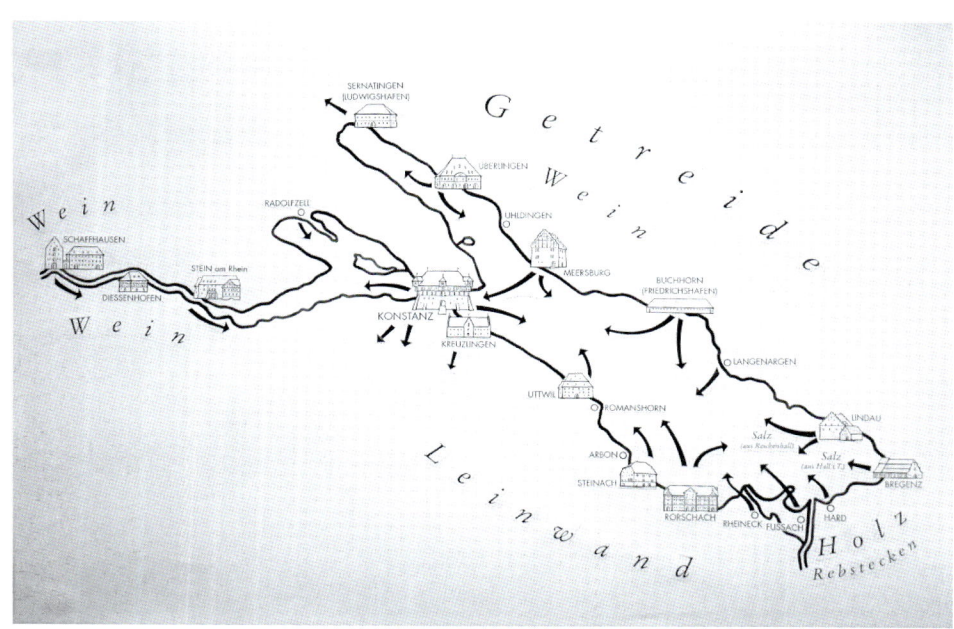

Abb. 5
Lager- und Umschlagplätze im Kornhandel über den Bodensee.

Abb. 6
„Stephanie". Modell von Bach, Konstanz.

Dampfschifffahrt

Nach Johann Caspar Bodmers unglücklichem ersten Versuch mit einem Dampfschiff auf dem Bodensee 1817 glückten 1824 die Jungfernfahrten der Dampfschiffe „Wilhelm" und „Max Joseph". Sie waren wie die badischen Schiffe „Leopold" (Baujahr 1831) und „Helvetia" (1832) noch aus Eichenholz gebaut. Die Dampfmaschinen wurden aus England (Fawcett, Liverpool bzw. Pitchard, Dover) geliefert. Die „Wilhelm" wurde von einer einzylindrigen Niederdruck-Balanciermaschine mit etwa 20 PS Leistung angetrieben. Die beiden Schaufelräder waren aus Holz gebaut und hatten jeweils 12 flache, starre Holzschaufeln. Das Schlagen der Räder, die ja fast waagrecht ins Wasser tauchten, muss weit herum hörbar gewesen sein. Die „Wilhelm" erreichte eine Höchstgeschwindigkeit von maximal 10,5 km/h.[11] Es konnten 100 Personen auf Deck und 24 Reisende in einer kleinen, heizbaren Kajüte mitfahren; an Fracht konnten 400 Zentner transportiert werden. Ab dem 1. Dezember 1824 wurde ein regelmäßiger Schiffskurs von Friedrichshafen nach Rorschach aufgenommen. König Wilhelm von Württemberg, großer Förderer des Dampfbootunternehmens, vereinbarte mit den Buchhorner Schiffleuten gleichzeitig den Ankauf des gesamten Segelschiffmaterials und die Ablösung ihrer Abfuhrrechte gegen eine jährliche Leibrente von 450 Gulden.[12]

Diese wichtige Voraussetzung für die Zukunft der Dampfschifffahrt war in Lindau nicht gegeben. Das in Friedrichshafen gleichzeitig mit der „Wilhelm" auf Stapel gelegte zweite, kleinere Schiff „Max Joseph", das am 3. Dezember 1824 seine Jungfernfahrt durchführte, konnte nicht wie vorgesehen seine Fahrten ab Lindau aufnehmen. Das Lindauer Dampfboot-

Unternehmen des Stuttgarter Verlegers Johann Friedrich von Cotta tat dies dann ab 1825 hauptsächlich von den badischen Orten Konstanz, Überlingen und Ludwigshafen (bis 1824 Sernatingen) aus, stellte aber bereits 1829 seinen Betrieb wieder ein. Wie auf dem Fahrplan vermerkt, durfte ein Passagier bis zu 50 Pfund Gepäck mitführen, der Fahrpreis verstand sich inklusive „Trinkgeld für das Schiffsvolk". Die „Max Joseph" hatte bereits eine Exzenter-Einrichtung, die die nun aus Stahl gefertigten Schaufeln der Schaufelräder automatisch verstellte, dass sie immer senkrecht ins Wasser ein- und austauchen konnten. Das machte weniger Geräusch und verbesserte die Wirkung des Schaufelrades.[13]

Vom badischen Konstanz aus verkehrten die „Leopold" und die „Helvetia" ab 1831 bzw. 1832 auf den Linien Lindau – Rorschach – Konstanz – Schaffhausen und Konstanz – Überlingen – Ludwigshafen. Ab 1840 ergänzte eine „Stadt Constanz" die badische Flotte .

1837 begann ab Lindau erneut die Dampfschifffahrt, nun mit der „Ludwig" und mit größerem Erfolg. Die „Ludwig" mit ihrem ganz aus Eisen gefertigten Schiffskörper stellte eine Neuerung auf dem Bodensee dar. Außerdem war das Schiff mit einer vollständigen Segeleinrichtung versehen. Eine zweizylindrige Niederdruck-Balanciermaschine mit 40 PS und Radschaufeln mit Exzenter-Verstellung erbrachten eine Geschwindigkeit von 15 km/h. Rasch vergrößerte sich in der Folge die bayerische Dampferflotte. Nach dem folgenschweren Unglück 1861, dem Zusammenstoß der „Ludwig" mit der „Stadt Zürich", wurde das gesunkene Schiff 1863 gehoben und befuhr von 1864-67 als „Rorschach" erneut den See.[14]

Unglücksfälle

Zu Beginn der Dampfschifffahrt auf dem Bodensee gab es ein Manko an Sicherheitsvorschriften, es gab keine Signalmittel und keine Vorschriften für Ausweichmanöver etc. Der erste Unglücksfall betraf die „Leopold" und geschah in der Nacht zum 22. Januar 1840. Weitere sind von der „Ludwig" (18.7.1841), von der württembergischen „Kronprinz" (12.12.1845), der „Maximilian" (25.10.1855), von der „Zürich" (10.3.1860, 11.3.1861) und ihrem nochmaligen Zusammenstoß mit der „Jura" (12.2.1864) bekannt.[15]

Am 20. Dezember 1869 ereignete sich das Unglück mit der „Rheinfall". Aus unerklärlichen Gründen explodierte kurz

Abb. 7
Erster Fahrplan des Dampfschiffes „Max Joseph", gedruckt bei Pecht, Konstanz, 1825.

Abb. 8
Franz Leuteritz (Dresden 1817-1902), „Rorschach" Ex „Ludwig" im Hafen von Rorschach, Blick vom Kornhaus, 1867.

Abb. 9
Anker des DS „Jura".

Mit Segel und Dampf –
Schifffahrtsgeschichte im Seemuseum Kreuzlingen

nach der Landungsstelle Berlingen der Dampfkessel des Schiffs. Fünf Personen, darunter Maschinist und Heizer, und drei Stück Vieh wurden mit dem Schiff in die Tiefe gerissen. Nach mehreren Versuchen konnte die „Rheinfall" gehoben werden.[16]

Abb. 10
Kesselexplosion der „Rheinfall". Aquarell nach Holzschnitt aus dem Appenzeller Kalender.

Abb. 11
Signalpfeife der „Rheinfall".

Nach der Mitte des 19. Jahrhunderts

Nachdem sich schon 1838 das Kaufmännische Direktorium des Kantons Schaffhausen (und der Kanton St. Gallen) an der bayerischen Dampfschifffahrt beteiligt hatte(n), wurde 1850 eine eigene schweizerische Dampfbootgesellschaft in Schaffhausen gegründet, die jeweils in Jahresabstand (1851-54) die Dampfschiffe „Stadt Schaffhausen", „Rhein", „St. Gallen" und „Bodan" in Betrieb nahm. Von der „Rhein" oder „St. Gallen" zeigt das Seemuseum Pläne der Konkurrenzunternehmen Gebr. Sulzer, Winterthur und Escher Wyss & Cie, Zürich; letzteres erhielt den Auftrag. Die Pläne stellen die patentierte Sulzer-Steuerung sowie die Anordnung der Kabinen dar: die Raucherkabine backbord und die Damenkabine steuerbord.

Die 1850 in Schaffhausen gegründete Schweizerische Dampfboot-Actiengesellschaft für Rhein und Bodensee ging 1856 in der Schweizerischen Nordostbahngesellschaft (NOB) auf, die den Schiffsverkehr auf dem Obersee betrieb. Die NOB stellte aber 1863 den Verkehr auf dem Rhein ein. So wurde hier erneut (1864) eine eigene Schifffahrtsgesellschaft gegründet. Die rapid ansteigenden Passagierzahlen auch auf dem Untersee bewogen die Schweizerische Schifffahrtsgesellschaft Untersee und Rhein, nach der Jahrhundertwende einen modernen und leistungsfähigen fünften Raddampfer zu bestellen, die „Schaffhausen", die am 6. Mai 1913 in Dienst gestellt wurde. Für die Strecke unterhalb Konstanz musste ein speziell niedrig und flach gebauter Schiffstyp mit einer begrenzten Maximallänge entwickelt und eingesetzt werden.[17]

Trajektverkehr

Der erste Trajektkahn, auf den Eisenbahnwaggons geladen wurden, fuhr 1849 über den Firth of Forth, einen Meeresarm zwischen Edinburgh und Kirkcaldy. Auf dem Bodensee führten die württembergischen Eisenbahnen mit der Nordostbahngesellschaft, die bereits vorher eine Betriebsgemeinschaft für den Schiffsverkehr zwischen Friedrichshafen und Romanshorn gebildet hatten, den Trajektverkehr auf dieser Route ein. Der Dampftrajektkahn (1869-1883) wurde wegen seines großen Kohlenverbrauchs von der Bevölkerung als „Kohlenfresser" bezeichnet. Auf der Trajektlinie Lindau – Romanshorn wurden Schleppkähne anfänglich von den Dampfschiffen gezogen, 1874 wurde die erste schweizerisch-bayerische Dampffähre (1875-1916) gebaut. 1937-58 betrieben die Württemberger einen Motortrajektkahn, auch die Schweizer hatten drei Kähne. Die Schleppschifffahrt mit Segelschiffen existierte auf dem See schon vor dem Trajektverkehr.[18]

Mehr Komfort – die Ära der Salonschiffe beginnt

Neben dem Güterverkehr, der bis zum Ersten Weltkrieg von überragender Bedeutung war, nahm auch der Personenverkehr zu und es bestand Bedarf an entsprechenden Räumlichkeiten auf dem Schiff. So gaben 1870 die Großherzoglich Badischen Staatseisenbahnen bei der Zürcher Maschinenfabrik Escher Wyss & Cie zum ersten Mal einen Salondampfer in Auftrag, dessen Komfort den neuesten Schiffen auf dem Rhein entsprechen sollte, dessen Tiefgang von 1,54 m allerdings problematisch war. Der wuchtige Salonaufbau in der hinteren Schiffshälfte war im neoklassizistischen Stil eingerichtet, die Sitzmöbel mit rotem Samtplüsch überzogen. In den achtern Schalenräumen befanden sich Raucher- und Damenkabine mit einem separaten Waschraum, eine kleinere Kajüte I. Platz und das Kapitänszimmer. Die Passagiere der zweiten Klasse mussten aber mit der Vorschiffskajüte und Möbeln aus gebeiztem Eichenholz vorlieb nehmen. Der hohe Salonaufbau wirkte sich bei starkem Wind negativ aus.[19]

Abb. 12
"Helvetia", Detail: Heizer bei der Arbeit.

Nach den Erfahrungen mit der „Kaiser Wilhelm" wurden in den folgenden Jahren Halbsalondampfer in Betrieb genommen, am 15. September 1877 die „Greif", mit einem Tiefgang von 1,15 m, das über Jahrzehnte eleganteste Dampfschiff der badischen Flotte. Bis 1902 gingen vier weitere badische, bis 1910 drei österreichische und bis 1913 sechs württembergische Halbsalondampfer in Betrieb.

Schon die Postkurse erforderten Fahrpläne, mit dem Betrieb der Eisenbahnlinien war erst recht pünktliches Ankommen gefordert. Ein zwischen den einzelnen Dampfschifffahrtsgesellschaften vereinbarter, gemeinschaftlicher Fahrplan wurde 1847 eingeführt.[20] Dabei mussten, bis 1894 auch die Schweiz die mitteleuropäische Zeit einführte, die unterschiedlichen Länderzeiten (Prager/ Münchner/ Berner Zeit) berücksichtigt werden.[21]

Abb. 13
Michael Zeno Diemer (1867-1939), „Kaiser Franz Josef" im Hafen Lindau, mit württembergischer Schnellzuganschlussflagge, also auf dem Kurs von Bregenz nach Friedrichshafen.

Mit Segel und Dampf –
Schifffahrtsgeschichte im Seemuseum Kreuzlingen

Als Museumsstücke gibt es in Kreuzlingen weiters zwei Geschwindigkeitsmesser und einen Maschinentelegraph, wie er sich im Maschinenraum der Dampfschiffe als Hilfsmittel für den Maschinisten befand. Er diente der Kommandoübermittlung von der Kommandobrücke in den Maschinenraum.

Abb. 14
Maschinentelegraph.

Abb. 15
Abfahrtsanzeiger, meist an der Reling des Schiffes angebracht.

Im Jahre 1911 hatten die Frequenzen der Bodenseeschifffahrt auf Kurs- und Sonderfahrten zum ersten Mal die Vier-Millionen-Grenze überschritten. Im Juni 1914 bereiteten die Schüsse von Sarajevo und der Beginn des Ersten Weltkrieges dem Aufwärtstrend des Tourismus und der Dampfschifffahrt ein Ende. Ab 1. Oktober 1914 trat ein eingeschränkter Kriegsfahrplan in Kraft, im Jahre 1917 wurden noch 400.000 Passagiere von den Bodenseeschiffen befördert.[22] 1919 führte Kohlenmangel zur zeitweisen Einstellung des Schiffsverkehrs. Während in der Zwischenkriegszeit die letzten Dampfschiffe gebaut wurden, boomt der Segelsport als Freizeitbeschäftigung.

Segelsport
Ende des 19. Jahrhunderts entstanden die ersten Segelclubs am Bodensee, so 1889 der Lindauer Segler-Club (LSC). Die Lindauer bestellten bei Heidtmann in Hamburg eine Kielschwert-Yacht mit Kajüte aus Eichenholz. Sechs Jahre später wurde der Bregenzer Segel-Club (BSC) gegründet, die erste Regatta am See veranstalteten beide gemeinsam am 21. Mai 1905 vor Lindau. Acht Schiffe in vier Klassen waren am Start. 1909 wurden weitere Segelvereine, der Überlinger Segel-Club, und der Yacht-Club Konstanz gegründet. 1911 folgte der Yacht-Club Friedrichshafen. In diesem Jahr führt ein Yachtverzeichnis 62 Kiel- und Schwertboote auf, mit dem nicht organisierten Segelsport dürfte es zirka 200 Segelboote am See gegeben haben, heute sind es über 20.000.[23]

Die alten traditionellen Holzklassen am Bodensee waren etwa die 8-m-R-Yacht, der 30-qm-Schärenkreuzer, der Nationale 45-qm-Kreuzer oder der Drachen.[24] Drei Segelboote, eine Kajütsegeljolle von 1905 aus der Werft Allensbach, „Erika" von Abeking & Rasmussen, Bremen aus dem Jahre 1919 und „Maritza", eine Renn- und Tourenjacht des Typs Lacustre, gebaut von der Werft Corsier in Genf 1941, sind im Seemuseum im Original ausgestellt.

In den 20er Jahren wurden zahlreiche weitere Segelclubs am See gegründet. Die große Masse der Boote wurde aber erst mit der Wassersportwelle in den 1960er Jahren angeschafft. Das bevorzugte Material ist heute Kunststoff, die Schiffe wurden breiter, bekamen einen geteilten Lateralplan und einen Motor – in den Fünfzigern war das noch eine Seltenheit.[25]

Im Seemuseum Kreuzlingen wird die Schifffahrt des 19. Jahrhunderts zu neuem Leben erweckt. Das sogenannte „lange Jahrhundert" brachte auch eine Vielfalt an Schiffen auf dem Bodensee hervor, der Bogen der Bilder, Modelle, Dokumente etc. spannt sich vom Lastsegel- zum Sportsegelschiff, vom Schaufelraddampfer zur motorgetriebenen Fähre.

Gerda Leipold-Schneider

Seemuseum, Seeweg 3
CH-8280 Kreuzlingen
T +41 (0) 71 688 52 42
F +41 (0) 71 688 52 43
www.seemuseum.ch
info@seemuseum.ch

Museum im Schlössle
Historische Schiffsmodelle von Ivan Trtánj
Seestraße 20
D-88079 Kressbronn am Bodensee
T +49 (0) 7543 547 460
www.historische-schiffsmodelle.com

Abb. 16
8-m-R-Yacht, Hochtakelage mit geradem Mast.

Abb. 17
P 30-qm-Schärenkreuzer, Hochtakelage mit Peitschenmast um 1925

Die Fähre zwischen Konstanz und Meersburg

Konstanz - von der Dampfschifffahrt zur „schwimmenden Brücke"

Im 19. Jahrhundert veränderte Konstanz sein Gesicht zur Seeseite hin stark. Die aus dem Spätmittelalter stammende Stadtmauer zum See war verschwunden und dem Bau der Eisenbahn gewichen. Als technische Voraussetzung des neuen Verkehrsmittels mussten zudem die abgebrannte hölzerne Rheinbrücke neu aus Stahl erbaut und einzelne Gebäude der östlichen, am Ufer gelegenen Altstadt zugunsten einer seenahen Streckenführung abgerissen werden. 1863 erreichte die erste Eisenbahn schließlich die Stadt. Am gesamten Bodensee, nicht nur in Konstanz, wurde darauf geachtet, dass die Eisenbahn immer einen Anschluss an die Schifffahrt hatte. Der Bahnhof sollte daher – wenn irgend möglich – direkt am Wasser liegen. Eisenbahn und Dampfschifffahrt wurden vernetzt und ergänzten sich. Rückblickend betrachtet hat diese strategische Entscheidung die Entwicklung des Bodenseeraums eher gehemmt als gefördert. Die Region erhielt keine leistungsfähige, internationale Eisenbahntransversale und wurde vom großräumigen Verkehr abgeschnitten. Sie wurde zur Provinz.[1]

Abb. 1
Im Konstanzer Hafen wird an Pfingsten 1900 der sechzigste Geburtstag der „Leopold" II gefeiert.

Hafen

Schon zu Beginn des 19. Jahrhunderts genügten die alten Landeanlagen am Damm den Anforderungen nicht mehr. Der Bau eines neuen Hafens war lange vor der Anknüpfung an das Eisenbahnnetz notwendig geworden. Zwischen 1839 und 1842 wurde das Hafenbecken grundlegend umgestaltet und durch eine Hafenmauer geschützt. Wegen des wachsenden Schiffsverkehr wurde der Konstanzer Hafen 1890 abermals ausgebaut. Vom Bodensee ist er im Osten durch eine Mole, im Norden durch eine Brücke abgeschlossen. Die Ausfahrt des Hafens ist rechts durch ein kleineres Gebäude des deutsch-schweizerischen Motorbootclubs und links durch die Statue der Imperia begrenzt. Das neun Meter hohe, von Peter Lenk geschaffene Kunstwerk steht an der Stelle des ehemaligen Pegelhäuschens. Imperia stellt eine der zahlreichen Kurtisanen des Konstanzer Konzils (1414-1418) dar; sie selbst wiederum ist eine literarische Schöpfung des französischen Schriftstellers Honoré de Balzac. In ihren Armen hält sie Papst und Kaiser. Die Statue steht seit 1993 unmittelbar vor dem 1388 erbauten Konstanzer Kaufhaus, in dem 1417 Papst Martin V. gewählt worden ist.[2] Seit dem frühen 20. Jahrhundert hat sich die schlichte Bezeichnung Konzil durchgesetzt.

Abb. 2
Erste Fähre auf dem Bodensee, - die Autofähre „Konstanz". Modell im Maßstab von 1:50, von Ernst Meyer, Konstanz.

Badische Schifffahrt

Die Dampfschifffahrt in Konstanz begann 1817 mit dem von Karl Bodmer gebauten

Abb. 3
Hafeneinfahrt in Konstanz mit „Imperia".

Schiff „Stephanie", dessen Maschine sich allerdings schon auf der Jungfernfahrt als zu schwach herausstellen sollte: Das Schiff kam auf der Rückfahrt gegen die Strömung des Seerheins nicht an und so mussten die Gäste zu den Rudern greifen.[3] 1831 folgte das nach dem badischen Großherzog benannte Dampfschiff „Leopold", das zuverlässig bis 1905 auf dem See verkehrte. Die Zahl der Dampfschiffe nahm gegen Ende des 19. Jahrhunderts erheblich zu und überschritt kurz vor dem Ersten Weltkrieg den Höhepunkt. In den 1960er Jahren wurde die Dampfschifffahrt schließlich restlos durch moderne Schiffe der Deutschen Bundesbahn verdrängt. Seit 1990 steht einzig der restaurierte Raddampfer „Hohentwiel" wieder für Ausflugsfahrten zur Verfügung.

Konstanz -
von der Dampfschifffahrt zur „schwimmenden Brücke"

Leistungsstarke Dieselmotoren ersetzten zu Beginn des 20. Jahrhunderts den Dampfantrieb auf dem Bodensee. 1925 wurden bereits die Schiffe „Konstanz" und „Stadt Radolfzell" mit neuen Motoren ausgerüstet. Die „Weiße Flotte" der Deutschen Bundesbahn, seit 1962 offiziell als Bodensee-Schifffahrtsbetrieb bezeichnet, verfügte Mitte der 1970er Jahre über neun im Konstanzer Hafen stationierte Schiffe.[4]

Das Jahr der großen Veränderung für die „Weiße Flotte" war 2003. Die Bodensee-Schifffahrtsbetriebe, zu denen neben den 15 Schiffen auch Immobilien in 13 Gemeinden rund um den See gehören, wurden von der Deutschen Bahn an die Stadtwerke Konstanz verkauft.

Fähre

Von Konstanz-Staad und Meersburg aus verbindet seit September 1928 eine Fähre die beiden Ufer des Überlinger Sees. Das Projekt selbst war heftig umstritten.[5] Gegen viele Widerstände wurde es vom damaligen Bürgermeister Fritz Arnold (SPD) durchgesetzt, der zuvor schon den noch heute im Volksmund nach ihm benannten innerstädtischen Busverkehr (der „Rote Arnold") eingerichtet hatte. Die Fähre entwickelte sich schnell zu einer Erfolgsgeschichte. Das zweite Fährschiff wurde bereits im April 1930 in Dienst gestellt, das dritte im April 1939. Im Zweiten Weltkrieg wurde der Fährverkehr nach und nach eingeschränkt, dann ganz eingestellt. Der Nachkriegstourismus führte zu einem erneuten Boom, drei neue Fährschiffe wurden in den 1950er Jahren angeschafft. Zudem wurden die beiden Fährehäfen in Staad und Meersburg umfassend ausgebaut und modernisiert. Im Zeichen des „Wirtschaftswunders" diskutierte man auch Pläne für eine Bodenseebrücke oder einen Tunnel. Doch die „schwimmende Brücke" hatte den längeren Atem.

Zwischen 1963 und 1993 wurden fünf weitere Fährschiffe in Dienst gestellt, gleichzeitig drei Veteranen ausgemustert. So liegt etwa die alte „Meersburg ex Konstanz" heute unter der neuen Rheinbrücke, wo sie mit großem Aufwand und mit viel Engagement komplett restauriert wird. Mit dem Fährschiff „Tábor" steht seit Frühjahr 2004 ein Schiff einer neuen Bauart zur Verfügung, die stark an eine Brücke erinnert. Die „schwimmende Brücke" Konstanz-Meersburg trägt ihren volkstümlichen Namen nunmehr zu recht.

Jürgen Klöckler

Abb. 4
Luftbild des Fährehafens in Konstanz-Staad.

Die Lindauer Hafeneinfahrt

Der Lindauer Hafen

Die Stadt Lindau ist aus einem Markt hervorgegangen, den das um 800 gegründete Damenstift Lindau – sicherlich mit maßgeblicher Beteiligung der Grafen von Bregenz als seine Schutzherren – in der zweiten Hälfte des 10. Jahrhunderts ins Leben gerufen hat.[1] Ursprünglich lag er an einem wichtigen Verkehrsknotenpunkt auf dem Festland im Bereich des heutigen Stadtteils Äschach. Kriegerische Auseinandersetzungen während des Investiturstreites veranlassten um 1079 seine Verlegung auf die vorgelagerte Insel, wo sich im Südosten bereits das Stift und im Nordwesten eine Fischersiedlung befanden. Zwischen beiden entwickelte sich rasch eine blühende Kaufmannssiedlung[2], die bis in das 19. Jahrhundert das wichtigste Handels- und Verkehrszentrum am östlichen Bodensee darstellte. Ihr wirtschaftlicher Lebensnerv war der Hafen. Als solcher diente ursprünglich die Lände der Fischersiedlung gegenüber dem Festland im Bereich des heutigen Paradiesplatzes. Sie verlor jedoch zunehmend an Bedeutung und wurde schließlich noch im Spätmittelalter aufgefüllt, denn ihre Funktionen waren mehr und mehr an die neue Lände übergegangen, die um 1200 im Süden zum „offenen" See hin angelegt worden war. Aus ihr ist der heutige Hafen hervorgegangen, der seine gegenwärtige Größe und Gestalt im wesentlichen dem 19. Jahrhundert verdankt.[3]

Über sein Aussehen davor informieren uns verschiedene Bildquellen, darunter der kolorierte Kupferstich, den der in Nürnberg gebürtige Lindauer Kupferstecher Johann Konrad Mayr (1750-1839) um 1800 geschaffen hat (Abb. 1).[4] Er zeigt den Hafen von der Seeseite. Der Betrachter schaut in nordwestliche Richtung über ein kleines Ruderboot hinweg auf die Anlage, die noch nicht von steinernen Molen, sondern von Pfahlreihen geschützt wurde. Solche Pfahlreihen umzogen die ganze Insel. Sie dienten als Schutz sowohl vor Wellen als auch vor Feinden. 1404 werden sie erstmals erwähnt.[5] Auf der Abbildung trennt eine Pfahlreihe den (Haupt-) Hafen von dem Vorhafen. Sie beginnt am Mangturm, der in der Bildmitte zu sehen ist. Um 1200 errichtet, diente er sowohl der Schifffahrt (Signal- und Leuchtturm) als auch der Stadtbefestigung. Wie zu seiner Erbauungszeit stand er um 1800 im Wasser und war nur durch ein Stück Stadtmauer, das einen hölzernen Wehrgang trug, mit dem Ufer verbunden. Der weitere Verlauf der Stadtmauer lässt sich auf der vorliegenden Abbildung mit Hilfe des unteren Inseltors erahnen. Sein mit einem Satteldach gekrönter Turm ist hinter dem Mangturm zu erkennen.

Ein dritter Turm – wiederum in Hafennähe – ist rechts im Bild zu sehen ist. Er gehört zur Jakobskapelle, die 1362 anstelle einer frühmittelalterlichen Vorgängerin errichtet worden war.[6] Diese war der hl. Aurelia geweiht gewesen und trug damit ein Patrozinium, das sich am östlichen Ende des Bodensees bis in die Zeit der Glaubensboten Columban und Gallus, also bis etwa 610, zurückverfolgen lässt. Wenn an seine Stelle im 14. Jahrhundert dasjenige des Apostels Jakobus d. Ä. getreten ist, dann deshalb, weil Lindau inzwischen Station an der Pilgerroute zu seiner Grabstätte in Santiago de Compostela geworden war. Die aus Bayern und Schwaben kommenden Pilger setzten von Lindau aus nach Rorschach über. Die Jakobskapelle befand sich „auf Burg", einer eigenen kleinen Insel, die – wie hier zu sehen – mit Mauern abgestützt war.

Etwa in der Mitte zwischen ihr und dem Mangturm ist die Schiffslände zu erkennen. Bei ihr handelte es sich wie in Konstanz, Meersburg oder Überlingen um einen trapezförmigen flachen Damm, der gemauert war.[7] Schriftliche Nachrichten zu ihm liegen seit dem 16. Jahrhundert vor: 1541 wurde er erneuert, 1590 erweitert.[8] Am seeseitigen Ende war eine Schutzhütte, das Lukenhäusle, errichtet. Davor verlängerte eine schwimmende Holzbrücke den Damm. Mit ihrer Hilfe konnten auch bei Niedrigwasser Schiffe be- und entladen werden.[9] Auf unserem Bild haben zwei Lastschiffe, Lädinen oder Segner, an ihr festgemacht, zwei weitere

Abb. 2
Lindauer Hafen. Kupferstich erschienen um 1820 bei A. Klauber, Augsburg.

sind im Begriff auszulaufen. Das eine steuert auf die Lücke in der Pfahlreihe zu, das andere hat die Durchfahrt bereits passiert und gerade das Segel gesetzt. Beide sind mit verschnürten Ballen und Fässern beladen.

In den letzteren, den „Überseecontainern" der vorindustriellen Zeit, dürfen wir Salz vermuten.[10] Es wurde auf dem Landweg von den Tiroler und den bayerischen Salinen an den Bodensee transportiert, wo Lindau über Jahrhunderte hinweg eine zentrale Rolle als Exporteur nach „Übersee", in die Schweiz also, spielte, bis Bayern 1755 eine eigene Salzniederlage in dem bis dahin unbedeutenden Buchhorn (Friedrichshafen) gründete und die beiden Nachbarn gegeneinander ausspielte. Zur Zwischenlagerung des Salzes, das um 1800 von Lindau vornehmlich in die evangelischen Stände (v.a. nach Zürich und Bern) ging, dienten mehrere Salzstadel, traufständige Gebäude am Vorhafen, die am linken Bildrand zu erkennen sind, aber auch das

Der Lindauer Hafen

städtische Gredhaus. Dieser zentrale Stapel- und Umschlagplatz befand sich in unmittelbarer Nähe zum Hafendamm. Der hohe giebelständige Bau mit zwei großen Fenstern - etwa in der Mitte zwischen den beiden Türmen zu sehen - lag unmittelbar hinter dem Stadttor, das zur Schiffslände hinaus führte.

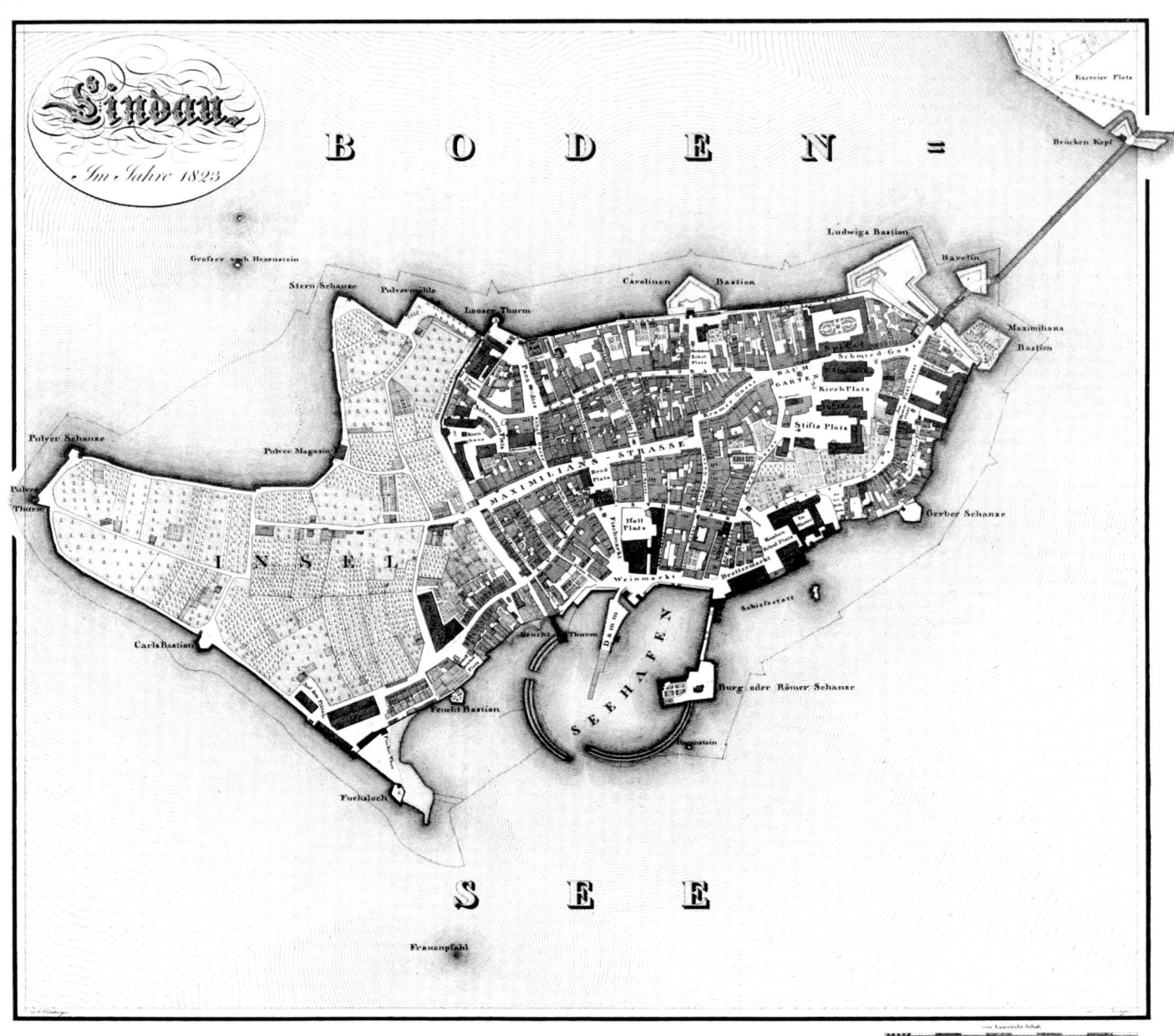

Abb. 3
Stadtplan Lindau, 1823.

Außer Salz wurde von Lindau aus auch oberschwäbisches Getreide in die Schweiz verschifft, aus der Milchprodukte und Vieh herüberkamen. Umgeschlagen wurden im Hafen der Inselstadt weiterhin Textilien, Wein und Holz, Metalle und Eisenwaren sowie eine Vielzahl von

Kaufmannswaren, etwa Südfrüchten, die über die Bündner Pässe und das Tal des Alpenrheins an den Bodensee kamen. Zur Verteilung all dieser Güter standen in Lindau, so eine Aufstellung von 1764, insgesamt 30 Schiffe zur Verfügung. Das war ein Fünftel der auf 150 Fahrzeuge geschätzten Frachtflotte auf dem Bodensee. Ein weiteres Fünftel stellte Bregenz, die anderen Orte verfügten über deutlich weniger Schiffe, Konstanz etwa nur über sieben.

1802 verlor Lindau seine Reichsfreiheit, um 1806 bayerisch zu werden.[11] Dieser tiefgreifende Einschnitt in der Stadtgeschichte hatte für die Entwicklung des Hafens erhebliche Konsequenzen. Sie sind auf einem kolorierten Kupferstich zu sehen, der um 1820 in Augsburg bei A. Klauber erschienen ist (Abb. 2).[12] Wie die Ansicht von Mayr zeigt auch sie den Hafen von der Seeseite, allerdings von einem etwas nach Westen verschobenen Standpunkt aus. Wieder geht der Blick über Ruderboote, doch fällt er nicht mehr auf Pfahlreihen, sondern auf steinerne Molen mit großen rundbogigen Gewölbeöffnungen, die als Wellenbrecher dienen sollten. Diese Molen gehen auf den Leiter der königlich-bayerischen Generaldirektion des Wasser-, Brücken- und Straßenbaus, Karl Friedrich Wiebeking, zurück. Er hatte sie geplant und von seinem ältesten Sohn zwischen Anfang Dezember 1811 und August 1812 ausführen lassen.[13] Wenn sie bereits kurz nach Fertigstellung am 24. September 1812 von König Max I. Joseph und seinem leitenden Minister Mongelas besichtigt wurden, bringt dies zum Ausdruck, welch hohen Stellenwert der neue Landesherr und seine Verwaltung dem Lindauer Hafen beigemessen haben. Deutlich wird die ihm zuerkannte ökonomische Bedeutung auch in der Beschreibung der neuen Molen, die Wiebeking Ende 1812 herausgebracht hat. Er beginnt seine Ausführungen mit folgendem Satz: „Unter allen am Bodensee gelegenen Städten und Ortschaften ist Lindau für die Spedition der Waaren von Deutschland nach der Schweitz und Italien zum besten situiert."[14] Mit dem Zustand des Hafens war man jedoch nicht zufrieden gewesen. „Mit ... Pfahlwänden, die der Stadt Lindau von der Seeseite ein trauriges Ansehen geben, hatte man ... eine Art von Hafen zu bilden gesucht. Aber die Wellen schlagen über die Pfahlwände hinüber, deren Unterhaltung in den letzten Jahren gänzlich vernachlässigt ist." Wiebeking spielt hier auf die Auswirkungen der französischen Revolutionskriege auf Lindau an. Für ihn war es daher „kein Wunder", dass „die Schiffe von Lindau keine Sicherheit mehr hatten, und die Anlage eines geräumigen Hafens zum dringenden Bedürfnis geworden war". Dies war also der Grund für den Bau der Molen. Dass sie ihren Zweck erfüllten, will der Stich deutlich machen, wenn er die Wasseroberfläche auf dem „offenen" See wellenbewegt, im Hafeninnern dagegen glatt zeigt. In diesem wie in anderen Details lehnt sich der Stich eng an seine Vorlage an. Bei ihr handelt es sich um eine größere, unkolorierte Lithographie, die der Beschreibung Wiebekings beigegeben war.

Neben der Hafenbefestigung fällt als Unterschied zur Ansicht von 1800 das Fehlen zweier Türme auf. 1820 sind sowohl die Jakobskapelle als auch das Untere Inseltor verschwunden. Bei dem Turm hinter dem Mangturm handelt es sich um den Diebsturm, der auf dem Mayrschen Kupferstich nicht abgebildet war. Beide waren 1811 abgerissen worden, das dabei angefallene Abbruchmaterial wurde zum Bau der Molen herangezogen. Das gleiche Schicksal traf die Kirche der säkularisierten Abtei Mehrerau. Bregenzer Schiffer mussten den Transport ihrer Trümmer über den See bewerkstelligen bzw. ihn bezahlen, ohne dafür entschädigt zu werden.[15] Die Molen, zwischen denen knapp 100 Lastschiffe (Lädinen und größere Segner) Platz finden konnten, waren die ersten ihrer Art am Bodensee. Mit ihrem Bau gewann Lindau einen Vorsprung gegenüber dem benachbarten württembergischen Friedrichshafen, das 1811 durch den Zusammen-

Der Lindauer Hafen

schluss des Rivalen Buchhorn mit dem Priorat Hofen entstanden war und in der Folgezeit in Konkurrenz zu Lindau trat.

Den Verlauf der neuen Molen und die Ausdehnung des Hafens lässt sich am ältesten maßstabsgerechten Stadtplan Lindaus aus dem Jahr 1823 ablesen (Abb. 3).[16] Die westliche Mole (links) nahm ihren Ausgang vom Mangturm, dessen Standort im Wasser deutlich zu erkennen ist. Sie war an einer geschützten Stelle unterbrochen, um eine Verbindung zum Vorhafen zu schaffen. Ihre Gestalt entsprach etwa der eines Drittelkreises, sie war somit länger als ihr Gegenstück, das nur etwa einen Viertelkreis umschrieb. Dies lag daran, dass die östliche Hafenbefestigung nicht nur aus dieser zuletzt genannten Mole bestand, sondern sich aus insgesamt drei Komponenten zusammensetzte: Das erste Element war die Steinmauer, die bereits vor 1812 die Stadt mit „auf Burg" verband[17], dann folgte diese kleine Insel selbst, für die sich damals die Bezeichnung „Römerschanze" einbürgerte, und erst dann kam die östliche Mole. Sie beschrieb einen kleineren Radius als die westliche. Auf diese Art und Weise war es möglich, die Hafeneinfahrt so zu gestalten, dass zwar die Schiffe ein- und auslaufen konnten, das Becken aber vor dem starken Wellengang geschützt war, der bei heftigen Südwinden aufkam.[18] Vor ihm war der Vorhafen weiterhin nur durch eine Pfahlreihe geschützt, die als gepunktete Linie zu erkennen ist. Sie erstreckte sich zwischen der westlichen Mole und dem so

Abb. 4
Der neue Lindauer Hafen, kurz nach Fertigstellung 1856. Lithographie von E. Bollmann.

genannten Fuchsloch, dessen hornartiger Vorsprung dem Vorhafen als natürlicher Schutzdamm nach Westen diente. Im Vorhafen wurde nicht zuletzt das Salz verschifft, das von Bayern in die Schweiz geliefert wurde. Von dieser Funktion zeugen drei Salzstadel, deren dunkel gefärbte Grundrisse auf dem Stadtplan deutlich zu erkennen sind. Hakenförmig war derjenige des Neuen Salzstadels, der nördlich der Feuchtbastion lag; ähnlich deutlich hebt sich der Zürcher Salzstadel heraus, der wie ein Riegel das Fuchsloch nach Norden abschloss. Im spitzen Winkel zu ihm lag der wesentlich schmälere Berner Stadel, der sich entlang des westlichen Seeufers nach Südosten erstreckte. Nördlich der Salzstadel sind die ausgedehnte Garten- und Rebflächen der „Insel" zu erkennen, wie man damals gemeinhin den westlichen Teil der Gesamtinsel nannte, der bis zur Mitte des 19. Jahrhunderts überwiegend landwirtschaftlich genutzt wurde.

Dies änderte sich grundlegend mit dem Bau des Bahnhofs, der auf seitherigem Reb- und Gartenland errichtet und 1854 seiner Bestimmung übergeben wurde.[19] Damit zog Lindau mit dem Konkurrenten Friedrichshafen gleich, der vier Jahre zuvor Anschluss an das neue Verkehrsmittel gefunden hatte.[20] Im Lindauer Bahnhof begann die bayerische Ludwig-Süd-Nordbahn, die vom Bodensee über Augsburg bis nach Hof führte und von dort von Sachsen nach Leipzig fortgesetzt wurde. Mit ihr sollten die Warenströme von Mittel- und Norddeutschland nach Italien so weit als möglich über bayerisches Gebiet geleitet werden. Von Lindau aus sollten sie in die Schweiz verschifft und von dort aus über die Alpen transportiert werden. Über Augsburg bestand seit 1859 auch Anschluss an Strecken, die nach Südosteuropa führten. Auf diese Weise erhielt Lindau eine moderne Verkehrsverbindung zu den ungarischen Getreidekammern. Das Getreide,

das von dort an den Bodensee kam, verdrängte das Salz als wichtigstes Handelsgut mit der Schweiz.[21]

Das starke Wachstum des Transportvolumens nach „Übersee", das man von dem Bahnbau erwartete und das sich tatsächlich einstellte, machte eine Vergrößerung des Hafens notwendig.[22] Hafen und Bahnhof mussten zu einer funktionalen Einheit verbunden werden, die als Schnittstelle der damals modernsten Verkehrsmittel diente, der (Dampf-)Eisenbahn und der Dampfschifffahrt, die seit den 1830er Jahren auf dem Bodensee mehr und mehr an Bedeutung gewann.

Abb. 5
Lindau aus der Vogelperspektive, 1886, von E. Pfann und J. Egg.

Der Hafen wurde um den seitherigen Vorhafen erweitert. Dadurch vergrößerte sich seine Fläche um etwa das Doppelte auf knapp vier Hektar.[23] Um dies zu erreichen, wurde die westliche Mole, die vom Mangturm ausgegangen war, abgetragen und durch eine gerade Mauer ersetzt, die von der Spitze des Fuchslochs nach Osten führte. Ihren Abschluss erhielt sie durch den 33 m hohen neuen Leuchtturm. Er bildete ein Element der repräsentativen Ausgestaltung, die König Maximilian II. der südwestlichen Pforte seines Reiches zugedacht hatte. Ein weiteres war der in Stein gehauene 6 m hohe Löwe, mit dem die Ostmole gekrönt wurde. Als bayerisches Wappentier sollte er jedermann sinnfällig vor Augen führen, dass man in Lindau bayerischen Boden betrat bzw. verließ. Leuchtturm und Löwe wurden am 4. Oktober 1856 ihrer Bestimmung übergeben bzw. enthüllt. Seit diesem Tag prägen sie die Hafeneinfahrt, die längst zu einem Wahrzeichen der Stadt geworden ist.
Kurz nach ihrer Fertigstellung hat sie E. Bollmann in einer getönten Lithographie abgebildet (Abb. 4).[24] Sie wurde veröffentlicht im „architektonischen Album". Diese „Sammlung maleri-

Der Lindauer Hafen

scher Ansichten ... der neuesten Eisenbahn- und modernen Privatbauführungen in Lindau ..." erschien zwischen 1855 und 1857. Herausgeber war der bei der Eisenbahn beschäftigte Architekt Anton Harrer, der die Entwürfe seines Vorgesetzten Eduard von Rüber für die neuen Hochbauten in Bahnhof und Hafen ausgeführt hatte.[25] Bollmanns Ansicht zeigt den Hafen wiederum von der Seeseite und erneut blickt der Betrachter über ein Ruderboot, das gerade die Hafeneinfahrt kreuzt. Seine Passagiere bewundern den neuen Leuchtturm, dessen Vorgänger, der Mangturm, auf dieser Lithographie zu einer Randerscheinung rechts geworden ist. Denn im Zentrum steht nicht der alte Teil des Hafens im Osten, sondern der neue im Westen. Der Blick des Betrachters geht zunächst über das Hafenbecken zur neuen Kaimauer im Norden, an der neben Segelbooten auch zwei Dampfschiffe festgemacht haben. Hinter dem rechten erhebt sich der „Bayerische Hof"[26], der gleichzeitig mit dem Bahnhof errichtet worden war. Er war das erste moderne Hotel Lindaus, zu dem sich in den folgenden Jahrzehnten weitere gesellen sollten. Sie sind Indikatoren des allmählich aufkommenden Tourismus. Bauherr des „Bayerischen Hofs" war Wilhelm Spaeth, der Wirt der seitherigen Lindauer Nobelherberge „Krone", der sich mit seinem Umzug aus der mittelalterlichen Stadt an das neue Verkehrszentrum am damaligen Modernisierungsschub beteiligte. Links von seinem neuen Hotel sind mehrere Bahn- und Zollgebäude zu sehen, die sich bis zur Hafenmauer erstrecken. Auf dem Platz zwischen ihnen und dem „Bayerischen Hof" ist das Denkmal für

Abb. 6
Luftaufnahme des Lindauer Hafens vom 7. Juni 1953 von Franz Thorbecke.

Maximilian II. zu erkennen, das die Stadt Lindau und weitere an der Ludwig-Süd-Nordbahn gelegene Städte dem König gewidmet hatten. Wie der Löwe war es ein Werk des Münchener Akademieprofessors Halbig. Mit seiner Enthüllung am 12. Oktober 1856 hatte die repräsentative Ausgestaltung des Hafens ihren Abschluss gefunden.[27]

Die beschriebene Situation lässt sich unschwer auch auf der Ansicht von E. Pfann und J. Egg erkennen, die Lindau im Jahr 1886 aus der Vogelperspektive zeigt (Abb. 5).[28] Gegenüber 1856/57 neu ist die Trajektbrücke hinter der westlichen Mole.[29] Hier wurden seit 1869 Güterwaggons auf Schiffe verladen, auf denen sie nach Rorschach transportiert wurden. Neben der Fähre mit eigenem Antrieb, die auf dem Bild zu sehen ist, geschah dies auch mittels Schleppkähnen, die an Dampfschiffe angehängt wurden. Der Trajektverkehr ersparte das zeitraubende Umladen der Güter von den Waggons auf die Schiffe. Diese Vergünstigung kam allerdings nur einem Teil des Transithandels zu Gute. Der Weizen aus Ungarn wurde zu einem großen Teil in der städtischen

Schranne zwischengelagert[30], zu der die insgesamt 19 Lagerhallen nördlich des Diebsturms gehörten. Von hier aus wurde das Getreide mittels einer Rollbahn, deren Gleise zu sehen sind, zum Hafen gebracht und zwischen „Bayerischem Hof" und Mangturm verladen, der inzwischen nicht mehr auf allen vier Seiten von Wasser umgeben, sondern in die neue Kaimauer integriert worden war. Zwei Jahre vor Anfertigung der Vogelschau von Pfann und Egg war 1884 die Arlbergbahn eröffnet worden. Sie ermöglichte den direkten Transport des ungarischen Getreides in die Schweiz. Dadurch verlor die Lindauer Schranne erheblich an Bedeutung, sie wurde zu Beginn des 20. Jahrhunderts als „städtisches Lagerhaus" auf das Festland nach Reutin verlegt, der Güterumschlag im Lindauer Hafen ging erheblich zurück. Dazu kam, dass der auf der Ansicht rechts zu sehende Brettermarkt durch die Neubauten des Hauptzoll- und des Finanzamtes 1910 bzw. 1911/12 erheblich verkleinert wurde.[31] Warenverkehr in größerem Stil erfolgte seitdem nur noch über die Trajektfähre. Ihr Betrieb wurde 1939 eingestellt, da nach dem Anschluss Österreichs eine direkte Verbindung des deutschen und Schweizer Eisenbahnnetzes am östlichen Bodensee gegeben war. Anders als in Friedrichshafen wurde in Lindau der Trajektverkehr nach 1945 nicht wieder aufgenommen. Seitdem dient der Lindauer Hafen, der über Jahrhunderte hinweg in erster Linie Güterumschlagplatz gewesen und zu diesem Zweck im 19. Jahrhundert zweimal modernisiert worden war, ausschließlich dem Personenverkehr, d.h. dem Tourismus, zu dessen Ziel Lindau seit dem ausgehenden 19. Jahrhundert mehr und mehr geworden ist.[32]

Auf der Aufnahme des Lindauer Luftbildpioniers Franz Thorbecke[33], der den Lindauer Hafen am 7. Juni 1953 aus dem Flugzeug von Südosten fotografiert hat, sind keine Last-, sondern nur noch „Lustschiffe" (K.H. Burmeister[34]) zu sehen (Abb. 6). Die Ausflugsdampfer können den Hafen fast alleine für sich in Anspruch nehmen. Nur wenige bescheidene Privatboote haben an der Löwenmole festgemacht. Heute (2005) wird das östliche Becken im Sommer zum überwiegenden Teil als Liegeplatz für oftmals teure Sport- und Freizeitboote genutzt. Heute wie vor 50 Jahren können die Touristen auf der Uferpromenade vor dem „Bayerischen Hof" und den östlich benachbarten Hotels ungestört flanieren, da die Rollbahn längst verschwunden ist. Das gilt auch für das Maximiliansdenkmal, das in den 1930er Jahren abgebaut und im Zweiter Weltkrieg eingeschmolzen wurde, und vor allem für fast alle Bahnbauten Harrers, denn der Lindauer Bahnhof wurde 1913 – 1921 durch einen Neubau ersetzt, der seitdem den westlichen Teil des Hafens prägt.[35] Er dient ausschließlich dem Personenverkehr, an den Güterverkehr erinnert nur noch die Eilguthalle an der westlichen Kaimauer, die jedoch inzwischen ihre ursprüngliche Funktion verloren hat. Ihr gegenüber liegt an der östlichen Hafenmauer das Finanzamt, das dank seines Mansarddaches leicht identifiziert werden kann. Nördlich davon ist das Hauptzollamt (mit Satteldach und Treppengiebel) benachbart. Von Holz- und Bretterstapeln ist im Bereich des früheren Brettermarktes nichts mehr zu sehen. Immerhin ist als letzter Hinweis auf eine nichttouristische gewerbliche Tätigkeit vor dem Finanzamt das Dach der Lindauer Schiffswerft zu erkennen, die 1847/48 gegründet worden war.[36] Anfang der 1960er Jahre wurde sie geschlossen und abgerissen. An ihrer Stelle wurde eine Yachtschule errichtet bzw. der Yachthafen erweitert. Darin manifestiert sich der Wandel von der „Last- zur Lustschifffahrt", der sich auf dem Bodensee innerhalb weniger Jahrzehnte vollzogen hat. Die Entwicklung des Lindauer Hafens spiegelt diesen Prozess beispielhaft wider.

Heiner Stauder

Blick von Lindau nach Vorarlberg ins Rheintal

Die Faktorei beim Fußacher Hafen –
Etappenort im Alpentransit

Über Jahrhunderte war der an der Mündung der Fußach (Dornbirnerach) gelegene Ort Ausgangspunkt bedeutenden Transitverkehrs durch das Alpenrheintal. 1092 ist vom Transport rätischen Weins (Abgaben des Klosters Zwiefalten) über Fußach die Rede.[1] 1270 erhält der Schiffsmeister in Fußach jährlich Leinwand aus Satteins.[2] Unweit des Ortes Fußach, in der Flur Birnbaum im Höchster Gemeindegebiet an einem ehemaligen Rheinlauf, wird 1334 des „Scheffmaisters weyb" neben anderen Eigenleuten des Grafen Ulrich von Montfort-Feldkirch erwähnt.[3]

Bis in die frühe Neuzeit war der Fußacher Hafen wichtiger als der Bregenzer. Aus dem Jahr 1528 ist eine Schifffahrtsordnung erhalten.[4] Die Schiffergilden, so nennt sie Zwanowetz, hafteten mit einer beim Gericht hinterlegten Kaution gemeinsam der Faktorei in Fußach für die ihnen anvertrauten Frachten.[5] Die sogenannte Bereitschaftsschifffahrt, auch als „Kustere Schifffahrt" bezeichnet, war die älteste Fußacher Schifffahrtsgesellschaft, die jedem Gemeindebewohner offen stand. Im 18. Jahrhundert gehörten ihnen Schiffleute mit Namen Schneider „Steffa" bzw. „Pappenheimer", Gugele, Kuster, Spehler und Weiss (Mailänder Boten) an. Sie führten um 1790 von Fußach ab: Reis, rohe Häute und Felle, Eisenfässer, von Altstätten kommende Leinwand, Weinstein, Wein und Branntwein, Schmalz, Käse und Zieger aus dem Glarnerland, Lumpenballen, zurückgehende (leere) Wollsäcke aus Feldkirch und Altstätten, Mühlsteine, Möbel, sowie die Wetzsteinkisten aus Schwarzach, Hanf oder Flachs und Glasscherben. Sie brachten nach Fußach Wollsäcke, gewisse Kaufmannsgüter aus Lindauer Läden, Getränke, Linsen und Hanfsamen.[6]

Die zweite Gesellschaft, die so genannte „Parlamenterschifffahrt" entstand um 1550.[7] Sie führte nach Angaben aus dem 17. Jahrhundert Kaufmannsgut von und nach Italien; Güter, die über eine Spedition gingen mit Ausnahme von Korn. Im 17./18. Jahrhundert waren Schiffleute: der Schiffwirt Schneider, die Familien Bachmeier, Nagel und Kuster „Knechtle".[8] Weitere, die sogenannte „Nägele-Kornschifffahrt" von Lindau und die „Buchhorner Schifffahrt", auch „Stofflergilde" genannt, führten Getreidetransport durch.[9] Auch die Höchster „Privilegierte Überlinge Kornschifffahrt" benützte den Fußacher Hafen ab etwa 1700, als zunehmende Untiefe die Schifffahrt auf dem Alpenrhein behinderte. Sie besaß seit dem 17. Jahrhundert das Abfuhrprivileg der Stadt Überlingen für Korn, das für das schweizerische Oberrheintal bestimmt war.[10]

Abb. 1
Die Vorarlberger Bodenseegemeinden.

Abb. 2
Seedamm. Ausschnitt aus dem Plan der Dornbirner Ach von Alois Negrelli, 1826

Es scheint – nicht nur unter den Fußacher Schiffern – ein rauer Umgangston geherrscht zu haben. Von Schimpf- und Schmähworten von Schiffleuten, die zu „Fußach an der Stede [einen anderen] injuiriert haben" (1776), von Schimpfworten zwischen Franz Josef Schneider, Schiffmacher in Fußach, und Jos Kuster, Knechtlis Sohn (1776), berichten die Gerichtsprotokolle.[11] In Überlingen wird Johann Bachmeyer aus Fußach bestraft, weil er einen Bauern einen „Lumpen" gescholten hat (1755).[12] Der Fußacher Schiffer Johann Kuster wird 1763 beschuldigt, in Überlingen „den hochlöblichen Ammann mit sehr unanständigen und schimpflichen Worten auf öffentlicher Gassen injuriert" zu haben, und wurde bald darauf noch zwei Mal wegen „Scheltwort" bestraft, worauf er es 1766 vorzog, vor Gericht nicht mehr zu erscheinen.[13]

Am österreichischen Bodenseeufer wurden um 1835 die alten Schiffergilden zwar formell aufgehoben, bestanden aber weiter fort.[14] Im Jahr 1838 wurde der Fußacher Hafen von den Dampfbooten „Ludwig" aus Lindau und „Leopold" aus Konstanz wöchentlich mindestens einmal angefahren. Nachdem die württembergische Gesellschaft den Hafen ebenfalls anfahren wollte, musste die Landestelle ausgebaut werden. Der gegenwärtige Seedamm wurde 1840-42 um 15 Klafter (= 25,5 Meter) verlängert. Zum Schutz gegen den Ostwind strebte man einen sogenannten „Hagen" oder eine bogenförmige Schutzdämmung an, die wohl aber nicht realisiert wurde. Der Damm wurde an seinem Ende nicht in projektierter Höhe, dafür breiter gestaltet. Hier dürften sich die Segelschiffleute im eigenen Interesse und gegen die Erfordernisse der Dampfschifffahrt noch einmal durchgesetzt haben. Die württembergische Dampfschifffahrtsgesellschaft beschwerte sich auch 1848, dass die Segelschiffe dem Dampfschiff nicht Platz gemacht hätten.[15]

Die hölzerne Güterverwahrungshütte wurde Anfang des 19. Jahrhunderts durch einen klassizistischen eingeschossigen Steinbau mit Vollwalmdach ersetzt. Die genutete Hauptfassade, heute Ferdinand Weiss-Straße 35, ziert ein Rundbogenportal, bezeichnet „1839", flankiert von Halbkreisfenstern.[16] So konnten große Wagen einfahren und unter Dach beladen werden. Nach heutigen Geländeverhältnissen beurteilt, scheint es einigermaßen erstaunlich, dass nach mündlicher Überlieferung die Dampfschiffe bis zum Faktoreigebäude fahren konnten.

Seit die Vorarlbergbahn 1872 Anschluss an die Schweizer und bayerischen Bahnlinien erhielt, verringerte sich der Güterverkehr mit dem Schiff von und nach Fußach und wurde schließlich 1876 eingestellt.[17]

Gerda Leipold-Schneider

Abb. 3
Fußach im 19. Jahrhundert. Kolorierte Lithographie.

Abb. 4
Faktoreigebäude 2005.

101

Schifffahrt zum Sonnenuntergang

Letzter Zeuge einer großen Epoche –
das Dampfschiff „Hohentwiel"

Abb. 7
Die „Hohentwiel" im
Gewittersturm vor Friedrichshafen.

Letzter Zeuge einer großen Epoche –
das Dampfschiff „Hohentwiel"

Das in den Jahren 1987-1990 stilvoll und detailgetreu renovierte Dampfschiff „Hohentwiel" hält als einzige Einheit auf dem Bodensee die Erinnerung an eine rund 150-jährige Epoche wach. Vor rund 20 Jahren glaubten selbst die größten Optimisten unter den zahlreichen stillen Liebhabern nicht mehr an eine Rettung, geschweige denn an eine Renaissance dieses in vielerlei Hinsicht einmaligen Schiffes. Am 17. Mai 1990 war das Wunder vollbracht. Der Bodensee hatte wieder ein Dampfschiff! Beinahe auf den Tag genau waren 23 Jahre vergangen seit der letzten Fahrt des letzten Dampfschiffes auf dem Bodensee, der „Schaffhausen", die noch mit eigener Kraft zum Abwracken nach Romanshorn fuhr. Die besondere Faszination eines Dampfschiffes besteht in seiner verständlichen und nachvollziehbaren Art der Technik. Für den Betrachter der arbeitenden Maschine lässt sich auch ohne detaillierte Fachkenntnis das Funktionsprinzip nachvollziehen.

Abb. 1
Die „Hohentwiel" im Originalzustand von 1913.

Die ventilgesteuerte Heißdampf-Maschinenanlage der „Hohentwiel" stellt den Höhepunkt einer jahrzehntelangen Entwicklungstätigkeit der bekannten Zürcher Maschinenfabrik Escher Wyss & Cie dar. Die Dampfverteilung im Hochdruckzylinder durch Ventile anstelle der früheren Schiebersteuerungen, patentiert vom Konkurrenten Gebr. Sulzer, Winterthur, wurde auf dem Bodensee 1902 eingeführt. Escher Wyss & Cie. entwickelten eine abgeänderte Ventilsteuerung, diese wurde beim Schwesterschiff der „Hohentwiel", der „Friedrichshafen", 1909 erstmals versuchsweise eingesetzt und von den Escher Wyss-Konstrukteuren Josef Schätti und Franz Kretzschmar entworfen. Die Endmontage der „Hohentwiel" erfolgte ab März 1912 in Friedrichshafen und Romanshorn, am 1. Mai 1913 wurde das Schiff dann offiziell in Dienst gestellt.[1] Die „Hohentwiel" war mit ihren 950 PSi bis zum Ersten Weltkrieg das leistungsstärkste Schiff auf dem See.

Abb. 2
Die „Hohentwiel" als Clubheim im Segelhafen von Bregenz, 1983.

Der ursprüngliche Heimathafen der „Hohentwiel" war Friedrichshafen, heute ist es Hard in Vorarlberg. Besonderer Wert wurde bei den württembergischen Schiffen auf einen möglichst komfortablen Aufenthalt in den Fahrgasträumen der ersten Klasse gelegt; die großen, rechteckigen Salonfenster boten einen ungehinderten Ausblick auf See und Landschaft und prägten die württembergischen Dampfer. Bei der „Friedrichshafen" und der „Hohentwiel" bemühte man sich, den Komfort etwa für die Passagiere der zweiten Klasse weiter zu verbessern. „Friedrichshafen" und „Hohentwiel" erhielten einen – bis auf den Rauchabschluss – weißen Schornstein, der diesen Schiffen ein ausgesprochen maritimes Äußeres gab.

Seit 1877 wurden die Bodenseedampfer bevorzugt mit einem zur Hälfte in den hinteren Rumpfteil eingebauten Salon als Halbsalondampfertyp ausgeführt.[2] Die Inneneinrichtung des Salons im Jugendstil war aus Rüster und Nusswurzelholz gefertigt, wie freigelegte Fragmente bei der Restaurierung erkennen ließen. Die Einrichtung wurde von den Königlichen Lehrwerkstätten in Stuttgart unter der Leitung von Prof. Bernhard Pankok, Raucherkabine und Damenkabine von Prof. Paul Roehga und Prof. Rudolf Haustein entworfen. Sämtliches Inventar fertigte die Königliche Hofschreinerei Brauer & Wirth in Stuttgart an. Bei der Restaurierung der „Hohentwiel" erfolgte die Rekonstruktion des Hecksalons nach dem Vorbild der „Friedrichshafen", da die Originalzeichnungen der Innenausstattung der „Hohentwiel" nicht vorhanden waren.[3]

Abb. 3
Die „Hohentwiel" abgewrackt im Hafen von Hard, 1987.

Neben universellen Einsätzen im Kursverkehr auf der Obersee-Längsroute zwischen Friedrichshafen, Konstanz und Bregenz fuhr die „Hohentwiel" auch auf den traditionellen Querverbindungen nach Rorschach und Romanshorn. Als repräsentatives Schiff der württembergischen Flotte wurde sie vielfach für offizielle Anlässe, für Sonderfahrten des königlich-württembergischen Hofes eingesetzt.[4] Am 25. August 1914 lief die „Hohentwiel" bei orkanartigem Gewittersturm vor Wasserburg auf Grund. Mit beschädigtem Schaufelrad und Ruder musste die „Hohentwiel" am nächsten Tag in Schlepp genommen werden.

Im Zeitalter des beginnenden Massentourismus erfolgte im Winterhalbjahr 1932/33 der erste Umbau nach dem Vorbild der beiden Romanshorner Schwesterschiffe „Rhein" und „St. Gallen" durch die Bodanwerft Kressbronn. Dabei wurden keine seitlichen Stabilitätsanbauten hinzugefügt, so dass sich die zulässige Personenanzahl nicht erhöhte. Im stark frequentierten Obersee-Längsverkehr kam es mehrmals zu heftigen Protestreaktionen von Fahrgästen, die an Stationen zurückgelassen werden mussten. Deshalb wurden 1934 nach dem Vorbild der inzwischen ebenfalls umgebauten „Friedrichshafen" am Vor- und Achterschiff wulstförmige Stabilitätsanbauten angebracht. Durch die abgeschrägten Kanten dieser von der Bodanwerft entwickelten „Satteltanks" konnte eine Wirbelbildung im Bereich des Schaufelräder vermieden und der Schiffswiderstand

Abb. 4
Wie „Phönix aus der Asche". Die „Hohentwiel" bei der glanzvollen zweiten Jungfernfahrt am 17. Mai 1990.

vermindert werden. Obwohl sich die Tonnage des Schiffes beträchtlich erhöht hatte, erreichte die „Hohentwiel" noch immer eine Höchstgeschwindigkeit von 28 km/h, die zulässige Personenanzahl betrug nun 850.[5]

Während des Zweiten Weltkriegs brachte das Schiff beträchtliche Strecken hinter sich, im Jahre 1943 waren es (in Friedenszeiten unerreichte) 51.234 Kilometer. Dem Luftangriff auf Friedrichshafen, dem das Schwesterschiff „Friedrichshafen" und die „Württemberg" zum Opfer fielen, entging die „Hohentwiel", da sie wegen des Fliegeralarms den um 20.45 von Konstanz abgehenden Spätkurs 125 nicht mehr fuhr und im Konstanzer Hafen blieb.[6] Als Folge erhielt auch die „Hohentwiel" einen dunkelgrauen Tarnanstrich, der bereits im Winter 1945/46 auf der

Letzter Zeuge einer großen Epoche – das Dampfschiff „Hohentwiel"

provisorisch in Stand gesetzten Helling in Friedrichshafen wieder beseitigt wurde.[7] Oberlehrer Hannes Birkle hatte damals kurz nach dem Krieg die Bevölkerung zu Farbspenden aufgerufen.

1948 erlitt die „Hohentwiel" auf der Fahrt von Meersburg nach Konstanz einen Torsionsbruch der backbordseitigen Radwelle. Die entgegenkommende „Stadt Bregenz" leistete Hilfe und schleppte den Havaristen in den Konstanzer Werfthafen. Mit der Inbetriebnahme des neuen

Abb. 5
„Klar Schiff" – die „Hohentwiel" in Fahrt.

Motorschiffes „Stuttgart" (1960) wurde die „Hohentwiel" nach Konstanz verlegt und übernahm Kurse zwischen Konstanz und Überlingen. Mit der Indienststellung der „München" (1962), des Ersatzschiffes der „Hohentwiel", wurde diese nach verspäteter Fertigstellung des neuen Schiffs nicht im Frühjahr, sondern erst am 5. August 1962 ausgemustert: beim Konstanzer Seenachtsfest als Zuschauerschiff eingesetzt, barst das zuvor provisorisch in Stand gesetzte Hauptmanövrierventil an der Dampfmaschine. Nach 49 Betriebsjahren wurde der Dampfer am 1. November 1962 endgültig aus der Flottenliste gestrichen.[8]

Aber der „Hohentwiel" blieb das Ende unter dem Schneidbrenner erspart. Auf der Suche nach einem Clubheim wurde der Bregenzer Segelclub auf den ausgemusterten Veteranen aufmerksam. Am 22. April 1963 wurde der Dampfer für seine zukünftige Bestimmung vom Motorboot „Feldkirch" nach Bregenz geschleppt. Bedauerlicherweise wurde das sich damals noch in einem sehr guten Zustand befindliche Schiff durch eine Reihe dilettantischer Maßnahmen funktional und optisch verstümmelt. Um den Raum für ein Getränkelager zu gewinnen, wurden die beiden Schaufelräder innerhalb der Radkasten ohne jeglichen Sachverstand bis auf Hauptdeckhöhe abgetrennt. Auf Anordnung des Landschaftsschutzes mussten wenig später das Steuerhaus und der Rauchabschluss des charaktervollen Schornsteins demontiert werden. Bald wurden auch die einst so blitz-

Abb. 6
Der im Jugendstil eingerichtete Hecksalon.

sauberen Kurbeln und Treibstangen von einer rostbraunen Patinaschicht überzogen. Im Laufe der Jahre fraß sich der Rost immer weiter durch die Aufbauten und Maschinenanlagen. Eine Erhaltung des Schiffes auf längere Sicht schien völlig ausgeschlossen.

Buchstäblich „5 Minuten vor 12" gründete sich am 4. Oktober 1984 auf dem Gebhardsberg der Verein „Internationales Bodensee-Schifffahrtsmuseum e.V.". Zum 1. Vorsitzenden wurde der damalige Lindauer Landrat Klaus Henninger gewählt.[10] Vorerst wurde das bescheidene Ziel ins Auge gefasst, die „Hohentwiel" als schwimmendes Exponat zu restaurieren, um das Schiff periodisch von Hafen zu Hafen zu schleppen. Nach eingehender Besichtigung und Aufnahme der noch vorhandenen Substanz des bereits schrottreifen Schiffswracks, schlug Projektleiter

Kloser dem Vereinspräsidenten und dem Vorstand vor, das Schiff wieder vollständig im fahrbereiten Originalzustand von 1913 herzustellen. Ein, aus der damaligen Perspektive betrachtet, gewagtes und kühnes Vorhaben. Der in Hard ansässige Schiffsingenieur Reinhard E. Kloser übernahm die Gesamtplanung und Bauleitung dieses Projekts. Als ehemaliger „Chief" war Kloser unter anderen Handelsschiffen auch auf im Zweiten Weltkrieg gebauten Frachtschiffen des „Liberty"- und „Victory"-Typs gefahren, die mit Kolbendampfmaschinen und Dampfturbinenanlagen ausgerüstet waren. Auf diese Weise konnte Kloser auf einen umfassenden Erfahrungsschatz auf dem Sektor Dampftechnik zurückgreifen. Dies war Grundlage für die Wiederherstellung des Schiffs.

Abb. 8
Mannschaft 2002 v.l.n.r: Obersteuermann Adolf F. Konstatzky, Matrose Mathias Mischitz, Bootsmann d. Res. Ulrich Seitz, Steuermann Robert A. Kössler, Kapitän Reinhard E. Kloser, Bootsmann Emil Flache, Chefmaschinist Christian Hämmerle, Bootsmann Engelbert Haller, Maschinist Werner Scheffknecht
Unten: Maschinist Bernfried Böhler, Maschinist Christian Kaizler.

Die auf der Helling in Fußach vorgenommenen Schalenuntersuchungen ergaben aber vorerst ein niederschmetterndes Ergebnis. 179 Quadratmeter der Außenhaut waren durchgerostet und mussten ersetzt werden. Zunächst aber galt es, das Schiff zu „entkernen" und die für eine Restaurierung unbrauchbar gewordenen Radkästen sowie Auf- und Einbauten abzutragen.

Das gesamte Ausmaß dieser mühevollen und immer noch mit einem ungewissen Resultat verbundenen Arbeiten wurde in dem 1992 in Konstanz erschienenen Buch „Das Dampfschiff ‚Hohentwiel' wieder in Fahrt auf dem Bodensee" detailgetreu geschildert. Aber das am Anfang schier für unmöglich gehaltene Vorhaben gelang. Ab 1988 nahm die in den Originalzustand von 1913 zurückversetzte Silhouette der „Hohentwiel" allmählich Gestalt an. Eine enorme Eigendynamik entstand daraufhin. Eine neue Kesselgruppe sowie die erforderliche aufwändige und umfangreiche Hilfsmaschinerie wurden eingebaut und die sorgfältig katalogisierten Teile der Maschinenanlage wie ein überdimensionales Puzzle-Spiel zusammengefügt. Und die Maschine funktionierte! Zunächst erst ruckte sie zaghaft, schöpfte aber bald den Atem für eine erste, volle Umdrehung. Die Restaurierung eines derart desolaten und heruntergekommenen Wracks in ein komfortables und in jeglicher Hinsicht neuwertiges Fahrgastschiff bleibt bis in die Gegenwart weltweit ohne Beispiel! „Das Wunder ‚Hohentwiel' ist vollbracht!", so und ähnlich lauteten im Frühjahr 1990 die Schlagzeilen nicht nur in der Lokalpresse. Am 17. Mai 1990 wurde das Schiff im Hafen von Hard feierlich in Dienst gestellt. Die Vision zahlreicher Schiffsliebhaber war in Erfüllung gegangen, der Bodensee hatte wieder ein Dampfschiff!

Abb. 9
Kapitän Reinhard E. Kloser.

Seit seiner zweiten Jungfernfahrt und bis zum Ende der Schifffahrtssaison 2004 schreibt das Schiff schwarze Zahlen und kommt ohne Subventionen der öffentlichen Hand aus. Die Betriebssicherheit entspricht den höchsten Klassifikationsvorschriften des Germanischen Lloyd.

Letzter Zeuge einer großen Epoche –
das Dampfschiff „Hohentwiel"

166.415 Kilometer hat sie seither auf dem Bodensee zurückgelegt, 19.232.600 mal hat sich die Zweizylinder-Heißdampfmaschine gedreht, 406.242 Fahrgäste genossen die Fahrt mit der „Hohentwiel". Auf dem reichhaltigen Programm stehen neben öffentlichen Publikumsfahrten auch Charter- und Gourmetfahrten, Besuche der Bregenzer Festspiele und eine bunte Palette weiterer Veranstaltungen.

Karl F. Fritz, Reinhard E. Kloser

Daten der „Hohentwiel"
Länge über alles 56,84 m
Breite über alles 13 m, zugelassen für 700 Personen
Tiefgang beladen 1,60 m
Verdrängung beladen 365 t
1913 Indienststellung
1962 Ausmusterung
4. Oktober 1984 Gründung Vereinigung „Internationales Bodensee-Schifffahrtsmuseum e.V."
auf dem Gebhardsberg in Bregenz, 1987-1990 Restaurierung der „Hohentwiel"
17. Mai 1990 feierliche Wiederinbetriebnahme

Hohentwiel-Schifffahrts-GmbH
Lindauerstraße 84, A-6912 Hörbranz
T +43 (0) 5573 8398311
F +43 (0) 5573 8398323
www.hohentwiel.com
office@hohentwiel.com

Abb. _0
Dampfmaschine.

Das Schaufelraddampfschiff „Hohentwiel" vor Rorschach

„Anker klar..." - von den Gefahren zu den Freuden der Schifffahrt

Eine Ausstellung im Vorarlberger Landesmuseum Bregenz

Schiffbruch, Naturgewalten, göttliche Zuflucht

Dunkle Wolken hängen tief. Der Wind bläst. Gespenstisch blinkt die Sturmwarnung am fernen Ufer. Der Sturmwind peitscht das Wasser hoch auf. Der Boden schwankt unter den Füßen. Die Gefahren der Schifffahrt sind spürbar. So erlebten es Jahrhunderte lang die Schiffleute, die das ganze Jahr auf dem Bodensee unterwegs waren, um Güter und Menschen zu befördern.

Der Künstler Herbert Reyl-Hanisch malt eine Gewitterszene, im Hintergrund das Bodenseeufer vor dem Bregenzer Kloster Mehrerau. Karl August Kayser hält im 19. Jahrhundert eine Sturmszene vor dem Bregenzer Nachbarort Hard fest. Franz Dieth fotografiert den Bodensee im Nebel von seinem Standort am Haggen am Pfänderhang. Es sind dies Witterungsverhältnisse, bei denen es oft zu Unglücksfällen kam, von denen die Chroniken, die Sterbebücher der Bodenseeanrainergemeinden, die Akten und die Zeitungen berichten. Nebel war etwa im Jahre 1864 die Ursache des Zusammenstoßes der „Stadt Zürich" mit der „Jura", deren Wrack in 40 m Tiefe vor Münsterlingen liegt.

Abb. 1
Herbert Reyl-Hanisch, Wolkenbruch mit Blick zum Kloster Bregenz-Mehrerau.

Der erste überlieferte Schiffbruch ist in den Reichenauer Nekrologien dokumentiert: am 12. Mai 780 fanden dabei 19 Insassen des Klosters den Tod. Die Errettung eines ertrinkenden Knaben in Bregenz stellt eine Albrecht Dürer zugeschriebene Bildtafel dar.

Die Ursachen der Schiffsunglücke sind vielfältig. Von den Witterungseinflüssen war bereits die Rede. Hier ist noch vom Föhn zu sprechen, der besonders am oberen Obersee jäh und mit großer Wucht auftritt und die Wellen bis zu 1,5 m hoch werden lässt.[1] Von einem Unglück im Föhnsturm berichtet das Extrablatt des Bregenzer Druckers Joseph Anton Bonifaz Brentano aus dem Jahre 1816: „Das Schiff mit dem Mailänder Boten und weiteren Personen an Bord sank am 12. November im Sturm bei einbrechender Nacht." (Hörstation)[2]. Die starke Zunahme des Verkehrs im 19. Jahrhundert, das Überladen der Schiffe und die mangelhafte technische Ausrüstung der Schiffe sind weitere wichtige Gründe, die die Gefahren der Schifffahrt ansteigen ließen. Das erste Dampfschiff „Wilhelm" soll laut Kapitän Emil Krumholz nur einen unbrauchbaren Kompass, kein Fernrohr und keine Laterne an Bord gehabt haben. Unter dem Eindruck des Unterganges der „Jura" wurde Jahrzehnte später (1865) die Ausrüstung der Bodenseedampfer mit Rettungsringen beschlossen, jeder Dampfer erhielt drei Stück. Darüber hinaus gab es auf dem Bodensee, wenn auch keine Piraterie wie auf den Weltmeeren, so doch Raubüberfälle und

Abb. 2
Guckkastenmodell „Untergang der Ludwig", 1861.

kriegerische Übergriffe. 1407 werden den Salzhändlern Maiger und Nükomen auf dem See Salzfässer weggenommen[4], 1461 raubt Rudolf von Ems eine Genfer Kaufmannschaft auf dem See aus.[5] Mehrere Schiffe der flüchtenden kaiserlichen Soldaten nach der Schlacht bei Hard sanken am 20. Februar 1499.

In Seenot riefen die Menschen über lange Jahrhunderte bevorzugt den Patron der Schiffleute und Kaufleute, den heiligen Bischof Nikolaus an. Ihm sind zahlreiche Kirchen und Kapellen an Flüssen und Seen geweiht, ihm sind Votivtafeln zum Dank für Errettung aus Seenot gewidmet. Der Bregenzer Heimatdichter Caspar Hagen (1820 - 1885), selbst aus einer Schifferfamilie stammend, berichtet im Gedicht „Das Gelöbnis" von einem Versprechen der Schiffleute, das sie in Seenot der hl. Maria machten, es allerdings dann nicht einhielten.[6]

Dennoch war die Schifffahrt, besonders seit dem Verfall des römerzeitlichen Straßennetzes, über lange Jahrhunderte eine mühelosere Transportmöglichkeit als der Verkehr zu Lande und wurde, wann immer möglich, diesem vorgezogen. Auf dem Bodensee florierte der Nord-Süd-Verkehr als Teil des transalpinen Weges durch das Rheintal und über die Graubündner Pässe nach Italien wie auch der Ost-West-Verkehr. Im 19. Jahrhundert, in dem auf dem Bodensee das Dampfschifffahrtszeitalter angebrochen war (1824), nahm der Verkehr kontinuerlich zu, besonders seit ab 1847 immer mehr Eisenbahnlinien den Bodensee erreichten. Das Unglück der „Ludwig" 1861 ist eines von zahlreichen in den 1860er Jahren, die schließlich zu neuen Reglementierungen in Hinblick auf die Sicherheit der Schifffahrt führten, zur Internationalen Schifffahrts- und Hafenordnung von 1867.

Aufgrund eines heftigen Sturms konnte das bayerische Dampfschiff „Ludwig" am 11. März 1861 erst verspätet vom Lindauer Hafen auslaufen und stieß vor der alten Rheinmündung bei einbrechender Dunkelheit mit einem Schweizer Schiff zusammen. Kapitän Gerber hatte das Topplicht der entgegenkommenden „Zürich" irrtümlich für die Beleuchtung der Rorschacher Hafeneinfahrt gehalten. Die „Ludwig" sank rasch mit 13 Personen und 11 Stück Vieh an Bord, für die es keine Rettung mehr gab.[7] 1863 gelang dem Submarine-Ingenieur Bauer aus München schließlich nach mehreren erfolglosen Versuchen die Hebung des Schiffs.

Abb. 3
Matthäus Zehender, Der Seesturm, 1691.

Lastsegelschiff

Das Lastsegelschiff des Bodensees hatte einen flachen Boden, die Wände mit geklinkerten, also überlappend genagelten Planken ragten nahezu senkrecht auf. Das Rahsegel aus Leinwand war trapezförmig, das Steuerruder zumeist backbord (in Fahrtrichtung links) angebracht. Sie bestanden aus Eichenholz und wurden mit Hanf-/ Flachsfasern und Pech kalfatert („gschoppat").

„Anker klar...“ -
von den Gefahren zu den Freuden der Schifffahrt

Um 1800 waren die größten Schiffe, die „Lädinen", bis zu 31 m lang und besaßen bis zu 150 Tonnen Tragfähigkeit, kleinere Schiffe wurden entsprechend als Segmer oder Viertelsegmer usw. bezeichnet.[8]

Abb. 4
Bregenzer Schiffmann und Bürgermädchen. Kolorierte Lithographie um 1830.

Schiffleute, Mannschaft

Die ersten Nachrichten über die Schiffleute des Bodensees stammen aus dem Mittelalter, als die zunehmend verkehrsteilig organisierte Marktwirtschaft spezialisierte Berufe entstehen ließ. Die Erträge des weit verstreuten Besitzes der bedeutenden Klöster mussten über größere Entfernungen transportiert werden. So berichtet etwa die Chronik des Klosters Zwiefalten 1092 vom Transport rätischen Weins als klösterliche Abgabe über Fußach ins Kloster.[9] Auf Schiffbau durch das Kloster St. Gallen lässt eine Nachricht schließen, die vom Transport von Schiffbauholz (*navalia ligna*) aus dem Rheingau spricht.[10] Ein Fußacher Schiffmeister erhielt vor 1270 jährlich Leinwand aus Satteins geliefert wohl für die Herstellung von Segeln.[11]

Zahlreiche Namen von Schiffleuten aus den heutigen Seeanrainergemeinden Gaißau, Höchst, Fußach, Hard, Bregenz und Lochau sind über die Jahrhunderte überliefert. Das Privilegienbuch von 1794 verbrieft und bestätigt mit großem Siegel die herrschaftliche Bewilligung der von der Bregenzer Schifferzunft aufgestellten Bestimmungen. Darin sind neben der so genannten „Löfflerfahrt am Bäumle" die damaligen Besitzer der vier großen Bregenzer Lastsegler schiffe (Eigentum in 4 Teile geteilt) aus den Familien Briem, Helbock, Helle (Hehle), Hundertpfund, Kurz, Matheis (Mathis), Reich, Reichard, Reiner, Watzenegger, Weiss und Wolfersberger genannt.

Nach urkundlichen Nachrichten bestanden in Konstanz seit 1390 und in Fußach seit 1399 Schifferzünfte.[12] Die Schifferzunft regelte die Schifffahrt betreffende Angelegenheiten eigenständig. Der gemeinsame Unterhalt der Landestellen und die Einhebung von Abfuhrgebühren in den Häfen kennzeichnete die Schifffahrt bis ins Jahr 1824, als das erste Dampfschiff, die württembergische „Wilhelm" vom Stapel lief. Die Aufhebung der Vorarlberger Schifferzünfte Fußach, Bregenz und Hard zwischen 1835 und 1838[13], die den letzten Bregenzer Zunftmeister und Bürgermeister Johann Nepomuk Reiner veranlasste, Gegenstände aus Zunftbesitz 1865 dem Museum zu übergeben, war ein Vorbote weit reichender Veränderungen durch die neue Dampfschifffahrt.

Abb. 5
Josef Boss, Kapitän aus Lussin.

Die Darstellung eines Schiffmanns von Zanna & Comp. Augsburg um 1825/30 zeigt uns kein realistisches Bild. Entstanden in einer Umbruchszeit, verursacht durch die technologischen Entwicklungen, sollte die Lithographie bei der bürgerlichen Käuferschicht Gefallen finden, indem sie Lebenslust, Idylle und Naturnähe des einfachen Lebens der Bodenseeschiffer zeigt. Die abgebildete Kleidung ist die damalige Festtags- und keinesfalls Alltagskleidung und erhielt später die Etikette „Tracht".

Porträts von wohlhabenden Schiffleuten wie die Fotografie des Schiffseigners Reiner aus der zweiten Hälfte des 19. Jahrhunderts zeigen keine besonderen Kleidergewohnheiten. Schon durch ihre äußere Erscheinung manifestierte sich die veränderte Stellung der Schiffleute als Staatsbeamte, die Mannschaft der staatlichen österreichischen Dampfschifffahrt trug Uniform. Die Bediensteten vom geschäftsführenden Vorstand bis zum Matrosen kamen in den Anfangszeiten – hierzulande mangelte es an geschultem Steuer- und Maschinenpersonal – von der österreichisch-ungarischen Kriegs- und Handelsmarine und stammten aus Triest oder den dalmatinischen Küstengebieten. Um sie auf die nautischen Verhältnisse des Bodensees vorzubereiten, wurden sie mehrere Monate lang auf badischen und bayerischen Dampfschiffen ausgebildet.[14]

Der von Josef Boss in Öl gemalte Kapitän aus Lussin war Oreste Tarabochia (1861 Lussinpiccolo – 1930 Bregenz) oder Franz Anton Ivancich (1854 Lussinpiccolo – 1941 Bregenz). Die Arbeitsmigranten – wie wir heute sagen – stammten aus der ganzen Monarchie, zum Beispiel aus Immer im Bezirk Primiero, Wolfsberg in Kärnten, St. Paul im Lavanttal, Aigen in Oberösterreich, Sandau bei Eger, Tolmein in Istrien, Neutitschein in Mähren, Sambor in Galizien, Widstadtl in Schlesien usw.[15] Später kam die Schiffsmannschaft auch aus den Bodenseegemeinden, teilweise aus den Kreisen der Segelschiffer sowie von der k.k. privilegierten Donaudampfschifffahrt.[16]

Die Schiffe der staatlichen österreichischen Bodenseedampfschifffahrt – analog waren die Verhältnisse in den anderen Anrainerländern des Bodensees – trugen meist Namen mit Bezug zur Monarchie auf den Radkästen, die Handelsflagge Österreich-Ungarns wehte am Heck (rot – weiß – grün mit den beiden Wappen der Monarchie). Hingegen besaßen die meisten sich in Privatbesitz befindlichen Lastsegelschiffe keine Namen, doch gab die Segelgestaltung Hinweise auf ihre Eigentümer.

„Anker klar..." -
von den Gefahren zu den Freuden der Schifffahrt

Waren

Personen- und Warentransport fand auf den Schiffen bis ins ausgehende 19. Jahrhundert nicht getrennt statt, der Personentransport war von untergeordneter Bedeutung. Auf den einfachst ausgestatteten Schiffen fuhren die Menschen zwischen den gestapelten Gütern mit, die Anforderungen an den Fahrkomfort waren nicht hoch. Um die mühelosere Schifffahrt zu erreichen, nahm man durchaus Umwege in Kauf, wie die Klushund-Geschichte zeigt, die uns Richard Beitl im „Sagenwald" 1953 berichtet:[17] Der aus Krumbach stammende Stücklefergger Knapp (Guckkastenmodell mit Grabstein) brachte sein Stickgut nach Lindau, um von dort aus mit dem Schiff nach Rorschach zu gelangen. Hochkonjunktur hatte der Passagierverkehr bis zum Frühsommer, wenn die Schwabenkinder nach Süddeutschland zogen, (Hörstation: Schwabenkind Regina Lampert erzählt) und um die Jahrhundertwende im Winter, wenn die Italiener zu Großbaustellen oder von diesen zurück nach Hause unterwegs waren.[18]

Italienische Waren, die über die Graubündner Pässe und das Rheintal herabkamen, wurden ab Rheineck oder ab Fußach auf dem See weiterspediert. Darunter hat man sich vorzustellen: Seide, Zitronen, Weinbeeren, Feigen, Datteln, Zibeben (lange blaue Rosinen), Kastanien, Safran, Indigo, Schokolade, Korallen, Granaten, Zedernholz, Süßigkeiten, kandierte Früchte usw.[19] Neben diesen sogenannten Kaufmannsgütern (Luxuswaren) stellte über die Jahrhunderte das Salz ein besonderes Transportgut dar. Das vielfältigst verwendete Transportgefäß war dabei das Fass, der Container der vorindustriellen Epoche.

Abb. 6
Guckkastenmodell „Josef Knapp, geb. zu Riefensberg 1824, ertrunken 1861".

Schon die mittelalterlichen Hafenansichten von Konstanz und Schaffhausen prägten die Salzhöfe und –städel des Klosters Salem.[20] Das Salz aus Hall im Inntal (Österreich) und aus Bad Reichenhall (Deutschland) wurde von Lindau und der Landestelle Bäumle bei Bregenz, ab der Mitte des 18. Jahrhunderts von der Stadt Bregenz aus verschifft.[21] Große Teile der Schweiz bezogen das Salz aus dem Norden; zu Wasser wurde es bis Schaffhausen gebracht, von wo aus es über Brugg bis Bern ging.

Darüber hinaus waren vorwiegend landwirtschaftliche Erzeugnisse zu transportieren. Von Bregenz und Hard aus wurden im Frühjahr Millionen Rebstecken in die Weinbaugebiete am Untersee geliefert.[22] Die Kornkammer Schwaben belieferte über den See bis in das 19. Jahrhundert die protoindustrialisierte Nordostschweiz.[23] Gegen Ende der 1840er Jahre betrug der Anteil der Getreideeinfuhr 20% der Gesamtimporte der Schweiz.[24]

Im Zeitalter der Industrialisierung wurden auch Rohstoffe und Erzeugnisse der Industrien auf dem Schiff transportiert. Vor allem die Dornbirner Fabrikanten bezogen um 1830 über den Hafen Fußach importierte Waren wie Alaun, Stärke, Grünspan, gemahlenen Krapp und andere Färbestoffe. Der gezeigte Frachtbrief betrifft die Lieferung von einem Fass Pottasche von A. D Arnstein Wien durch die Spedition Gebr. Weiss über Ulm nach Bregenz im Juli 1843. Seit die Eisenbahnen das Bodenseeufer erreichten, erspart der Einsatz von Trajektkähnen das Umladen auf das Schiff. Acht bis zehn Eisenbahnwaggons fanden auf den österreichischen Trajektkähnen Platz, die ab 1884 nach Friedrichshafen und Konstanz verkehrten. Die Schweizerische Nordostbahngesellschaft bot Trajektverkehr zwischen Romanshorn und Bregenz an.[25]

Den Güter- und Personentransport zu den nicht von der Dampfschifffahrt bedienten Landestellen besorgten noch bis ins 20. Jahrhundert die Lastsegelschiffe. Ab 1893 verkehrten sie teilweise motorisiert und transportierten zuletzt vorwiegend Baustoffe.[26] Die letzten Lastsegelschiffe fuhren noch bis um 1920, die letzten Motorlastsegler bis um 1925 auf dem See.[27]

Hafen Bregenz

Das Hafenkastell von Bregenz wurde bei Bauarbeiten am Leutbühel 1972 freigelegt. Ein 20 m langes Stück einer 3-4 m dicken Mauer, bestehend aus Quadern aus Bregenzer Molassesandstein, ruhend auf einem Rost aus Eichenhölzern und Piloten, konnte dendrochronologisch in die Jahre zwischen 372 und 378 n. Chr. datiert werden.[28] Im Hafenviertel kann man sich Lagerhallen und Märkte vorstellen, auch Säulenhallen, Heiligtümer, Molo und Leuchtturm sowie ein Wächterhaus. Die freigelegten Säulenreste in der Maurachgasse 3 deuten eventuell auf eine Säulenstraße zum Hafen.[29] Der Hafen besaß sicher keine steinerne Kaimauer, sondern ins Wasser hinausragende Stege, an denen die Schiffe anlegen konnten.

So dürfte der Hafen auch in den späteren Jahrhunderten ausgesehen haben. Die Ansicht von Matthäus Merian zeigt einen mit Pfahlreihen vor Wellenschlag gesicherten Landeplatz, wie sie rings um den See bestanden. Vom Lukenhaus aus wurden zu- und abfahrende Schiffe eingewiesen und kontrolliert. Am Hafen befanden sich Kalkbrennhütten und Lagergebäude. Viele Güter wurden aber auch unter freiem Himmel gestapelt. Mit zunehmender Verlagerung des Güterum-

Abb. 7
Mauern des römischen Hafenkastells in Brigantium.

Abb. 8
Matthäus Merian d. Ä., Stadtansicht Bregenz nach der Topographia Sueviae, 1643.

„Anker klar..." -
von den Gefahren zu den Freuden der Schifffahrt

Abb. 9
Die Bregenzer Leuchttürme, Salz- und Pfefferbüchsle genannt.

schlags vom benachbarten Bäumle bei Lochau nach Bregenz bestand ein in den See hinausragender Damm, wie ihn der Plan von 1818 zeigt. Der Erddamm war mit Holzpfosten und Weidengeflecht befestigt.

1842-46 wurde eine hölzerne Hafenanlage gebaut, 1850 wird diese durch einen Steinbau ersetzt.[30] Die Hafenumbauten trugen den Veränderungen durch die Dampfschifffahrt Rechnung. Zwei runde, aus Steinen gebaute Molen mit zwei kleinen Leuchttürmchen begrenzten das Hafenbecken. Bald erforderte der zunehmende Verkehr einen weiteren Umbau des Hafens, bei dem das Hafenbecken ausgebaggert und das westliche Molo um 80 m verlängert wurde (1886-90).[31] Mit der Einführung der österreichischen Bodenseeschifffahrt wurde in der

Abb. 10-13
Hafenbau, Aufnahmen 1888-1890.

Südwestecke des Hafens 1884 die Trajektverladestelle errichtet und wenige Jahre später für Schiffsbau und Reparaturarbeiten das Trockendock (1889-91).

Österreichische Bodenseeschifffahrt

Nur wenige Jahre nachdem das erste Dampfschiff „Wilhelm" seinen Betrieb erfolgreich aufgenommen hatte, fanden unter Kreishauptmann Ebner die ersten Vorstöße zur Einrichtung einer österreichischen Dampfschifffahrt statt.[32] Doch mit ähnlicher Verspätung wie im Eisenbahnbau - im Vergleich zu den Hafenstädten der anderen Seeanrainerländer - wurde hier auch die Dampfschifffahrt eingerichtet, erst als 1884 die Arlbergbahn eine bessere Verbindung mit dem großen Raum der österreichisch-ungarischen Monarchie bildete.

Die robusten Raddampfer „Habsburg" und „Austria" waren die ersten Schiffe, die unter der österreichisch-ungarischen Handelsflagge auf dem Bodensee fuhren. Es waren Glattdeckdampfer mit Promenadendeck zwischen den Radkästen, ausgestattet mit Escher Wyss-Verbundmaschinen von 400 Psi (indizierte Pferdestärke). Gleichzeitig wurden auch zwei Schleppkähne mit Schiffsschraube, nämlich „Bregenz" und „Caroline", in Betrieb genommen. Schon wenige Jahre später nahmen die drei sogenannten Kaiserschiffe „Kaiser Franz Josef I." als erster Halbsalondampfer und seine beiden Schwesterschiffe „Kaiserin Elisabeth" und „Kaiserin Maria Theresia" ihre Fahrten auf (1885, 1887, 1892). Mit seiner Spitzengeschwindigkeit von 25,6 km/h war das DS „Kaiser Franz Josef I." einige Jahre das schnellste Bodenseeschiff.[33] Sommerfrischler und Ausflügler wurden im ausgehenden 19. Jahrhundert immer zahlreicher und damit stieg auch der Andrang von Passagieren. 1910 wurde das mit seinen 60,15 m größte, mit einer kraftvollen Zweizylinder-Nassdampf-Verbund-Dampfmaschine von Stabilimento tecnico Triest ausgestattete Schiff „Stadt Bregenz" in Betrieb genommen. Seine 760 Psi erlaubten Höchstgeschwindigkeiten von 27 km/h. Bis 1929 galt es als das schnellste Schiff. Das Schleppschiff „Bregenz" wurde in „Vorarlberg" umgetauft, um Namensgleichheit zu verhindern.[34]

Während des Ersten Weltkrieges wurde der Fahrplan wegen akuten Kohlenmangels stark eingeschränkt. Danach frequentierten Stammferiengäste aus gehobeneren Gesellschaftskreisen immer häufiger die Bodenseeschiffe, ergänzt durch die Masse der Tages- und Wochenendausflügler aus allen sozialen Schichten. Die neu gebauten Schiffe der 1920er Jahre trugen

Abb. 14
Modell des Dampfschiffs „Kaiser Franz Josef I." im Maßstab 1:28.

Abb. 15
Modell DS „Stadt Bregenz" im Maßstab 1:50.

Abb. 16
Fahrmodell MS „Vorarlberg" im Maßstab 1:48.

„Anker klar..." -
von den Gefahren zu den Freuden der Schifffahrt

dieser Tatsache und dem Rückgang der Güterschifffahrt Rechnung, so auch die 1928 als Doppelschrauben-Dieselmotorschiff mit neuer Antriebstechnik versehene „Österreich".[35]

1931 löste erstmals auf dem Bodensee der Voith-Schneider-Propeller als neues, zukunftsträchtiges Antriebssystem das Schaufelrad ab. Als erstes österreichische Schiff besaß die 1937-39 gebaute „Ostmark" diesen neuen Antrieb. Bevor sie jedoch in Betrieb gehen konnte, brach der Zweite Weltkrieg aus. Am 1. Januar 1940 wurden die österreichischen Schiffe dem Reichsmaschinenamt Lindau unterstellt. Die deutsche Kriegsmarine beschlagnahmte das Motorschiff „Österreich" und setzte es als Torpedo-Versuchsschiff ein. Nach Kriegsende von der französischen Besatzung übernommen und ebenfalls als Kriegsschiff verwendet, wurde es schwerst beschädigt 1948 an die Österreichischen Bundesbahnen zurückgegeben. In den letzten Kriegstagen, genauer in der Nacht vom 25. auf den 26. April 1945 wurden durch eine Eigeninitiative des Vorstandes der Reichsbahndirektion Augsburg, Dr. Alfred Otter, sämtliche Schiffe aus den Häfen Lindau und Bregenz in

Abb. 17
Martin Häusle, Hafen in Bregenz, 1942.

Schweizer Häfen in Sicherheit gebracht. Bereits wenige Monate nachKriegsende waren die Schiffe „Stadt Bregenz" (16. Oktober 1945) und „Austria" (Februar 1946) soweit in Stand gesetzt, dass sie ihren Betrieb wieder aufnehmen konnten.[36] 1950-56 wurden einige kleinere Motorboote angeschafft, um damit die Rundfahrten durchzuführen: „Silvretta", „Montafon", „Feldkirch" und „Dornbirn".

Der zunehmende Massentourismus erforderte schließlich ein neues großes Schiff. Es sollte in Erinnerung an einen verdienten sozialdemokratischen Politiker, den Leiter der Verhandlungen zum Österreichischen Staatsvertrag, den Namen „Karl Renner" erhalten, während die Innenausstattung des Schiffes durch den Vorarlberger Künstler Hubert Berchtold und das Vorarlberger Heimatwerk als schwimmendes Schaufenster des Tourismuslandes Vorarlberg gestaltet wurde. Als die „Vorarlberger Nachrichten" zur Demonstration gegen die Wiener Zentralisten aufriefen, strömten 30.000 Menschen auf die Fußacher Schiffswerft. „Fußach" wurde zum Synonym für Föderalismus. Für das Schiff wurde schließlich nach einer weiteren Demonstration am

Bregenzer Kornmarktplatz am 3. April 1965 und intensiven Verhandlungen am 12. Juli 1965 der Name „Vorarlberg" genehmigt.[37]

Während die durch die österreichische Schifffahrt beförderten Gütertonnen in den Jahren bis zum Ersten Weltkrieg im Durchschnitt pro Jahr 160.000, während des Krieges noch rund 50.000 betrugen, sanken sie auf etwa 250 pro Jahr in den 1930er Jahren. Die beförderten Personen hingegen stiegen von ca. 170.000 in den ersten Jahren auf annähernd 270.000 in den 1930er Jahren und erreichten bereits 1947 etwa 440.000.[38] Im Jahr 2003 waren es 589.414 Fahrgäste. Die Bodenseeschifffahrt, einst Verkehrsmittel zwischen den Bodenseeanrainern, erwuchs in diesem Zeitraum zu einem wichtigen touristischen Angebot.

Der ganzjährige Schiffsverkehr wurde erstmals 1952/53 auf der Strecke Bregenz-Friedrichshafen von Anfang November bis Mitte März eingestellt. Im Winterhalbjahr 1973 ruhte zum ersten Mal die ganze Bodenseeschifffahrt.[39] Nun ist der Bodensee nur mehr im Sommer von der Weißen Flotte bevölkert, mit Ausnahme der Fähren Konstanz-Meersburg und Friedrichshafen-Romanshorn und der Katamaranverbindung zwischen Friedrichshafen und Konstanz.

Seeblick
Als Schiffspassagiere erleben die meisten Menschen den Bodensee nur noch von Frühjahr bis Herbst. Meist begibt man sich nur bei schönem Wetter an Bord und erfährt so auf dem Wasser kaum mehr die Naturgewalten in bedrohlicher, ungebrochener Kraft.

Der Bodensee als Abbild der „Heilen Welt" wurde von vielen Malern, von der Romantik bis in die Gegenwart, geschätzt. Im 19. Jahrhundert – „ästhetisch" entdeckt – war besonders der Blick von einem erhöhten Idealpunkt auf die Bregenzer Bucht gefragt. Durch die Erhöhung des Standpunktes gewinnt die Betrachtung des Sees eine Weite, die der alltägliche Blick nicht bieten kann. Mild und friedvoll wurde die Natur wiedergegeben. Eine solche romantisch-malerische Fiktion vom Bodensee ist uns von Alois Elmereich überliefert. Trotz der naiven Malweise und der verzerrten Perspektive (der Bildausschnitt zeigt deutlich mehr, als in Wirklichkeit möglich ist), spiegelt das biedermeierliche Bild dennoch mit seinem hohen Horizont die schwärmerische Liebe zur Landschaft wider. „Die Wesenseigenschaften des Idyllischen sind immer die gleichen: Ruhe, Friedlichkeit, Abgesondertheit, das Bewegungs- und Zeitlose usw. Die Einheit von Mensch, Tier und Landschaft wird dabei immer so dargestellt, dass Mensch und Tier gegenüber der Landschaft klein und manchmal winzig wiedergegeben sind."[40]

Mit dem Beginn der Moderne veränderte sich auch das Landschaftsbild: weite Ebenen mit tiefem Horizont und hohem Himmel, der Mut zur Leere, zur Kargheit des Peripheren traten in den Vordergrund. Die Suche nach dem Unspektakulären und Unsentimentalen in der Landschaft entwickelte sich zu einem gesamteuropäischen Trend.[41] Josef Berchtolds, Hans Purins und Bela Juszkos Bodenseelandschaften orientieren sich an dieser Strömung. Auffallend an den Landschaften der Moderne ist, dass sie menschenleer geworden waren. Hinzu kam die Wiederholung des gleichen Motivs zu unterschiedlichen Jahres- und Tageszeiten und bei wechselnder Witterung. Der Bregenzer Maler Fritz Krcal beschäftigte sich zeitlebens mit seiner heimatlichen Umgebung. Sein Lieblingsmaterial war dabei die Wachsfarbe. In dieser Technik bleibt die Bildoberfläche im Gegensatz zur Ölmalerei ohne glänzende Reflexe. Hand in Hand kam es zu einer fein

„Anker klar..." -
von den Gefahren zu den Freuden der Schifffahrt

nuancierten Farbigkeit, die die sakrale Ausstrahlung der Gemälde Krcals ausmacht. Der Bild-aufbau seiner Seebilder ist von Einfachheit ausgezeichnet, er ist verständlich und leicht fasslich. Die Bilder widerspiegeln das Wasser in seinen zahlreichen Farbnuancen, wie es auch der 1958 in Überlingen verstorbene Philosoph Leopold Ziegler beschreibt (Hörstation).

Der Tourismus setzte schon früh auf die Bodenseeschifffahrt, die ein einzigartiges Erlebnis dar-stellt. Tourismusplakate bringen den See und die Schifffahrt ins Bild wie etwa das Plakat „Vorarlberg" von 1958 (Entwurf Atelier Kolbeck-Ziegler). Die alte Lastschifffahrt ist zur reinen Lustschifffahrt geworden – Ausdruck der modernen Freizeit- und Erlebnisgesellschaft. So er-hielten um die Jahrhundertwende die Häfen von Hard und Lochau Landestege für den Ausflugs-verkehr der Dampfschiffe. Die Schifffahrt ist ein Erlebnis geblieben, der Blick auf das Wasser, die umgebende Uferlandschaft, die Häfen und Landestellen werden bei strahlendem Sonnen-schein von vielen Künstlern festgehalten.

Martin Häusles – ganz dem malerischen Akt verpflichtete – Interpretation des Bregenzer Hafens aus dem Jahre 1942 besticht durch ein leuchtendes, von Licht bestimmtes Kolorit. Das Schiff „Meersburg" im Vordergrund ist mit einer impulsiven Unmittelbarkeit skizziert. Am Horizont ist schemenhaft das deutsche Ufer mit Lindau auszumachen. Häusles Bild reiht sich in die Traditi-on der österreichischen Landschaftsmalerei ein, die der naturalistischen Malerei treu blieb und weitgehend topographisch nachvollziehbare Motive wiedergab. Er hält auf der Leinwand fest, was die Lustschifffahrt auf dem Bodensee heute ausmacht.

Gerda Leipold-Schneider, Arnulf Dieth, Ute Pfanner

Vorarlberger Landesmuseum
Kornmarktplatz 1
A-6900 Bregenz
T +43 (0) 5574 460 50
F +43 (0) 5574 460 50 20
www.vlm.at
info@vlm.at

Abb. 18
Alois Elmereich, Bregenz von der Klause aus, 1822.

Ankunft mit dem Schiff in Bregenz

Der Bregenzer Hafen bis ins 19. Jahrhundert

Jedem würde man wünschen, dass er Bregenz so betritt, wie es eigentlich jede Bodenseestadt verlangt und verdient, nämlich über die Bretter eines Landesteges. Die Anreise zu Wasser gibt dem Auge die Möglichkeit, sich die Stadt entgegenwachsen zu lassen, sie zuerst im übergeordneten Verband der Landschaft zu erleben, im Zusammenspiel mit See, Ufer und Berg.

Abb. 1
Kaspar Obach, Hafen von Bregenz um 1850.

Abb. 2
Der Bregenzer Hafen 1890.

Die geographische Lage und die landschaftlichen Gegebenheiten sind das bleibende Element einer Stadt.

Die Chronik des Bodenseehafens stellt sich wie folgt dar: Die Reste des spätantiken römischen Hafenviertels am Leutbühel stammen aus dem 4. Jahrhundert nach Christus. Der Bodensee reichte damals noch tief in das heutige Stadtgebiet herein.[1]

Im Jahr 1249 wird das Bregenzer Ufergelände, das *Bregenze stade*, erstmals urkundlich genannt. Wahrscheinlich befand sich dort auch eine Schiffsanlegestelle. Seit 1390 wurde die Bregenzer Schiffslände ausgebaut. Im gleichen Jahr werden „Seepfahlen" genannt, am Ufer eingerammte Pfähle, die dem Anlegen der Schiffe dienten. Im Jahr 1299 scheint der Familienname Seehuser auf. Das den Hafen schützende Seehus (die Seeburg) bestand wohl seit dem 13. Jahrhundert. Die Seeburg wurde 1811 unter bayerischer Herrschaft abgerissen.

Abb. 3
Hafenplan von 1818,
gezeichnet von
Gall Joseph Gunz, Geometer.

„Erklärung
Deß geometrischen Plan von der
Schifflände zu Bregenz
A Damm zu Aus- und Einladung
deren Schiffe
B Wuhrung oder sogenannte
Stede
zu Abhaltung der Sturmwinde
C Einfahrt in den See Hafen
D abgetragenes Wach- und
Zollaufsehershaus, welches zu
E übersetzt worden ist dieß Jahr,
und aber oben den mit Riegel
erbaut worden
F neü erbautes Haus und Stadel,
dem Joseph Reiner zugehörig
G Wohnhaus des Joseph Reiner,
und
H dessen Waschhaus
I Cumunications gang aus dessen
Wohnhaus in den Tanzsaal
** so über dem Waschhaus und
Durchfahrt von Riegelholz
erbaut ist
K gemaurter Salzstadel
L von Holz erbauter Salzstadel,
und zugleich die Niederlag für
das k.k. Verpflegs Taxlegs
Magazin
M [unleserlich]
N Die Behältniße für Schiff-
requisiten oder sogenannte
Segelhütten
O Behältniß für Holzleüthe
Schiffleute oder sogenannte
Baumhütten
P Kapell zu St. Johann
Y Das Zechische Haus und
Garten
R Strassen so auf die Schifflände
gehen
S abgetragenes Seehaus

Anmerkung:
Jene Gebäude, so ganz mit
gelber Farb aufgetragen sind,
sind ganz von Holz erbaut ohne
gemauerte Riegel

Gall Joseph Gunz Geometer"

Der Bregenzer Hafen bis ins 19. Jahrhundert

1439 ließ Erzherzog Sigmund von Tirol die Stede ohne Beteiligung der Bürgerschaft ausbauen. In den Jahren 1535 und 1537 fanden Instandhaltungsarbeiten an der Anlegestelle statt. Im Jahr 1607 wurde mit dem Bau einer Schiffsanlegestelle, der „Stedi", begonnen. Nur schwache Wellenbrecher aus Holz schützen vor Sturm und Wetter. Eine neue Schiffslände, entstand zwischen 1666 und 1668. Im Jahr 1764 besaßen Lindau und Bregenz die größten Häfen am Bodensee.[2]

Von 1842 bis 1846 wurde eine hölzerne Hafenanlage errichtet. Dieser Bau genügte jedoch den Anforderungen nicht: „In Bregenz können die Dampfer nur bei hohem Wasserstande in den Hafen einfahren. Sonst müssen die Schiffe 50 bis 60 Schritte im See draußen an den mit Bretter bedeckten Piloten anlegen, was aber zur Zeit eines heftig daherbrausenden Sturmes unmöglich ist [...]."[3] Im Jahr 1850 baute man anstelle der hölzernen Anlage eine aus Stein. An den beiden Hafenköpfen befanden sich runde Leuchttürme, die wegen ihres niedlichen Aussehens im Volksmund „Salz- und Pfefferbüchsle" genannt wurden. Schließlich wurde der Bregenzer Hafen am 21. Oktober 1854 zum Staatshafen erklärt.[4]

Abb. 4
Hafenplan von 1855, gezeichnet von Ludwig Waibel..

Das Gelände am See und um den Hafen hat in den letzten 180 Jahren sein Aussehen gründlich geändert. Der Bau der Vorarlberger Bahn (1870/72) trennte den See von der Stadt. Eine wichtige Attraktion für den aufkeimenden Tourismus, nämlich das Seeufer, wurde durch den Bahnbau in Mitleidenschaft gezogen. Das Bewusstsein um dieses verlorene Paradies führte 1880 zur Geburtsstunde der noch heute bestehenden Seeanlagen, die dem See durch Aufschüttungen abgerungen wurden. Der „Österreichische Hof", ein Haus mit großer Tradition, war um die Mitte des 19. Jahrhunderts das erste Haus am Platz (heute: Kunsthaus). Das alte Theater, das zugleich auch Schlachthaus war, und das Kornhaus mussten kurz nach 1900 dem Bau der Bezirkshauptmannschaft und des Vorarlberger Landesmuseums weichen. Das neue Kornhaus wurde 1955 für das Vorarlberger Landestheater adaptiert (heute: Theater am Kornmarkt). Der Kornhandel bildete von circa 1650 an bis zum Bau der Vorarlberger Bahn den bedeutendsten Wirtschaftszweig. In der zweiten Hälfte des 17. Jahrhunderts blühte auch der Salzhandel. Der große Salzstadel am See wurde in den 1880er Jahren abgerissen (Trockendock, dann KWD-Areal) Das heute die Bregenzer „Skyline" mitbestimmende Postgebäude wurde 1895 errichtet.

Thomas Klagian

Abb. 5
Salzstadel.

Abb. 6
Bregenzer Hafen um 1880.

Die Fähre "Euregia" vor dem Säntis Massiv

Der Voith-Schneider-Propeller und ältere Antriebssysteme

Der Voith-Schneider-Propeller des Motorschiffes besteht aus einem Rotationskörper mit einem für die Fahrgast- und Fährschiffe auf dem Bodensee üblichen Durchmesser von 1,60/ 1,80/ 2,00 Meter. Je nach Bauart befinden sich vier, fünf oder sechs verstellbaren Ruderblätter, in der Umgangssprache auch als "Messer" bezeichnet, an der Unterseite. Der Rotationskörper wird von den Hauptmotoren über die Welle angetrieben. Als Übersetzung dient ein Kegelradgetriebe. Die Steuerung der Ruder erfolgt vom Fahrstand über Nockenwellen auf das Propellergestänge. Dadurch können Schubrichtung und Fahrstufe beliebig eingestellt werden. Ein mit zwei Voith-Schneider-Propellern ausgerüstetes Schiff ist damit in der Lage, auf engstem Radius zu drehen.[1]

Abb. 1
Voith-Schneider-Propeller der „Austria".

Abb. 2
Die Flossenbewegung der Delphine illustriert das Funktionsprinzip des Voith-Schneider-Propellers.

Der österreichische Ingenieur Ernst Schneider aus Mähren hatte diesen zykloidalen Propellertyp, der den Schiffsbau revolutionieren sollte, erfunden und mit Hilfe von Voith 1925 patentieren lassen.[2] Weitere Entwicklungsarbeit erfolgte in der Schiffspropeller-Abteilung der Maschinenfabrik Voith unter Leitung von Dr. Ing. Hans Kreitner unter Mitarbeit des aus Dornbirn stammenden Ing. Josef Ehrhart (1897-1949). Josef Ehrhart, Sohn des Pius Ehrhart, Schreiner und Hauptbüro-Angestellter bei F.M. Hämmerle in Dornbirn, war von 1925 bis 1935 Konstrukteur von Voith in St. Pölten bzw. in Heidenheim/ Deutschland. Ehrhart konstruierte 1927 zunächst einen kleinen Prototypen mit einer Scheibe von 80 cm Durchmesser und 32 cm langen Flügeln. Die Maschine wurde in der „Torquero" auf der Weser eingefahren und später auf den Bodensee gebracht. Weiters konstruierte Ehrhart in dieser Zeit sämtliche Versuchspropeller und die Großausführungen für 22 Schiffe.

Die Versuchsfahrten des 13 m langen Holzbootes „Torquero I" und des Donauschleppers „UHU" waren so vielversprechend, dass der Bayrische Lloyd einen Donauschlepper mit 2 x 300 PS bestellte. In gemeinsamer Absprache zwischen den Reichsbahndirektionen Augsburg und Stuttgart wurden die drei Bodenseeschiffe „Kempten" (1930), „Augsburg" (jeweils Heimathafen Lindau) und „Ravensburg" (Heimathafen Friedrichshafen) zu Erprobungszwecken 1930/31 mit dem Voith-Schneider-Propeller ausgerüstet. Die Heckform dieser Schiffe wurde so konstruiert, dass alle drei Schiffe notfalls auf konventionellen Propellerantrieb umgerüstet werden konnten.[3]

1931 wurde die ölhydraulische Kinematik, die von Josef Ehrhart entwickelt worden war, erprobt. Durch seine Bemühungen verbesserte sich die praktische Einsetzbarkeit der Maschine und verringerten sich die Herstellungskosten. Nach der Kollision des Bodensee-Motorschiffes „Baden" mit der Hafenmauer in Konstanz erfolgte 1932 die Verlagerung der Propeller-Entwicklung ins Voith-Mutterwerk nach Heidenheim an der Brenz (Württemberg). Erhart arbeitete dort bis 1935 weiter und verließ dann nach Meinungsverschiedenheiten über das hydraulische Prinzip der Schaufelverstellung die Firma. 1943 kehrte er zu Voith als technischer Direktor der Werke in St. Pölten zurück.[4]

Der Propellerantrieb

Gegen Ende des 19. Jahrhunderts wurden erste Last- und Kleinfahrgastschiffe mit starren, so genannten Festpropellern („Schiffsschrauben") ausgerüstet. Als ihr Erfinder gilt der Österreicher Joseph Ressel, der diesen von der archimedischen Schraube abgeleiteten Antrieb erstmals im Jahre 1829 auf dem Dampfboot „Civetta" erprobte. Der Resselsche Schiffspropeller wurde im Jahre 1836 vom Schweden J. Erikson weiterentwickelt.

Die ersten mit Petroleummotoren fahrenden Lastsegelschiffe verwendeten einen Zweiflügel-Propeller. Bei den Bodenseeschiffen waren und sind noch vor allem Dreiflügel-Propeller eingesetzt. Eine Ausnahme bildete die „Meersburg", die mit vierflügeligen Propellern ausgerüstet ist. Auch die „Allgäu" war ursprünglich mit Vierflügel-Propellern ausgestattet. Neben der Anzahl der Flügelblätter sind die starren Propeller gekennzeichnet durch den Außendurchmesser und durch die Steigung. Durchmesser und Steigung sind vorrangig für die Schubkraft verantwortlich. Je größer die Steigung, um so stärker wird der Schub (gilt bis zu einer Höchstgrenze). Aufgrund der Steigung und der gewählten Drehzahl, die immer auf den jeweiligen Propeller abgestimmt sein muss, ergibt sich die Fahrgeschwindigkeit.[5]

Abb. 3
Kapitän Edgar Dietrich am Steuerbord-Tochterfahrstand auf dem MS „Austria". Diese Nockfahrstände auf beiden Brückenseiten dienen zur besseren Übersicht des Anlegemanövers.

Die ersten Schraubendampfer, auch als Propellerboote bezeichnet, wurden im Jahre 1885 von den k.k. Staatsbahnen in Dienst gestellt. Sie hatten aber im Vergleich zu den Schaufelraddampfern einen wesentlich größeren Tiefgang, so dass sich dieser Schiffstyp bis zur Einführung des Dieselmotors auf dem Bodensee nicht durchsetzen konnte.[6]

Den ersten Dieselmotorschiffen „Konstanz" und „Stadt Radolfzell" folgte 1928 das erste größere Doppelschrauben-Motorschiff „Österreich". Ein Jahr später stellte die Deutsche Reichsbahn-Gesellschaft mit der „Allgäu" das mit Abstand größte Doppelschrauben-Motorschiff in Dienst. Die Manövrierfähigkeit dieses über 60 Meter langen Schiffes in den engen, größtenteils aus dem 19. Jahrhundert stammenden Hafenanlagen war jedoch sehr eingeschränkt. Im Jahre 1934 wurde von Escher Wyss der erste hydraulisch betätigte Verstellpropeller auf dem Zürichsee erprobt. Von den Bodenseeschiffen waren nur die „Lindau" ex „Grünten" und die „St. Gallen" mit Verstellpropellern ausgerüstet.[7] Erst der 1931 eingeführte Voith-Schneider-Antrieb verhalf der Entwicklung großer Motorfahrgastschiffe auf dem Bodensee zum endgültigen Durchbruch.

Dampfmaschine und Schaufelrad

Die Maschinenanlage eines Dampfschiffes setzt sich aus zwei Hauptkomponenten zusammen: dem Kessel als Dampferzeuger und der Maschine, die den Dampf in mechanischen Vortrieb umwandelt. Die quer zur Schiffsachse angeordnete Radwelle treibt die beiden seitlichen Schaufelräder an. Durch die Drehung des Rades tauchen die Schaufeln nacheinander in das Wasser und treiben das Schiff vorwärts. Bis etwa 1880 bestanden die flachen Schaufeln aus Holz, danach wurden zur Erhöhung des Wirkungsgrades gekrümmte Eisenschaufeln eingeführt.

Der Voith-Schneider-Propeller –
Von der Muskelkraft zur Motorkraft

Die beweglichen Schaufeln gehen auf eine Erfindung des Amerikaners Buchanan zurück und sind über Stangen mit einem an der Radachse montierten Ring, dem sogenannten Exzenter, verbunden, der die Schaufeln während des Eintauchens in das Wasser in senkrechter Position hält. Dieses Prinzip verleiht dem Schiff den besten Vortrieb und verbessert den Wirkungsgrad erheblich. Auf diese Weise erreichten zum Beispiel Dampfschiffe wie die „Hohentwiel", „Bavaria" oder „Stadt Überlingen" bei 52-60 Umdrehungen pro Minute eine Geschwindigkeit von rund 30 Stundenkilometern.

Als Brennmaterial fand zunächst Holz, später Kohle Verwendung. Anfangs erreichten die Schiffe eine Fahrgeschwindigkeit von 11-12 km/h, später 16 km/h. 1869 und 1870 erhielten die bayerische und die württembergische Flotte mit den Schiffen „Ludwig" II, „Bavaria" I und „Eberhard" neue leistungsstarke Dampfschiffe, die eine Höchstgeschwindigkeit von über 20 km/h erreichten.[8]

Abb. 4
Schraubenantrieb der „Österreich". Im Frühjahr 1961 erhielt das Schiff anstelle der bisher dreiflügligen nun fünfflüglige Propeller, die einen ruhigeren Lauf des Schiffes bewirkten. Gut erkennbar ist auch die Jahre zuvor von der Bodanwerft eingebaute Dreiflächen-Ruderanlage. Im Gegensatz zum Voith-Schneider-Propeller sind Schiffe mit starrem Schraubenantrieb in ihrer Manövrierfähigkeit etwas beeinträchtigt.

Segel, Ruder und Stange

Wind- und Muskelkraft sind die ältesten Antriebskräfte von Fahrzeugen. Die Segeleigenschaften der alten Lastsegler waren nach heutigem Urteil jedoch nicht gut. Mit den nur gering kursstabilen, flachbodigen Schiffen und den Rahsegeln wurde wohl vorwiegend vor dem Wind gefahren. Kurse am Wind werden wenig praktikabel, bei schwer beladenen Schiffen möglicherweise auch gefährlich gewesen sein. Ein Kreuzen gegen den Wind war sicherlich nicht möglich.[9] So warteten denn die Schiffer auch den abendlichen Landwind oder den morgendlichen Seewind ab, um vor oder mit halbem Wind den erhofften stetigen Ost- oder Westwind auszunützen. Möglicherweise wurde bei leichtem Wind mit den Rudern nachgeholfen, denn der dadurch erzeugte Fahrtwind verstärkte die Wirkung des natürlichen Windes. Von Bregenz nach Konstanz (44 km) benötigte ein Lastsegelschiff bei gutem Wind 8-10 Stunden, was einer Geschwindigkeit von rund 4,5 – 5,5 km/h entspricht. Dennoch war der Wasserweg billiger und schneller, denn der Transport von 120 Tonnen Salz auf dem etwa 80 km langen Landweg von Bregenz nach Konstanz mit Hilfe von 60 Fuhrwerken war bedeutend aufwändiger.

Bei anhaltender Flaute wurden die Schiffe am Ufer entlang gestakt oder von den Schiffsknechten im Stehen, mit dem Gesicht nach vorn, quer über den See gerudert.[10] Anlegemanöver und zum Teil auch Ablegemanöver bei Gegenwind konnten früher wohl nur mit Rudern oder Schaltstangen (Staken) gefahren werden. Bei starkem Wind musste das Segel frühzeitig geborgen werden und das Schiff mit Muskelkraft auf Seilwurfentfernung zu den Pfählen hinbewegt werden. Die großen Lädinen wurden früher auch unter Mithilfe von Ruderbooter ("Lauen") manövriert.

Gerda Leipold-Schneider, Karl F. Fritz

Abb. 5
Schaufelrad vor dem Seemuseum Kreuzlingen.

Abb. 6
Lädine.

Begegnung der Zeiten – Der Schaufelraddampfer „Hohentwiel" und das Motorschiff „Zürich"

„Anker klar..." Bodensee-Schifffahrt.
Eine Ausstellung im Vorarlberger Landesmuseum, Bregenz

Katalog

Bearbeitet von Gerda Leipold-Schneider, Arnulf Dieth, Martina Heise, Thomas Klagian, Ute Pfanner, Anja Rhomberg

Legende: 001 = Objektnummer, Anker = Bezeichnung, 150 x 120 = Maße in cm, ÖBB-Sammlung = Herkunft

001   Gruson-Anker, „Austria", 150 x 120, ÖBB-Sammlung.

002   Komposteur, 39 x 16 x 36 tief, Beschriftung: „L. B. H. K. 4208", ÖBB-Sammlung.

003   Komposteur, 25 x 17 x 11 tief, Beschriftung: „MAKO Apparatebau, Breder und Schöppner, Frankfurt a. M." ÖBB-Sammlung.

Naturgewalten, Schiffbruch, himmlische Zuflucht
Was machte die frühere Bodenseeschifffahrt gefährlich?
Naturgewalten und Menschen brachten die Schiffe in gefährliche Situationen. 1461 raubte Rudolf von Ems eine Genfer Kaufmannschaft auf dem See aus, 1407 werden den Salzhändlern Maiger und Nükomen auf dem See Salzfässer weggenommen, 1466 entwenden Rheinecker einem Schaffhauser Tuch.

Die alten Segelschiffe waren das ganze Jahr auf dem See, um Waren und Personen zu transportieren. Die einfache technische Ausstattung lieferte sie den Naturgewalten wie Sturm, Gewitter und Nebel aus. Die gefährlichste Wettersituation am Bodensee herrscht jedoch bei Föhn, der vor allem den östlichen Teil des Obersees sehr hart treffen kann. Heftige Föhnstürme ließen immer wieder Schiffe sinken.

002 u. 003

Was taten die Menschen in Seenot?
Sie warfen Ladung über Bord, um die Manövrierfähigkeit des Schiffes zu erhöhen. – So strandete übrigens im Dreißigjährigen Krieg auf dem schwedischen Küchenschiff geladener Proviant in der Bregenzer Bucht. – Die Menschen suchten aber auch Zuflucht bei himmlischen Mächten. Bekannte Patrone der Schiffsleute und Kaufleute sind der hl. Nikolaus und der hl. Nepomuk, weniger bekannt ist die hl. Maria.

004   Sturm am Bodensee, Aufnahme Hanno Thurnher, 2003, VLM s.n.

005   Herbert Reyl-Hanisch (1898-1937), Wolkenbruch, Blick gegen Mehrerau, Öl auf Leinwand, 48 x 84, VLM Gem 912 (s. S. 114, Abb.1).

Als Vertreter der „Neuen Romantik" stellt Reyl-Hanisch bei diesem Gemälde die magische Atmosphäre eines Gewitters über dem Bodensee dar. Rückseitig mit einer Zeitungsnotiz versehen: „Aus der Schweiz, den 24. Juli: Gestern abend zog ein heftiges Gewitter über Rorschach, St. Margrethen und Walzenhausen und richtete allenthalben der damit verbundene Hagelschlag großen Schaden an. Namentlich haben die Weinberge gelitten. Am Rorschacherberge wurde strichweise durch den Hagel alles verschlagen. Schreiber dieses, der sich zur Zeit in Walzenhausen aufhielt, sah massenhafte Hagelkörner in der Größe von kleinen Hühnereiern; die Bäume sind teilweise entlaubt und hängen ganze gebrochene Äste herunter. Fensterscheiben wurden auch zu Hunderten zerschlagen. Nach dem zirka viertelstündigen Hagelwetter waren die Straßen allenthalben hoch mit Eis bedeckt und es erfolgte angestrengte, lange Arbeit die Straßen und Gehwege wieder gangbar zu machen. In Feld und Garten ist alles total vernichtet." Herbert Reyl-Hanisch absolvierte ein kurzfristiges Kunststudium in Wien 1917-1920, ließ sich 1934 endgültig in Bregenz nieder. Sein Werk markiert die kulturgeographische Südgrenze der deutschen Neuen Sachlichkeit. Anders als Rudolf Wackers „magischer Realismus" lassen sich die Bilder Reyls mit „allegorischem Realismus" beschreiben oder teils auch im Sinne des gleichzeitigen filmgeschichtlichen Terminus als „poetischer Realismus". Der Künstler legte Wert auf „echte" Öl- oder Temperamalerei und konnte sich mit der altmeisterlichen, glattvertriebenen und konturierten Malweise eines „Kunst-kommt-von-Können"-Stils identifizieren.

006   Hafenglocke vom Bregenzer Hafen, 141 x 85 x 85, Beschriftung: „1890. Bregenz Hafen. Gegossen von F. B. Birsch. Ueberlingen", ÖBB-Sammlung.

Die Hafenglocke, die vor allem bei Nebel die Hafeneinfahrt signalisierte, wurde 1956 durch ein Pressluft-Nebelhorn ersetzt, wobei die Nebelsirene vom Hafengebäude aus bedient werden konnte.

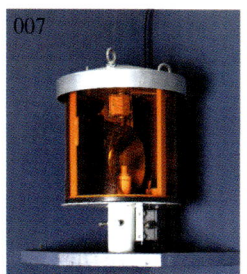

007   Sturmwarnleuchte, Hugentobler Spezialleuchten AG, 57 x 32, CH-Weinfelden.

Im Sommer 1936 trat während des Meersburger Seenachtsfestes unvermittelt ein orkanartiger Sturm auf, bei dem zahlreiche private Zuschauerboote kenterten und mehrere Tote zu beklagen waren. Die Idee einer länderüber-

greifenden Sturmwarnung war die Folge dieses tragischen Vorfalles. An Land wurde ein gelb gestrichener Korbball mit einem Durchmesser von knapp zwei Metern an eigens dafür errichteten Holzmästen hochgezogen. In Bregenz befand sich der sogenannte „Sturmballon" am Kopf des großen Molos und konnte bei Bedarf am Leuchtturm aufgezogen werden. Zu Beginn der 1960er Jahre wurde die Sturmwarnordnung überarbeitet, 1961 installierte man anstelle der gelben Korbbälle weithin sichtbare Blinklichter. Zwei Jahre später waren rund um den See solche Sturmwarnleuchten aufgestellt. Sie befinden sich bei den Anlegestellen der Kursschifffahrt und an markanten Stellen. Beschränkte sich früher der Sturmwarndienst auf den Zeitraum 1. April bis 31. Oktober, so wird dieser heute ganzjährig durchgeführt. 90 Lichtblitze pro Minute bedeuten Sturmwarnung, 40 Lichtblitze Starkwindwarnung.

008   Albrecht Dürer (1471-1528), Wunderbare Rettung eines ertrinkenden Knaben, um 1490, Original in Privatbesitz, Öl/Tempera auf Holz, 41,5 x 50, Reproduktion 66 x 82, Fotograf Jochen Beyer.

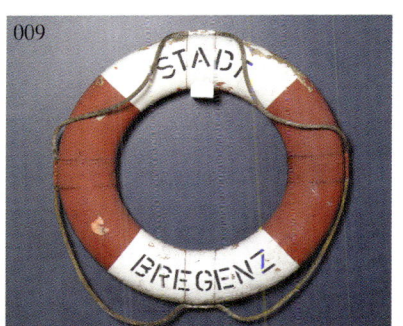

009   Rettungsring „Stadt Bregenz", ÖBB-Sammlung.

010   Hörstation „Unglücke, himmlische Zuflucht". Aus: Extrablatt, 15. Nov. 1816, gedruckt vom Bregenzer Drucker Brentano; sowie „Das Gelöbnis" aus Kaspar Hagen, Dichtungen in alemannischer Mundart aus Vorarlberg, 1874. Sprecher: Walter Gasser, Bregenz; Wolfgang Pevesdorf, Vorarlberger Landestheater, Bregenz. Hörtexte im Anhang.

011   Karl August Kayser (1813 –1874), Stede Hard um 1850, Tusche auf Papier, 19,1 x 24,4, VLM Z 890.

012   Zusammenstoß „Ludwig" mit „Merkur", 1841, Archiv der Landeshauptstadt Bregenz.

Am 18. Juli 1841 unternahm der Lindauer Bürgergesangsverein mit dem Dampfschiff „Ludwig" und dem angehängten Dampfschiff „Merkur" eine Lustfahrt von Lindau nach Konstanz. Es befanden sich etwa 470 Personen an Bord. Bei aufkommendem Sturmwind riss das Schlepptau. Dabei rammte die „Merkur" die „Ludwig" derart, dass das Schiff manövrierunfähig wurde. Erst nach mehreren, riskanten Versuchen gelang es, das steuerlose Schiff wieder anzukoppeln, die Segel aufzuziehen und in vierstündiger banger Fahrt den Hafen Konstanz zu erreichen.

013   See im Nebel vom Haggen, 1920er Jahre, „Stadt Bregenz" verlässt den Hafen Lochau, Aufnahme Franz Dieth, Bildarchiv Dieth.

014   Zusammenstoß „Kaiser Franz Josef" mit „Württemberg", 1912 bei Nebel in der Nähe von Langenargen, Archiv der Landeshauptstadt Bregenz.

015   Kinderschwimmweste, um 1960, 40 x 37, Privatbesitz.

016   Guckkastenmodell „Untergang der Ludwig", 38 x 59, 29 tief, VLM U 46.

Beschriftung: Der Untergang des Dampfbootes Ludwig den 11. März 1861, abends 8 Uhr. „Ihr wisset weder den Tag noch die Stunde des Todes."

Am 11. März 1861 herrschte auf dem Bodensee ein ungewöhnlich heftiger Föhnsturm, deshalb fuhr die „Ludwig" verspätet von Lindau ab. Ein plötzlich aufkommender Schneesturm aus westlicher Richtung nahm bei einbrechender Dunkelheit der Schiffsbesatzung jegliche Sicht. Plötzlich tauchte in Fahrtrichtung ein

weißes Licht auf, das von der Schiffsbesatzung für das Hafenlicht von Rorschach gehalten wurde. Ein folgenschwerer Irrtum, denn es handelte sich um das Buglicht des Schweizer Dampfschiffes „Stadt Zürich", das an diesem Abend noch in Richtung Lindau unterwegs war. Dieselbe Tatsache wird für den Steuermann der „Zürich" überliefert, der das Buglicht der „Ludwig" irrtümlich für das Leuchtfeuer von Lindau gehalten habe. Der Schiffsjunge der „Ludwig", der bei dem Unglück umkam, habe bis zum Untergang des Schiffs ununterbrochen die Schiffsglocke geläutet. Beim Zusammenstoß ging die „Ludwig" mit 13 Menschen und 11 Stück Vieh unter. Es konnten sich nur der Kapitän und der Steuermann retten.

017   Guckkastenmodell „Josef Knapp, geb. zu Riefensberg 1824, ertrunken 1861", 39 x 58, 12 tief,
               VLM U 48 (s. S. 118, Abb. 6).

Beschriftung: „Josef Knapp, geb. zu Riefensberg im J. 1824 (verheir. 10. Feb. 1857) welcher bei Rorschach durch den Untergang des Dampfschiffs Ludwig d. 11. Mrz 1861 abends 7 Uhr im Bodensee ertrunken und hinterlässt Wwe. mit 3 Kindern. Gewidmet von seiner trauernden Gattin Anna Maria geb. Hinteregger von Krumbach."

018   Hl. Nikolaus, um 1515, Holzrelief, 112 x 42, 7 tief, VLM N 63.

Das Relief stammt von einem Altar aus der Pfarrkirche von St. Gallenkirch im Montafon, doch dürfte dies nicht der erste Aufstellungsort gewesen sein.

019   Matthäus Zehender zugeschrieben (1641-1697?), Seesturm, 1691, Öl auf Leinwand, 176 x 143,
               VLM Gem 120 (s. S. 115, Abb. 3).

Im Jahr 1691 entstand dieses Votivbild der Familie Deuring mit der gefahrvollen, figürlich etwas derben Szene des Seesturms, das sich ursprünglich in der Bregenzer Seekapelle befand. Es gehörte damit wohl zur ersten Ausstattung des heutigen Kapellenbaus, der vermutlich von Christian Thumb entworfen und von Kaspar Held 1698 gebaut wurde. Der Wandermaler Matthäus Zehender aus Mergentheim, geb. 1641, schuf Werke für das Kloster Einsiedeln, das Kloster Mehrerau, die Wallfahrtskirche Maria-Bildstein, für die Pfarrkirchen Hörbranz, Bezau und Dornbirn-Haselstauden sowie fünf großformatige Gemälde mit biblischen Szenen für den Bregenzer Rathaussaal.

020   Madonna mit Kind, Ende 17. Jh., Holz gefasst, 101 x 63, 45 tief, VLM N 213.

021   Modell Lastsegelschiff um 1850, Segmer von 1746 im Maßstab 1:25, 24 x 82, 93 hoch,
               VLM Ta 192 (s. S. 10, Abb. 5).

Naturgetreueste Nachbildung eines Segmers von 68 Schuh Länge (rund 19,6 m). Die Länge und Bodenbreite stimmen genau mit urkundlich überlieferten Segner-Maßen von 1746 überein, wenn ein Maßstab von 1:25 zugrunde gelegt wird. Die Spanten samt Beplankung, die Mastspur, das eingezogene Hauptdeck und das Steuerruder mit Aufhängung lassen erkennen, dass ein sachkundiger Modellbauer am Werk war. Leider fehlt der horizontale Wellenbock (Triller), dessen Halterungen aber gut zu sehen sind. Bemerkenswert ist der tragbare Schiffskasten neben dem Mast, in dem Seil- und Segelwerk, Hammer, Nägel und diverse andere Utensilien aufbewahrt wurden. Ohne Zweifel stammen Mast und Segel aus jüngerer Zeit und sind leider zu groß ausgefallen. An den farbigen Streifen in der Segelleinwand konnte man den Schiffseigner ablesen. Einen blauen Streifen führten um 1900 die Lehner aus Hard.

Mannschaft, Schiffleute, Mannschaft
Was weiß man über die Schiffleute?
Die alten Lastsegelschiffe hatten oft mehrere Eigentümer. Schon früh organisierten sich die Schiffleute in Zünften, um gegenüber der Herrschaft ein Mitbestimmungsrecht durchzusetzen: 1275 in Lindau, 1390 in Konstanz, 1399 in Fußach. Als zuständige Berufsvertretung setzten sie beispielsweise 1598 in Lindau die Bestimmung durch, dass die großen Lädinen mit wenigstens sechs Schiffsknechten neben dem Schiffsmeister und dem Steuermeister bemannt sein sollten.

Woher kam die Mannschaft der österreichischen Dampfschifffahrt?
Auf den Dampfschiffen taten ein Kapitän, ein Steuermann, zwei Untersteuermänner, zwei Matrosen, zwei Schiffsjungen, ein Maschinist und zwei Heizer Dienst. Qualifiziertes Personal kam in der ersten Zeit von der k.k. Marine, die Beschäftigten stammten aus der ganzen Monarchie: z.B. aus Immer im Bezirk Primiero, Wolfsberg in Kärnten, St. Paul im Lavanttal, Aigen in Oberösterreich, Sandau bei Eger, Tolmein in Istrien, Neutitschein in Mähren, Sambor in Galizien, Wigstadtl in Schlesien usw.

023

022   Bregenzer Schiffsmann und Bürgermädchen, Zanna & Comp. Augsburg, kolorierte Lithographie,
        um 1825/30, Original 21,6 x 15,2, VLM St 1170 Reproduktion 60 x 90 (s. S. 116, Abb. 4).

Der Steindruck macht ab 1830 Druckerzeugnisse preiswert und ermöglicht hier einen wehmütigen Blick zurück im
Zeitalter der zunehmenden Dampfschifffahrt. Das Motiv erscheint geringfügig abgewandelt, ohne Rebsteckenbündel,
auf einem Stich von G. Schedler, Maler, Innsbruck. Zahlreiche Nachstiche und Chromolithographien sorgen für eine
weite Verbreitung dieses Bildes. Die zeitgenössische Bregenzer Bürgertracht mit Chenille-Radhaube bzw. Zylinder-
hut lebt noch heute fort.

023   Segel eines Lädinenmodells mit Initialen, 100 x 65 incl. Mast, VLM Ta 191.

Das Segel dieses Lädinenmodells weist zudem noch Initialen auf, die wohl auf den Bregenzer Schiffmann Johann
Reiner hindeuten.

024   Franz Anton Reiner, Schiffsmeister, 13 x 14,5, VLM Foto 1983.

024

Unter Bregenzer Bürgern wird Franz Anton Reiner, Wirt zum Mohren und Schiffseigner, geb. 7. Juli 1775, gest. 1813,
erwähnt (Archiv der Landeshauptstadt Bregenz, Bevölkerungsausweis 1808), der auch bei der Erhebung gegen die
bayerische Herrschaft 1809 aktiv beteiligt war. Hier dargestellt ist möglicherweise ein Nachfahre desselben.

025   Schifferprivilegienbuch, Privilegium für die Schiffergesellschaft zu Bregenz, bestätigt von Kaiser
        Franz II., 15. Dez. 1794, 35 x 28 geschlossen, Siegel 16 Durchmesser, VLM s. n.

Der Bregenzer Bürgermeister Joh. Nepomuk Reiner schenkte als Vorstand der aufgelösten privilegierten Schiffergesellschaft dem Museum 1866 das Privilegienbuch.

026   Kompass, 18 x 14,5, 5 hoch, VLM Ta 261.

025

Zur Orientierung in der Schifffahrt wird seit dem 12. Jahrhundert der Kompass in Kombination mit der Uhr verwendet. Der Kompass zeigt den Kurs zur Nord-Südrichtung an, wobei die Kompassrose heute in 360 Grad eingeteilt ist.
Wie lange der Kompass (einfacher: Windrose) auf den Bodenseeschiffen in Gebrauch stand, ist ungewiss, jedenfalls
wird er bereits in einem Inventar vor 1574 verzeichnet. Nicht immer waren die Kompasse so aufwändig dekoriert wie
die hier ausgestellten Prachtstücke aus dem 18. Jahrhundert. Die schön bemalten Exemplare sind rund 300 Jahre alt
und wurden von der Bregenzer Schifferfamilie Reiner dem Museum übergeben.

027 Kompass, 13,5 Durchmesser, 9 hoch, VLM Ta 250.

028 Kompass, 23 Durchmesser, 10,5 hoch, VLM Ta 8.

029 Kompass, 10 x 12,5, 3,5 hoch, VLM Ta 9.

026 u. 027   028 u. 029

030

030   Siegelstempel mit Anker, 3,5 x 4,5, 8,5 hoch, VLM s.n.

031   Josef Boss (1868-1908), Kapitän aus Lussin, Öl auf Leinwand, 88 x 58, VLM Gem 483
        (s. S. 117, Abb. 5).

Ursprünglich als Kapitän „Lussin" bezeichnet, aus Lussinpiccolo (Istrien, heute Kroatien) kamen die ersten Kapitä-
ne, Onkel und Neffe, Oreste Tarabochia (1854-1941) und Franz Anton Ivancich (1864-1930). Josef Boss (1868

Bregenz – 1908 Bregenz), Porträtist und Kirchenmaler in der Schweiz Riaz (Gruyère?), Greyerz, Ballwil bei Luzern. Die Schiffsmannschaft auf den österreichischen Dampfschiffen kam besonders in der Anfangszeit aus dem Gebiet Istrien.

032   Schiffsbesatzung 1906, Archiv der Landeshauptstadt Bregenz.

033   Schiffsbesatzung 1950er Jahre, Archiv der Landeshauptstadt Bregenz.

034   Schiffsbesatzung 1960er Jahre, Archiv der Landeshauptstadt Bregenz.

035   Schiffsbesatzung 2003, Foto Arnulf Dieth.

Lastschifffahrt

Wie lange gibt es die Schifffahrt auf dem Bodensee?
Ein in den 1980er Jahren vor Sipplingen gefundener zirka 5000 Jahre alter Spielzeug-Einbaum ist bislang der einzige Hinweis darauf, dass die Menschen wohl schon in der Urgeschichte den Bodensee befuhren. Die römische Schifffahrt auf dem Bodensee ist in der Notitia dignitatum, einem spätantiken Ämter-Verzeichnis, belegt.

Wie sahen die Schiffe aus?
Die mittelalterlichen Schiffe werden durch den bislang einzigartigen Schiffsfund von 1991 bei Immenstaad dokumentiert. Das Wrack aus Eichenholz ist 18 m lang und hat einen flachen Boden. Mit der Zeit wurden die Schiffe immer größer, um 1750 messen die kleineren „Segner" zirka 18 m, die mittleren „Halblädinen" zirka 24 m und die großen „Lädinen" zirka 33 m. Die Tragfähigkeit beträgt 41, 62 bzw. 125 Tonnen.

Warum fuhren die Menschen mit dem Schiff? Warum wurden Waren mit dem Schiff transportiert?
Bis ins Eisenbahnzeitalter (um 1850) war der Transport von Menschen und Gütern zu Wasser weit weniger beschwerlich als zu Lande. Frühe Reisende waren Wallfahrer, frühe Transportgüter die Ernteerträge der klösterlichen Bauernhöfe. Ab dem 11. Jahrhundert nahm der Seeverkehr durch den wachsenden überregionalen Handel der Städte und Märkte rings um den Bodensee stetig zu.

036   Frachtbrief, 1. Juli 1843, 31 x 25, Privatbesitz.

037   Fahrplan „Wilhelm", erstes Dampfschiff auf dem Bodensee, ab 1824, 45,5 x 38,1, VLM Rep 273.

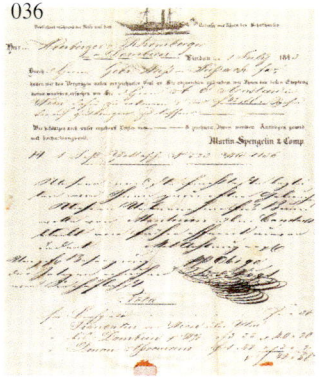

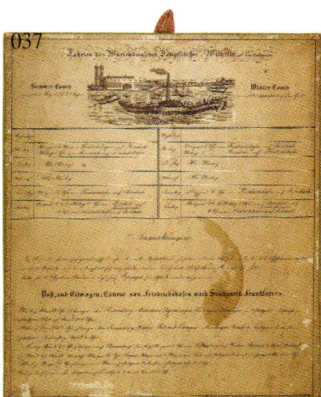

038   Hörstation „Passagiere". Aus: Regina Lampert, Die Schwabengängerin, 1864-1874; Franz Michel Felder
       (1839-1869), Aus meinem Leben. Sprecher: Annette Raschner, ORF Landesstudio Dornbirn;
       Wolfgang Pevesdorf, Vorarlberger Landestheater, Bregenz. Hörtexte im Anhang.

039   Trajektschiff, Archiv der Landeshauptstadt Bregenz (s. S. 16, Abb. 13).

040   Unfall mit einem Trajektkahn im Bregenzer Hafen, 1889 oder 1895,
       Foto Thadäus Immler (Scheidegg 1834 – Bregenz 1921), VLM Foto 4954.

Die Bregenzer Trajektanstalt wurde 1884 an der Südwestseite des Hafenbeckens eingerichtet. Doppelgleise führten
vom Bahnhof her direkt zum Hafen. Über die Trajektbrücke, die durch Gelenke mit der Hafenmauer verbunden war,
konnten die Güterwaggons problemlos auf den bereitliegenden Trajektkahn geschoben werden. Die Trajektbrücke
ließ sich dem jeweiligen Seewasserstand anpassen. Dies erfolgte durch zwei direkt an der Kaimauer aufgestellte Säu-
len, an denen schwere Gewichte hingen, wodurch die Lage der Brücke reguliert werden konnte. In den Jahren 1889
und 1895 kam es zu aufsehenerregenden Zwischenfällen, wie diese Aufnahme belegt. Der „Oesterreichische Hof" im
Hintergrund war um die Mitte des 19. Jahrhunderts das erste Haus am Platz.

041   E. Klein, Einschiffung der Schwabenkinder, 18 x 19, VLM Rep 149.

Über die Landungsbrücke strömt eine Gruppe von Kindern auf das Schiff, beaufsichtigt von einem vor der Brücke
stehenden Geistlichen. Eine weitere Gruppe von Mädchen und Buben wartet, ebenfalls von einem Geistlichen begleitet, auf die Einschiffung.

042   Italienische Arbeiter auf dem Schiff, Privatbesitz.

043   Segelschiff mit Kiesladung, Archiv der Landeshauptstadt Bregenz.

044   Großes Eichenfass, 190 l, 80 lang, 70 Durchmesser, Privatbesitz.

Fässer dienten nicht nur als Behälter für Flüssigkeiten wie Wein oder Öl, sondern auch für Leinwand, Flachs, Salz
und anderes. Ein Fass Salz wog 6 Zentner, wobei 1 Schiffszentner 137 Pfund entsprach. Ein Salzfass wird zwei hal-
lischen „Fässlin" gleichgesetzt. Je nach Verdichtung bzw. Pressung des Salzes wogen 270 Liter Salz zwischen 270
und 300 kg. Ein solches Salzfass maß in der Höhe 1 m, in der Mitte 90 und unten 75 cm.

045 – 048 Kleine Eichenfässer, 65 l, 60 lang, 45 Durchmesser, Privatbesitz.
           Höhe 75 cm, Durchmesser Mitte 70 cm, Durchmesser Boden 60 cm. Leergewicht 30 kg, ein Fass 80 kg.

049   Transportfass, Tannenholz, 170 l, 110 lang, 50 Durchmesser, Privatbesitz.

050   Rebstecken, 220 lang, zirka 4 x 4, Privatbesitz.

Stede, Hafen

Wie muss man sich die alten Hafenanlagen vorsteller?
Die ersten Häfen entstanden noch in der Zeit der Segellastschifffahrt. Eine oder mehrere Reihe von Palisaden, meist
im stumpfen Winkel angeordnet, boten Schutz gegen Wind und Wellen. Am österreichischen Bodenseeufer befanden
sich die alten Häfen, auch Steden genannt, meist in Flussmündungen wie etwa der Dornbirnerach in Fußach, der Bregenzerach in Hard, der Leiblach in Hörbranz, des Rheins in Gaißau.

051   Modell Römisches Mannschaftsboot (Lusoria?), Maßstab 1:50, 18 hoch, 14 x 44,
       Museum für antike Schifffahrt, Mainz (s. S 27, Abb. 5).

Im 4. Jahrhundert n. Chr. dienten die 20 m langen Kriegsschiffe des Typs lusoria zur Grenzsicherung auf Rhein und
Donau. 26 bis 32 Ruderer trieben die Schiffe an, bei gutem Wind konnte gesegelt werden. Zur selben Zeit ist auch für
den Bodensee eine Kriegsflotte belegt, die über den gesamten See patrouillierte.

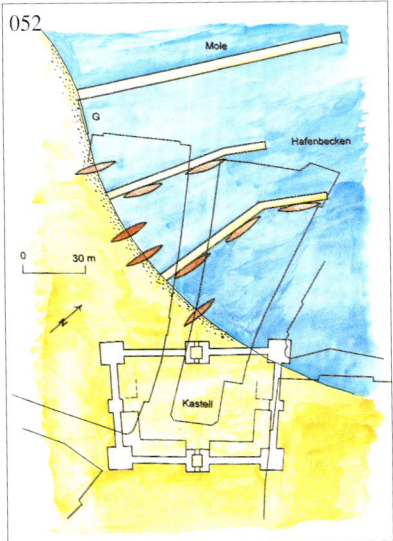

052   Römisches Hafenkastell, Rekonstruktion, Christine Ertel 1999, 21 x 30.

053   Ausgrabung Leutbühel, VLM Foto 8453.

Ausgrabungen des Vorarlberger Landesmuseums in den Jahren 1968 bis 1972 förderten am Leutbühel die Mauerreste des spätantiken römischen Hafenkastells zutage (bis 1999 vermutete man, es handle sich um die Überreste der Hafenmauer). Nördlich schloss sich der Kriegshafen an.

054   Römischer Hafen, Rekonstruktion, Christine Ertel 1999, 21 x 30 (s. S. 8, Abb. 2).

So könnte das römische Hafenviertel im 4. Jahrhundert ausgesehen haben. Links der Hafentempel, in der Mitte eine Säulenstraße Richtung Ölrain, rechts die Hafenthermen, auf der Anhöhe ein repräsentatives Wohnhaus.

055   Hafenplan, 1818, gezeichnet von Gall Joseph Gunz, Geometer, Archiv der Landeshauptstadt Bregenz. (s. S. 129, Abb. 3).

056   Hafenplan, 1855, gezeichnet von Ludwig Waibel, 1858, Archiv der Landeshauptstadt Bregenz, Album Otto Mallaun (s. S. 130, Abb. 4).

057   Album zum Bregenzer Hafen mit 51 Fotos; eine Auswahl:

057.1   Trockendock Bregenz, Grundaushebung, Foto W. Högler, VLM Foto 4.
057.2   Trockendock Bregenz, Aufnahme 14. Nov. 1888, Foto W. Högler, VLM Foto 17.
057.3   Hafenbau Bregenz, Pilotieranlage und Kran, 1888, Foto W. Högler, VLM Foto 6. (s. S. 120, Abb. 11-14, oben re.).
057.4   Hafenbau Bregenz, Handbaggermaschine, 1888, Foto W. Högler, VLM Foto 8. (s. S. 120, Abb. 11-14. oben li.).
057.5   Hafenbau Bregenz, gegen Lindau gesehen, 1888, Foto W. Högler, VLM Foto 27. (s:S. 120, Abb. 11-14, unten re.).
057.6   Hafenbau Bregenz, 2. oder 3. September 1890, Foto W. Högler, VLM Foto 11. (s:S. 120, Abb. 11-14, unten li.).

058   Bregenzer Hafen von oben, Aufnahme Thaddäus Immler, 1880, Archiv der Landeshauptstadt Bregenz (s. S. 131, Abb. 6).

Bemerkenswert sind die drei auf Pfählen errichteten Badeanstalten. Von Norden nach Süden: das private Schanzbad des Ignaz Feßler (1871), die Militärschwimmschule (die heutige Mili, 1825), das Dezelsche Bad (1837), an dessen Stelle 1890 die städtische Badeanstalt errichtet wurde (nach dem Zweiten Weltkrieg abgerissen).

059   Johann Huber, Der alte Bregenzer Hafen, 1891, Öl auf Leinwand, 26 x 43, VLM Gem 151
        (s. S. 120, Abb. 9).

Im Zuge des Hafenumbaus 1849/50 wurden an den beiden Hafenköpfen runde Leuchttürme errichtet, die man wegen ihres niedlichen Aussehens auch „Salz- und Pfefferbüchsle" nannte. 1883 oder 1884 wurden sie abgetragen und später die Molenköpfe gesprengt. Der westliche Molo („Blumenmolo") erfuhr eine Verlängerung um rund 80 Meter nach Norden. Da der Seegrund am verlängerten Molokopf keine genügende Tragkraft für einen massiven Leuchtturm besitzt, kann lediglich ein Holzmast als Signallichtträger aufgestellt werden.

060   Plan Bregenzer Hafen, 1890, 58 x 70, VLM K 516. (s. S. 128, Abb. 2).

061   Trockendock mit „Austria", Archiv der Landeshauptstadt Bregenz.

Der Bau des Trockendocks 1886 - eine technische Herausforderung: 4000 Piloten mussten in den Boden gerammt werden. Hier wurden Schiffe überholt, zwischen 1892 und 1939 auch vier Schiffe gebaut. Nach zweijähriger Bauzeit wurde das Bregenzer Trockendock zur Instandhaltung des Schiffsparks im Herbst 1891 in Betrieb genommen. Die hohen Baukosten aufgrund mehrmaliger Wassereinbrüche führten zum Spottnamen „Millionenloch". Das Trockendock war durch einen Kanal, über den die Eisenbahndrehbrücke führte, mit dem Hafenbecken verbunden. Im Frühjahr 1940 wurde es zugeschüttet und die Werkstätten als Busgaragen genutzt.

062   Emil Krumholz, Linienschiffs-Lieutenant (Odrau/ Schlesien heute Tschechien.
        1865 - Jauernig/ Kärnten, 1923), erster Leiter der Österreichischen Bodenseeschifffahrt,
        Archiv der Landeshauptstadt Bregenz

063   Hörstation „Österreichische Bodenseeschifffahrt in Bregenz". Aus: Emil Krumholz (1885-1923),
        Die Legende der Familie Krumholz, um 1920; Heimito von Doderer (1896-1966), Die Wasserfälle von
        Slunj. Sprecher: Wolfgang Pevesdorf, Vorarlberger Landestheater, Bregenz. Hörtexte im Anhang.

Österreichische Bodenseeschifffahrt
Wann sah man die ersten Dampfschiffe auf dem Bodensee?
Die Geburtsstunde der Bodenseeschifffahrt schlug am 1. Dezember 1824, als das württembergische Dampfboot „Wilhelm" seine regelmäßigen Fahrten aufnahm. Zwei Tage später, am 3. Dezember 1824 führte das Dampfboot „Max Joseph" seine erste Fahrt von Friedrichshafen nach Lindau aus.
Bereits im Jahre 1818 probierte der in Konstanz wohnhafte Zürcher Mechaniker Johann Casper Bodmer sein selbst erbautes Dampfboot aus, welches zu Ehren der badischen Großherzogin auf den Namen „Stephanie" getauft wurde. Leider fehlten diesem wagemutigen Pionier die nötigen Geldmittel, um sein Vorhaben erfolgreich abschließen zu können, und sein Schiff, nun als „Steh-fahr-nie" verspottet, wurde bald darauf als Abbruchobjekt versteigert.

Wie entwickelte sich der Schiffsverkehr weiter?
Nach dem erfolgreichen Einstand der Friedrichshafener Dampfbootgesellschaft folgte im Jahre 1831 das Land Baden mit einem eigenen Dampfschiffbetrieb, 1837 Bayern und 1851 die Schweizerische Dampfboot AG für den Rhein und Bodensee. Diese fusionierte aber schon fünf Jahre später mit der Schweizerischen Nordostbahn, die den bestehenden Schiffspark nach Romanshorn überstellte. Erst 1864 wurde in Diessenhofen ein zweites Unternehmen, die heutige Schifffahrtsgesellschaft Untersee und Rhein gegründet.
In Österreich wurden Mitte des 19. Jahrhunderts wohl mehrere Versuche unternommen, eine eigene Schifffahrt auf dem Bodensee ins Leben zu rufen. Diese Idee konnte jedoch erst 1884 mit Vollendung der Arlbergbahn, also 60 Jahre nach dem Erscheinen des ersten funktionstüchtigen Dampfschiffes, verwirklicht werden.

Wie sahen die frühen Bodenseeschiffe aus?
Die ersten Bodenseedampfer, anfänglich noch mit zusätzlicher Segelausrüstung ausgestattet, waren Glattdeckschiffe und auf einen reinen Zweckverkehr ausgerichtet. Außer den beiden Radkästen und dem hohen Rauchfang hatten die Fahrzeuge damals keine Aufbauten. Als gedeckte Fahrgasträume standen den Reisenden lediglich eine oder zwei muffige Kajüten im Unterdeck zur Verfügung. Die Beförderung von Personen spielte vorerst nur eine untergeordnete Rolle, um so wichtiger war der Gütertransport.

Wann wurde die Österreichische Dampfschifffahrt eingerichtet?
Als im Jahre 1880 mit dem Bau der Arlbergbahn begonnen wurde, beschloss die österreichische Regierung gleichzeitig die Bildung einer eigenen Schiffahrt auf dem Bodensee im Anschluss an das Schienennetz der k.k. Staatsbahnen. Am 1. Dezember 1883 nahm als geschäftsführende Behörde die k.k. Bodenseedampfschiffahrtsinspektion Bregenz ihre Tätigkeit auf und am 20. September 1884 fand durch Kaiser Franz Josef I. die feierliche Betriebseröffnung statt. Zusammen mit den Dampfschiffen „Austria" und „Habsburg" wurden noch vier Trajektkähne dem Verkehr übergeben.

064   Modell „Kaiser Franz Josef" I., erbaut von Jürgen Zimmermann 1983-85, Maßstab 1:28, Privatbesitz.
           (s. S. 121, Abb. 14).
Länge 198,9 cm, Breite 46,0 cm, Wasserverdrängung beladen 20,8 kg,
Maschinenart: zweizylindrige Expansionsmaschine mit Stephenson'scher Exzentersteuerung, schrägliegend, umsteuerbar für Vor- und Rücklauf;
Antrieb: zwei Schaufelräder, originalgetreue Gelenkschaufeln mit Königsstange, dadurch bewegen sich die Schaufeln im Wasser nahezu senkrecht; Fernsteuerung: Dampfregulierung, Umsteuerung, d.h. Vor- und Rücklauf, Notstopp, Ruder, Dampfpfeife.

065   Modell DS „Stadt Bregenz", Maßstab 1:50, 27,5 x 120,3, Technisches Museum, Wien, Inv. Nr. E 820
           (s. S. 121, Abb. 15).

066   DS „Austria" – ab 1919: „Bezau", 1884 im Bregenzer Hafen, Foto Wilhelm Högler (Riefensberg 1847 –
           Bregenz 1905), VLM Foto 32.

Glattdeck-Raddampfer, erbaut durch Schiffswerft Linz, Endmontage auf einer Behelfswerft in Bregenz
Indienststellung: 15. September 1884 – Umbau 1893/94 – 1914 stillgelegt
Ausmusterung: 1926, nachdem ein Umbau zum Motorschiff nicht verwirklicht werden konnte
Abbruch: 1928/29
Besonderheiten: Mit den Raddampfern „Austria" und „Habsburg" wurde am 20. September 1884 die österreichische Bodenseeschifffahrt eröffnet. Beide Schiffe waren zwar vorrangig im Personenverkehr eingesetzt, dienten aber auch zum Schleppen der Trajektkähne.
Technische Daten
Länge: 52,60 m, Breite: 11,90 m, Tiefgang: 1,47 m, Wasserverdrängung: 250,80 t, 360 Fahrgäste

067   DS „Habsburg" – ab 1919: „Schruns". Bereits umgebaut in voller Fahrt, um 1900, Metz-Verlag.

Glattdeck-Raddampfer, erbaut durch Schiffswerft Linz, Endmontage auf einer Behelfswerft in Bregenz
Indienststellung: 15. September 1884 – Umbau: 1895 – 1914 stillgelegt
Verkauf: 1920 an Continentalwerft, danach Einsatz auf der Donau (Rumänien) bis in die 1970er Jahre
Demontage: August 1921
Besonderheiten: Am Abend des 8. Oktober 1887 Kollision vor Lindau mit dem bayerischen Dampfer „Stadt Lindau" infolge eines Fahrfehlers des österreichischen Kapitäns. Während des Ersten Weltkrieges diente das Schiff der österreichischen
Mannschaft der Bodenseekriegsflottile als Unterkunfts- und Verpflegungsstation.
Technische Daten:
Länge: 52,60 m, Breite: 11,90 m, Tiefgang: 1,47 m, Wasserverdrängung: 250,80 t, 360 Fahrgäste

068   DB „Bregenz" – ab 1910 „Vorarlberg", Foto Wilhelm Högler (Riefensberg 1847 – Bregenz 1905),
           VLM Foto 34.

Dampfbarkasse für Schleppzwecke, erbaut durch Schiffswerft Linz
Indienststellung: 3. Juni 1885
Letzte Fahrten: 1920
Ausmusterung: 1922, verkauft und auf der Donau eingesetzt
Besonderheiten: Das Boot wurde zum Schleppen der Trajektkähne verwendet. Bedingt durch den enormen Tiefgang der Schiffsschraube musste es stets während des Niedrigwasserstandes in den Wintermonaten stillgelegt werden.
Technische Daten:
Länge: 26,25 m, Breite: 5,48 m, Tiefgang: 2,20 m, Wasserverdrängung: 93,15 t, keine Fahrgäste

069   DB „Caroline" – ab 1903 „Karoline" – ab 1910 „Stadt Radolfzell", Metz-Verlag.

Halbsalon-Schraubendampfboot, erbaut durch Sächsische Maschinenfabrik Dresden
Indienststellung: 3. Juni 1885 – Umbau 1903
Verkauf: 1903 an Privatunternehmer Carl Pecenz, Altbürgermeister von Bregenz
1910 an die Stadt Radolfzell (neuer Name „Stadt Radolfzell")
1921 an Schweizerische Dampfschiffgesellschaft für den Untersee und Rhein, Schaffhausen
Abbruch: 1929
Technische Daten
Länge: 15,96 m, Breite: 3,00 m, Tiefgang: 1,30 m, Wasserverdrängung: 19,00 t, 50 Fahrgäste

070   DS „Kaiser Franz Josef I." – ab 1919: „Dornbirn", kurz nach der Fertigstellung im Frühjahr 1885, Foto
           Wilhelm Högler (Riefensberg 1847 – Bregenz 1905), VLM Foto 30.

Halbsalon-Raddampfer, erbaut durch Escher Wyss & Cie, Zürich, Endmontage in der Konstanzer Werft
Indienststellung: 29. April 1885
Ausmusterung: 1938
Abbruch: 1940/41, zuvor nach mutwilliger Flutung im Bregenzer Hafenbecken auf Grund gesackt
Besonderheiten: Mit Indienststellung dieses Schiffes – im Volksmund nur als „der Kaiser" bezeichnet – begann auch
für die österreichische Flotte das Zeitalter der Salonschiffe.
Technische Daten
Länge: 55,7 m, Breite: 12,38 m, Tiefgang: 1,68 m, Wasserverdrängung: 276,50 t, 500 Fahrgäste

071   DS „Kaiser Franz Josef I.", seit 1919 als „Dornbirn" im Einsatz, hier als Eisbrecher im Februar 1929,
           Foto Franz Dieth, Bildarchiv Arnulf Dieth.

072   Tony Grubhofer (1854-1935), „Kaiserin Elisabeth, 1891, Tusche auf Papier, 22 x 28 cm gerahmt,
           bez. „Tony Grubhofer 91.", VLM Z 3076.

073   DS „Kaiserin Elisabeth" – ab 1919 „Bludenz", auf einer ihrer ersten Fahrten 1887, Foto Wilhelm Högler
           (Riefensberg 1847 – Bregenz 1905), VLM Foto 33.

Halbsalon-Raddampfer, erbaut durch Schiffswerft Linz, Endmontage auf Behelfswerft in Lochau
Indienststellung. 4. Juni 1887 – kleinere Umbauten: 1896, 1906
Letzte Einsätze: im Kursdienst: September 1954. Dienstfahrten als Eisbrecher: März 1956
Ausmusterung: 1. Juli 1956
Abbruch: November 1958 in Friedrichshafen
Besonderheiten: Erstes Bodenseeschiff mit einer elektrischen Beleuchtungsanlage. Am 3. Februar 1905 schlug der
Dampfer vor Lindau bei heftigem Seegang auf einen Unterwasserfelsen und riss sich ein Leck in den Schiffsboden.
Trotzdem erfolgte die Weiterfahrt nach Bregenz, wo das Schiff nach Verlassen der Fahrgäste mit dem Heck auf Grund
sackte. Nach erfolgter Hebung im Trockendock repariert und bald darauf wieder im Einsatz.
Technische Daten
Länge: 55,90 m, Breite: 12,51 m, Tiefgang: 1,66 m, Wasserverdrängung: 286,80 t, 500 Fahrgäste

074   Die "Bludenz" ex „Kaiserin Elisabeth", in ihren letzten Betriebsjahren, hier 1952, Foto Franz Dieth, Bildarchiv Arnulf Dieth.

075   DS „Kaiserin Maria Theresia" – ab 1919: "Feldkirch", um 1900, Metz-Verlag.

Halbsalon-Raddampfer, erbaut durch Prager Maschinenbau AG, Prag, Endmontage im Bregenzer Trockendock
Indienststellung: 4. November 1892
Ausmusterung: 1932
Abbruch: 1933/34 in Bregenz
Technische Daten
Länge: 55,85 m, Breite. 12,36 m, Tiefgang: 1,68 m, Wasserverdrängung: 305,80 t, 500 Fahrgäste

076   DS „Kaiserin Maria Theresia" als „Feldkirch", um 1930, Archiv der Landeshauptstadt Bregenz.

077 DS „Stadt Bregenz", bei seiner ersten Ausfahrt, 1910, Bildarchiv Arnulf Dieth.

Doppelsalon-Raddampfer, erbaut durch Schiffswerft Linz, Endmontage im Bregenzer Trockendock
Indienststellung: 18. September 1910 – wichtigste Umbauten: 1911, 1920, 1938, 1957
Letzte Fahrt: 11. August 1965
Ausmusterung: 1. September 1966
Abbruch: September bis November 1967 in Bregenz
Besonderheiten: Von 1914 bis 1920 außer Dienst, bis 1929 das größte Bodenseeschiff. Am 16. Oktober 1945 eröffnete die „Stadt Bregenz" den Schiffsverkehr nach dem Zweiten Weltkrieg. Im Frühjahr 1952 wurden die Kessel des Dampfschiffes von Kohle- auf Schwerölfeuerung umgestellt.
Technische Daten
Länge: 60,15 m, Breite: 13,75 m, Tiefgang: 1,85 m, Wasserverdrängung: 422,00 t*, 1000 Fahrgäste
* Die Werte beziehen sich auf das Jahr der Indienststellung. Die Daten nach den Umbauten 1938 und 1957 sind heute nicht mehr genau belegbar.

078   DS „Stadt Bregenz", nach einigen baulichen Veränderungen, um 1928, Foto Franz Dieth, Bildarchiv Arnulf Dieth.

079   DS „Stadt Bregenz" nach grundlegendem Umbau, Mai 1953, Foto Franz Dieth, Bildarchiv Arnulf Dieth. 1952 wurde sie von Kohle auf Öl umgestellt.

080 DS „Stadt Bregenz" nach dem letzten Umbau 1957, Aufnahme August 1961, Foto Oskar Spang, Archiv der Landeshauptstadt Bregenz.

081 DS „Stadt Bregenz", Abbruch des letzten Bodenseedampfers im September 1967, Foto Oskar Spang, Archiv der Landeshauptstadt Bregenz.1965 außer Dienst gestellt und verschrottet.

082 Als letztes Dampfschiff durchpflügt die „Hohentwiel" seit 1990 stolz den Bodensee, Juli 2001, Foto Arnulf Dieth.

083 MS „Österreich", bei der Einfahrt in den Lindauer Hafen 1930, Bildarchiv Arnulf Dieth.

Zweideck-Motorschiff mit Doppelschrauberantrieb, erbaut durch Schiffswerft Korneuburg, Endmontage im Bregenzer Trockendock
Indienststellung: 29. Juli 1928 – Umbau: 1951-53
Besonderheiten: Erstes größeres Motor-Fahrgastschiff auf dem Bodensee. Wegen seiner vornehmen und behaglichen Innenausstattung galt die „Österreich" allgemein als „Luxusliner". Im Zweiten Weltkrieg vorerst stillgelegt, stand das Schiff ab 1944 im Dienste der Deutschen Kriegsmarine, die es für Torpedoübungen einsetzten. 1945 von der französischen Besatzungsmacht beschlagnahmt, wurde die „Österreich" ebenfalls als Torpedoversuchsschiff verwendet und dabei schwer in Mitleidenschaft gezogen. Als Wrack im Juni 1948 den Österreichischen Bundesbahnen zurückgegeben, konnte das Schiff erst am 25. Juli 1953 nach einem Totalumbau wieder seine friedlichen Fahrten aufnehmen. Die „Österreich" gilt heute als Pionier der Motorschifffahrt auf dem Bodensee.
Technische Daten (nach dem Umbau 1951/53)
Länge: 54,40 m, Breite: 9,80 m, Tiefgang: 1,75 m, Wasserverdrängung: 366,0 t, 600 Fahrgäste

084 MS „Österreich", Kaffeesalon, ÖBB-Sammlung.

085 MS „Österreich" kehrt als Kriegswrack nach Bregenz zurück, 18. Juni 1948, Foto Franz Dieth, Bildarchiv Arnulf Dieth.

086

087–090

092

086   Am 25. Juli 1953 läuft die erneuerte „Österreich" zur ersten Fahrt aus, Foto Franz Dieth, Bildarchiv Arnulf Dieth.

087   Steuerrad, DS „Stadt Bregenz", 112 Durchmesser, 63 breit, 66 tief, ÖBB-Sammlung.

088   Kapitänsbrücke, MS „Österreich", ÖBB-Sammlung.

089   Elektromagnetischer Kompass, MS „Austria", 18 x 41, 20 kg, ÖBB-Sammlung.

090   Kapitänsuniform, ÖBB-Sammlung.

091   Blaues Band, Sieger MS „Austria", 1951, 60 x 400, ÖBB-Sammlung (s. S. 18, Abb. 15).

Bei den Wettfahrten um das „Blaue Band des Bodensees" siegte das Motorschiff „Austria" bislang vier Mal (1950, 1952, 1953), letztmalig im April 2003.

092   MS „Austria", als „Ostmark" im Lindauer Hafen vor Anker, 20. November 1940, Bildarchiv Karl F. Fritz.

Dreideck-Motorschiff mit Voith-Schneider-Antrieb, erbaut durch Schiffswerft Korneuburg, Endmontage im Bregenzer Trockendock
Indienststellung: Februar 1946 – Umbauten: 1964/65, 1980, 1991/92, 1992/93
Besonderheiten: Im September 1939 fertiggestellt und aufgrund der politischen Verhältnisse unter dem Namen „Ostmark" der Deutschen Reichsbahn übergeben, war das Schiff während der Dauer des Zweiten Weltkrieges stillgelegt. Erst 1946 konnte es unter dem vorgesehenen Namen „Austria" in Dienst gestellt werden. Bei den legendären Wettfahrten um das „Blaue Band" ging die „Austria" in den Jahren 1950, 1951 und 1953 als schnellstes Bodenseeschiff hervor. Als im Jahre 2003 eine Neuauflage dieser Wettfahrten erfolgte, konnte die „Austria" abermals die begehrte Trophäe ergattern. Seit Außerdienststellung des MS „Allgäu" im Jahre 2000 gilt die „Austria" nun auch als das tonnagemäßig größte Fahrgastschiff auf dem Bodensee.
Technische Daten
Länge: 59,85 m, Breite: 11,20 m, Tiefgang: 1,95 m, Wasserverdrängung: 470,00 t, 1200 Fahrgäste

093 MS „Austria" in voller Fahrt, um 1958, Bildarchiv Arnulf Dieth.

094 MS „Austria" nach dem Umbau von 1964/65, ÖBB-Lichtbildstelle.

095 MS "Austria" im Sommer 2003, Foto Arnulf Dieth.

093

094

095

096 MB „Greif", im Bregenzer Hafen, Mai 1939, Foto Franz Dieth, Bildarchiv Arnulf Dieth.

Eindeck-Motorboot mit Doppelschraubenantrieb, erbaut durch Schiffswerft Korneuburg, per Bahn nach Romanshorn gebracht
Indienststellung: 5. Mai 1930
Besonderheiten: Das Boot wurde schon 1929 per Bahn nach Bregenz transportiert, fiel aber in Bludenz durch „unsachgemäßes Hantieren" vom Waggon. Es wurde dabei so schwer beschädigt, dass eine Rückführung nach Korneuburg unvermeidlich war.
Die „Greif" war nicht nur für den Personenverkehr bestimmt und stand in erster Linie dem Hafenmeister zur Verfügung. 1945 wurde das Boot von den Franzosen beschlagnahmt und mit unbekanntem Ziel abtransportiert.
Technische Daten
Länge: 13,20 m, Breite: 2,80 m, Tiefgang: 1,45 m, Wasserverdrängung: 8,06 t, keine Fahrgäste

097 MB „Silvretta", im Sommer 1950, Bildarchiv Richard Böhler.

Eindeck-Motorboot mit Schraubenantrieb, erbaut 1923 durch Hansawerft Berlin
Indienststellung: 15. Juni 1950
Ausmusterung: 11. Juni 1955
Besonderheiten: Ursprünglich auf dem Wolfgangsee unter dem Namen „Austria" II eingesetzt. Schon kurz nach seiner Indienststellung auf dem Bodensee zeigte sich, dass das Boot zu klein war. Außerdem galt es als sehr reparaturanfällig und wurde nach Indienststellung weiterer Motorboote wieder an den Wolfgangsee zurückgebracht.
Technische Daten
Länge: 10,00 m, Breite: 2,30 m, Tiefgang 0,60 m, Wasserverdrängung: 533,00 t, 18 Fahrgäste

098 MB „Montafon" I, im Sommer 1953, Foto Franz Dieth, Bildarchiv Arnulf Dieth.
Eindeck-Motorboot mit Doppelschraubenantrieb, erbaut 1934 durch die Jadewerft Wilhelmshaven
Indienststellung: 11. Juni 1953 – Umbau: März/ April 1954 auf einer Behelfshelling außerhalb des Hafens

Letzte Fahrt: 28. September 1974
Ausmusterung: 31. Mai 1976
Abbruch: 21./ 22. Juni 1978 in Bregenz
Besonderheiten: Ursprünglich verkehrte das Boot auf der Elbe unter dem Namen „Elfe" und soll dem bekannten Filmschauspieler Hans Albers gehört haben. Am Bodensee hat sich dieses Boot erst nach dem 1954 erfolgten Umbau bewährt. Zu den Hauptaufgaben der „Montafon" gehörten die Fahrten in den Alten Rhein bis Rheineck.
Technische Daten (nach dem Umbau 1954)
Länge: 22,00 m, Breite: 4,20 m, Tiefgang: 1,25 m, Wasserverdrängung: 30,86 t, 100 Fahrgäste

099 MB „Montafon" (I), nach dem Umbau 1954, Archiv der Landeshauptstadt Bregenz.

100 MB „Feldkirch", aufgenommen am 18. Mai 2003, Foto Arnulf Dieth.

Eindeck-Motorboot mit Doppelschraubenantrieb, erbaut durch Bodanwerft Kressbronn
Indienststellung: 1. Juli 1955
Besonderheiten: Während in früheren Jahren die „Feldkirch" auch im Kursverkehr zwischen Bregenz und Friedrichshafen eingesetzt wurde, steht das Boot heute hauptsächlich für Rundfahrten in der Bregenzer Bucht oder für kleinere Charterfahrten in Verwendung. Aufgrund der niedrigen Bauweise sind auch Fahrten in den Untersee und Rhein möglich.
Technische Daten
Länge: 24,00 m, Breite: 4,00 m, Tiefgang: 1,35 m, Wasserverdrängung: 53,00 t, 100 Fahrgäste

101 MB „Dornbirn", während einer Rundfahrt, Mai 1957, Foto Franz Dieth, Bildarchiv Arnulf Dieth.

Eindeck-Motorboot mit Doppelschraubenantrieb, erbaut 1955 durch Bodanwerft Kressbronn
Indienststellung: 5. Mai 1956
Letzte Fahrt: 30. September 1989
Verkauf: 11. August 1992 an Privat, Abtransport per Tieflader am 25. August 1992
Besonderheiten: Die „Dornbirn" war ebenfalls schwerpunktmäßig dem Ausflugs- und Rundfahrtenverkehr zugeteilt, besorgte aber fallweise auch Kursfahrten zwischen Bregenz und Friedrichshafen. Heute ist das Boot in privater Hand und unter dem Namen „Schrauberl Claudia" auf der Donau unterwegs.
Technische Daten
Länge: 24,00 m, Breite: 4,00 m, Tiefgang: 1,35 m, Wasserverdrängung: 53,00 t, 100 Fahrgäste

102 Demonstration in Fußach am 21. Nov. 1964, Foto Oskar Spang, Archiv der Landeshauptstadt Bregenz.

Die Innenausstattung des Schiffes wurde unter dem Motto „Vorarlberg" gestaltet. Die von Hubert Berchtold entworfene Intarsienarbeit im Stiegenaufgang stand unter dem Werbeslogan „Vom Gletschereis zum Bodensee" und zeigt Sehenswürdigkeiten aus Vorarlberg, weiters finden sich Bilder von Hans Strobl. Der Landesverband für Fremdenverkehr lieferte Abbildungen von Landschaft und Volk. Vier Wandvitrinen wurden vom Vorarlberger Heimatwerk gestaltet (Bauernstuben, Tracht aus Vorarlberger Regionen). 20.000 Demonstranten verhinderten im November 1964 im Fußacher Werftgelände die Taufe des Schiffes auf den ursprünglich vorgesehenen Namen „Karl Renner". Am 3. April 1965 demonstrierten 30.000 bis 40.000 Personen auf dem Kornmarktplatz für den Schiffsnamen „Vorarlberg".

103 MS „Vorarlberg", vor Friedrichshafen, 2003, Foto Arnulf Dieth.

Dreideck-Motorschiff mit Voith-Schneider-Antrieb, erbaut durch Schiffswerft Korneuburg, Endmontage 1964 auf der Außenstelle Fußach
Indienststellung: 12. August 1965 – Generalsanierung: 1996/97, 1999/2000
Besonderheiten: Das Schiff wurde bereits vor seiner Inbetriebnahme aufgrund der Ereignisse rund um die „Fußacher Schiffstaufe" bekannt. Die „Vorarlberg" gilt immer noch als eine der schönsten modernen Konstruktionen auf mitteleuropäischen Binnengewässern.
Technische Daten
Länge: 61,95 m, Breite: 12,05 m, Tiefgang: 1,88 m, Wasserverdrängung: 514,00 t, 1000 Fahrgäste

104 MS „Montafon" II, vor dem Umbau im Bregenzer Hafen, 13. Juni 1978, Foto Arnulf Dieth.

Eindeck-Motorschiff mit Doppelschraubenantrieb, erbaut 1975 durch Schiffswerft Korneuburg
Indienststellung: 24. April 1976 – Umbau: 1986/87 auf der Werft in Fußach
Besonderheiten: Ursprünglich auf der Donau im Dienste der DDSG als „Kriemhild" eingesetzt, wurde das Boot per Tieflader nach Friedrichshafen transportiert und am 3. September 1975 nach Bregenz überstellt. Nach einer gründlichen Überholung unter dem Namen „Montafon" II in Dienst gestellt. Im Zuge des Umbaues 1986/87 erfolgte auch eine Verlängerung des Schiffskörpers um 5,50 m. Die nun als Motorschiff geltende „Montafon" wird heute vorwiegend im Ausflugfahrtendienst eingesetzt, findet aber auch für kleinere Gesellschafts- und Hochzeitsfahrten Verwendung. Ein abklappbares Steuerhaus ermöglicht auch Fahrten in den Untersee und Rhein.
Technische Daten
Länge: 27,72 m, Breite: 4,27 m, Tiefgang: 0,96 m, Wasserverdrängung: 55,00 t, 160 Fahrgäste

105 MB „Montafon" II, heutiges Aussehen, Foto Arnulf Dieth.

106 MS „Stadt Bregenz", im ersten Betriebsjahr 1990, Foto Arnulf Dieth.
Zweideck-Motorschiff mit Schottel-Antrieb, erbaut durch die ÖSWAG Linz, Endmontage im März und April auf der Außenstelle Fußach
Indienststellung: 8. Juni 1990 – Umbau 1991
Besonderheiten: Mit Indienststellung dieses Schiffes ging der langjährige Wunsch nach einem Schiff der Mittelklasse in Erfüllung. Das MS „Stadt Bregenz" zeichnet sich durch seine vielfältige Verwendungsmöglichkeit aus. Im Sommerverkehr fast ausschließlich dem Sonderfahrtendienst zugeteilt, wird das Schiff aber auch im Kursdienst, insbesondere zwischen Bregenz und Lindau, eingesetzt.
Technische Daten
Länge: 41,99 m, Breite: 8,60 m, Tiefgang: 1,40 m, Wasserverdrängung: 222,00 t, 300 Fahrgäste

107

108

110

107   MS „Stadt Bregenz", im Sommer 2003, Foto Arnulf Dieth.

108   Voith-Schneider-Propeller für das MS „Austria", Archiv der Landeshauptstadt Bregenz.

109   Fahrmodell MS „Vorarlberg", erbaut von Friedrich Prossegger 1987, Maßstab 1:40, 156 x 31, 45 hoch,
       Privatbesitz (s. S. 121, Abb. 16).
       Länge 156 cm, Breite 31 cm, Maschinenart: E-Motoren, Antrieb: zwei Voith-Schneider-Propeller,
       Sonderfunktionen: Radar, vorschriftsmäßige Lichterführung, Festbeleuchtung (ca. 250 LED),
       Dreiklanghorn, Tonbandgerät, Erfolge: 1987, und 1988 Erster Rang bei den österreichischen
       Meisterschaften F2, 1987 12. Platz F2 C - Weltmeisterschaft Schwerin/ Mecklenburg, Deutschland.
       Zahlreiche Spitzenplätze bei regionalen Regatten.

See-Blick

Warum gibt es so viele Bilder vom See?
Der Bodensee als Abbild der „Heilen Welt" wurde von vielen Malern von der Romantik bis in die Gegenwart
geschätzt. Im 19. Jahrhundert - „ästhetisch" entdeckt – war besonders der Blick von einem erhöhten Idealpunkt auf
dieBregenzer Bucht gefragt. Mild und friedvoll wurde die Natur wiedergegeben.
Mit dem Beginn der Moderne veränderte sich auch das Landschaftsbild: weite Ebenen mit tiefem Horizont und
hohem Himmel, der Mut zur Leere, die Kargheit des Peripheren traten in den Vordergrund. Hinzu kam die Wiederholung des gleichen Motivs zu unterschiedlichen Jahres- und Tageszeiten und bei wechselnder Witterung.

See-Landschaft ist immer auch Sehnsuchtsort, Fluchtraum für den der Natur entfremdeten Städter und es wird ihr die
Fähigkeit zugesprochen, den Menschen besonders bewegen zu können. Die Gegensätzlichkeit der Stimmungen, die
man am See tagtäglich beobachten kann – als bedrohliche Naturgewalt einerseits oder als romantische Idylle andererseits -, dient als Spiegel menschlicher Gefühle, Bedürfnisse und Sehnsüchte.

Von der alten Last- zur heutigen „Lustschifffahrt"
Die Ausflugsschiffe der österreichischen Bodenseeschifffahrt verkehren nur im Sommer auf dem See. Der Freizeit-
kapitän befährt den Bodensee zumeist bei strahlendem Sommerwetter, wenn er auch schon von Gewittern oder den
typischen Föhnstürmen überrascht wurde. Der Ausflügler und Tourist erlebt nur mehr selten die Bedrohlichkeit der
Natur, dafür umso mehr die Idylle und Schönheit der Natur. Die Lastschifffahrt ist zur Lustschifffahrt geworden.

110   Bank von Deck eines Bodenseeschiffs, 200 lang, ÖBB-Sammlung.

111   Hörstation „Impressionen". Aus: Ulrike Längle, Seesucht; Eduard Mörike (1804-1875), Idylle vom
       Bodensee; Rainer Maria Rilke (1876-1926), Bodensee; Leopold Ziegler (1881-1958), Der Bodensee;
       Ludwig von Hörmann (1837-1927), Wanderungen in Vorarlberg, 1895; Die Aureliensage. Sprecher:
       Wolfgang Pevesdorf, Vorarlberger Landestheater, Bregenz; Annette Raschner, ORF-Landesstudio,
       Dornbirn. Hörtexte im Anhang.

112   Martin Häusle (1903-1966), Hafen in Bregenz, 1942, Öl auf Leinwand, 105 x 79, VLM Gem 985,
       Reproduktion 500 x 380 (s. S. 122, Abb. 17).

Bestimmend für den künstlerischen Werdegang Martin Häusles – erste Unterweisungen erhielt er vom Maler Rafolt
in Lustenau, dann von Kirchenmaler Marte, 1924 schließlich in der Malschule Toni Kirchmayr in Innsbruck – war
sein Wiener Akademieprofessor Ferdinand Andri. Am Anfang seiner Laufbahn stand die schwierige Ausgangssitua-
tion eines freien Künstlers in Vorarlberg, wie sie besonders in den Nachkriegsjahren gegeben war.
Seine erste Schaffensperiode, nachdem er 1931 in seine Heimat nach Satteins zurückkehrt war, ist vor allem der Landschaftsmalerei gewidmet. Die Erfahrung Landschaftlichkeit war für Häusle immer auch ein probates Mittel zur
grundsätzlichen Erfahrung von Existenz an sich. Das Spannungsfeld zwischen Natur, Religion und Seelenstimmung
charakterisiert für den gläubigen Häusle den künstlerischen Schwerpunkt in seinem Schaffen. Häusle, der auf das
Engste mit seiner Umgebung verbunden war, wurde nicht müde die Landschaft und die Menschen zu malen, die ihm
Heimat waren. Dem Gegenständlichen bleibt er dabei immer verhaftet.

113   Bela Jusko (1877-1969), Bodensee im Winter, 1950, Öl auf Hartfaserplatte, 49,5 x 40, VLM Gem 807.

114   Hans Purin (1898-1989), Seelandschaft, 1969, Öl auf Holz, 26x44 VLM Gem 1405.

Der aus Kennelbach stammende Hans Purin (1898 in Kennelbach – 1989 in Bregenz) arbeitete zunächst in der Weberei und absolvierte dann 1919/20 die Gewerbeschule (Prof. A. Luger), war bei einem Kirchenmaler in Böhmen tätig, besuchte anschließend die Malschule Knirr in München 1922/23 und studierte an der Akademie in Wien bei Andri 1924/25. 1948-63 erteilte er Werkunterricht in der Knabenhauptschule Bregenz-Belruptstraße; Werke: Deckengemälde in der Pfarrkirche Fluh (1925) und Dornbirn-Oberdorf (1928-30), Kriegerdenkmal (Wandbild) Gaißau. Seine Landschaftsbilder weisen impressionistische Züge auf.

115   Karl Eyth (1877-1957), Abend bei Hard, 1950, Öl auf Hartfaserplatte, 50,5 x 60,5, VLM Gem 810.

Ab 1906 Studium an der Münchner Akademie (Angelo Jank), 1910-12 in Canazei, Südtirol (Bekanntschaft mit Karl Moser), anschließend in Hard. Soldat im Ersten Weltkrieg, seit 1920 in Bregenz, 1924-36 Leitung der väterlichen Mühle. 1944 kurze Zeit Zeichenlehrer am Bundesgymnasium in Bregenz.

116   Franz Schidlach, Bregenz (von der Klause aus), 1843, Öl auf Leinwand, 30 x 40,5, VLM Gem 150.

117   Eugen Zardetti (1849-1926), Mehrerau bei Mondschein, 1917, Öl auf Karton, 38,5 x 61,5, VLM Gem 1791.

Eugen Zardetti absolvierte zunächst das Studium der Architektur (Gottfried Semper) in Zürich, anschließend Studium der Malerei in Genf und in Luzern; Karlsruher Akademie; zweijähriger Studienaufenthalt in Italien (Venedig, Genua, La Spezia), Parisaufenthalt. 1885-1914 in Bregenz ansässig, anschließend bis zu seinem Tode in Luzern wohnhaft. Der Hell-Dunkel-Effekt mit dem kalten Mondschein ist ein häufiges Motiv in der Landschaftsmalerei. Der Gestaltung der Wasseroberfläche mit ihrer Wellenbewegung kommt dabei ein besonderes Augenmerk zu.

118   Josef Berchtold (1870-1917), Werft bei Hard, Öl auf Leinwand, 45,5 x 73,5, VLM Gem 83.

Josef Berchtold war ursprünglich Dekorationsmaler, besuchte ab 1885 die Staatsgewerbeschule in Innsbruck, anschließend die Gewerbeschule in München, dort Privatunterricht bei Schmid-Reutte, Akademiestudium bei Johann C. Herterich und Paul Höcker. Berchtold zählte zum Kreis der „Scholle-Maler". Zurück in Götzis widmete er sich der Landschaftsmalerei; zudem entwarf er Textilien und Möbel.

119   Josef Berchtold (1870-1917), Bodenseestrand, Rheinmündung bei Hard, Öl auf Leinwand,
            34,5 x 54, VLM Gem 569.

120   Fritz Krcal (1888-1983), Frühling am See, Öl auf Hartfaserplatte, 30 x 45,3, VLM Krcal Nachlass Nr. 120.

Fritz Krcal wurde als Sohn des evangelischen Pfarrers Karl Krcal in Bregenz geboren. In jungen Jahren sah er sich vor die Entscheidung gestellt, Maler oder Musiker zu werden; er spielte Geige, entschied sich aber für die Malerei. Studium an der Akademie für bildende Künste in Wien, u. a. bei Franz von Stuck. 1911 Übersiedlung nach Paris. Bekanntschaft mit Picasso, Matisse und van Dongen. In seinen Bildern findet eine Verklärung der Natur statt; die Harmonie des Ursprünglichen spielt bei Krcal in Anlehnung an die Spätromantik eine wichtige Rolle. Fritz Krcal variierte zeitlebens das Bodenseebild in verschiedenen Stimmungen und Jahreszeiten.

121   Fritz Krcal (1888-1983), Sommer am See, Öl auf Hartfaserplatte, 50 x 70, VLM Krcal Nachlass Nr. 50.

122   Fritz Krcal (1888-1983), Herbst am See, Öl auf Hartfaserplatte, 59,5 x 73, VLM Krcal Nachlass Nr. 276.

123   Fritz Krcal (1888-1983), Winter am See, Öl auf Hartfaserplatte, 30 x 45,3, VLM Krcal Nachlass Nr. 122.

124 Alois Elmereich (1786-1831), Bregenz von der Klause aus, 1822, Öl auf Blech, 35 x 49, VLM Gem 152 (s. S. 125, Abb. 18).

Der in Au im Bregenzerwald geborene Künstler studierte an der Akademie der Bildenden Künste in München Landschaftsmalerei, schlug aber 1809 die militärische Laufbahn ein. Es sind nur wenige Werke von ihm erhalten. Wie etliche druckgraphische Blätter dieser Zeit bietet das Gemälde eine Sicht auf Bregenz von der Klause aus und hält das Seeufer vor dem Bau der Uferstraße durch Ingenieur Alois Negrelli fest. Es ist eine romantisch-malerische Fiktion, eine idyllische Darstellung, die in schwärmerischer Hingabe die landschaftliche Schönheit schildert. Das Bild wurde in Aquatintatechnik vervielfältigt.

125 Louis Letsch (1856-1940), Ansicht von Bregenz (von Gravenreuth aus), Öl auf Leinwand, 36 x 60, VLM Gem 332.

126 Johann Huber, Ansicht von Bregenz, 1891, Öl auf Leinwand, 47,5 x 84, VLM Gem 1304 (s. S. 120, Abb. 9).

127 Bregenz, bez. „Ansicht v. Bregenz", Stich, 20,3 x 28,8, VLM OA 19.

128 Hard, 1852, Aquarell, 15 x 22,4, VLM Z 380.

129 Bregenz, bez. "Bregenz am Bodensee", kolorierter Stich, 12,4 x 18, VLM OA 20.

130 Bregenz, Ansicht von der Klause, 1838, Stich, 13,2 x 18,6, VLM OA 32.

131 Südliche Szene auf See, bez. „Bregenz – B. Foster, E.I. Roberts" Stich, 13 x 16,6 (Platte), 15 x 18,1 (Blatt), VLM s. n.

132   Bregenz mit Raddampfer, 1824, bez. „Martens del. et sc.", Aquarell, 17,5 x 22,5, VLM Z 1201.

133   Bregenz, bez. „Tafel VIII, 1830", kolorierter Stich, 8,4 x 10,3, VLM s. n.

134   Bregenz, Ansicht von der Klause, rückseitig bez. „1840, Bregenz VI, Verlag der Pecht'schen
       Kunsthandlung in Constanz", Stich, VLM OA 25.

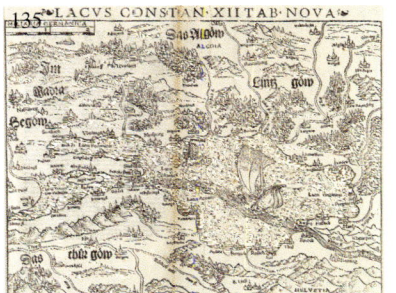

135   Ptolemäus Münster, Bodenseekarte, Ausgabe Lacus Constan. XII Tab. nova, Holzschnitt,
       31 x 36, VLM K 725.

Die Autoren der Karte sind Johann Zwick (um 1496-1542), Pfarrer, Liederdichter und Kartenmacher, sowie Thomas
Blarer aus Giersberg (nach 1492-1567), Bürgermeister Ammann von Konstanz. Herausgeber ist Sebastian Münster
(1489-1552) aus Niederingelheim, Humanist, Basel, der Drucker Heinrich Petri (1508-1579), ebenfalls Basel.

136   Matthäus Merian d. Ältere (1593-1650), Bregenz, aus Topographia Sueviae, Frankfurt 1643, Kupferstich,
       VLM OA 7 (s. S. 119, Abb 8).

137   Bregenz, bez. "Ansicht der k. k. Kreisstadt Bregenz", aufgenommen und gezeichnet von Jos. J. Groiss,
       1820, 43,5 x 67,5, VLM OA 105.

138   Bregenz, bez. „Bregenz, Vue de Bregenz, Veduta de Bregenz 18 Verlag und Eigenthum von G. Baldi in
       Salzburg, gez. von F. Würthle, gest. von J. Richter", Stich, 22,5 x 28 (Platte), 32,5 x 42 (Blatt),
       VLM OA 17

139   Fußach, Ansicht von Nordwesten, um 1830, kolorierte Lithographie, 9,5 x 12 (Platte), VLM Lith 261
       (s. S. 101, Abb. 3).

Beschriftung unter der Darstellung „Fussach/25". Der Lithograph Johann Andreas Pecht stellte dieses Blatt nach
einer Zeichnung von Friedrich August Pecht her. Der Erstdruck erschien in: Ansichten vom Bodensee und seinen
Umgebungen in 100 lithographirten Blättern, Konstanz, 1. Auflage 1832.

140   Schiffsfahrplan Bodensee-Rhein ab 1. Juni 1890, gez. von J. Weber u. P. Balzer, Chromodruck u. Verlag d. Art. Instituts Orell Füssli, Zürich, 96 x 63, ÖBB-Sammlung.

141   Plakat „Vorarlberg-Österreich", Auftraggeber Landesverband für Fremdenverkehr, Druck Orell Füssli, Zürich, 1894, 84 x 47,9, Sammlung Vorarlberg-Tourismus.

Die Plakate stehen hier für den aufstrebenden Tourismus, im Zuge dessen sich auch die Schifffahrt immer mehr zur Lustschifffahrt wandelte. Einen ersten Boom erlebte der Tourismus um die Jahrhundertwende; Chromolithographien bildeten farbige Massendruckwerke, die auf touristische Ziele aufmerksam machten. Die Plakatwerbung für den Fremdenverkehr am Bodensee begann um 1880, zunächst mit Plakaten für Verkehrsmittel sowie für Hotels und Gasthöfe, ab 1893 dann auch für Städte und Regionen.

142   Taschenfahrplan für den Bodensee bis zum Rheinfall, Sommer 1894, im Selbstverlag des Art. Institutes Orell Füssli, Zürich, Privatbesitz.

143   Erlaubnisschein zur einmaligen freien Fahrt 19. 9. 1891, k. k. Bodenseeschiffahrtsinspection Bregenz, Privatbesitz.

144   Landesteg Hard, mit Dorfbach und Zollhaus, um 1900, Bildarchiv Arnulf Dieth.

Um Bodenseeausflügler nach Hard zu locken, errichtete die Gemeinde auf Betreiben der vorwiegend freisinnigen Wirte einen Dampfersteg im Jahr 1893. Am 6. Juni 1907 wurde die Dampfschifffahrt nach Hard eingestellt und der Dampferlandungssteg abgesperrt, 1910 wurde er abgetragen.

145   Landesteg Lochau, vor „Kaiser-Strandhotel", um 1900, Bildarchiv Arnulf Dieth.

Zwischen Lochau und Bregenz wurde mit der 1903 vom Bregenzer Bürgermeister Pedenz angekauften „Caroline" ein Pendelverkehr eingerichtet, bis der Hafen 1910 von den staatlichen Dampfschiffen angefahren wurde. Das „Kaiser-Strandhotel" war mit 250 Betten damals das größte Hotel im Umkreis.

146   Plakat Österreich Vorarlberg, Sommer, Entwurf Heinrich C. Berann, 1934, 81,8 x 51,2, VLM Rep 1119.

Heinrich C. Berann (*1915 Innsbruck) eröffnete 1934 ein Atelier für Fremdenverkehrswerbung und leistete einen wesentlichen Beitrag zum grafischen Erscheinungsbild der Vorarlberger Fremdenverkehrs- und Firmenplakate der 1930er bis 1950er Jahre.

147   Plakat Vorarlberg, 1958, Entwurf Atelier Kolbeck-Ziegler, Druck Vorarlberger Buchdruckerei-Gesellschaft, Dornbirn, 1958, 83 x 59, VLM Rep 33.

Nach dem Zweiten Weltkrieg dauerte es einige Jahre, bis die Notzeiten des Wiederaufbaus vorbei waren und ab Mitte der 50er Jahre Lebenslust und Fernweh umso intensiver wieder erwachten. Mit Motorisierung und wirtschaftlichem Aufschwung kam auch der Massentourismus auf. Mitte der 1950er Jahre eröffnete Dieter Kolbeck (*1930, Bregenz) zusammen mit seiner Frau Ingeborg Ziegler (*1933, Wien) ein Atelier für Gebrauchsgraphik in der Belruptstraße in Bregenz. Beide hatten zuvor an der Wiener Graphischen Lehr- und Versuchsanstalt gelernt und arbeiteten in Vorarlberg für Rupp-Käsle, Kaiser-Bonbons, die Strumpffabrik Kunert und das Textilunternehmen F. M. Rhomberg sowie den Vorarlberger Tourismusverband.

148   Vorarlberger Bodenseegemeinden, 2004, Vorarlberger Landesregierung Abt. Raumplanung
(s. S. 100, Abb. 1).

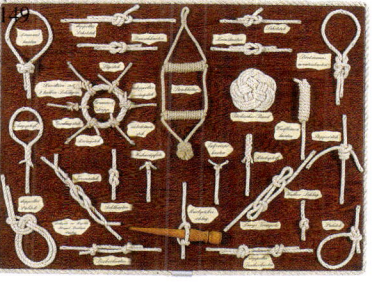

149   Knotentafel, gefertigt von Michael Boschner, Privatbesitz.

150   Filme: u.a. Josef Pettinger, Tauchfahrten zur Jura, 2003.

Berufstaucher entdeckten 1964 das Wrack der anlässlich des Zusammenstoßes mit der „Stadt Zürich" gesunkenen „Jura" bei der Suche nach einem im Krieg abgestürzten deutschen Kampfflugzeug. Ursache des Unglücks könnte ein durch geladenes Bandeisen verursachter Kompassfehler gewesen sein. Die Jura sank binnen 4 Minuten und forderte auch Menschenleben. Sie liegt auf nahezu ebenem Kiel in 40 m Tiefe auf dem Seegrund vor Münsterlingen, ihre Position ist seit Mitte der 1980er Jahre vielen Tauchern bekannt, die seither in zunehmender Zahl das Wrack aufsuchen.

Hörtexte

1. Hörstation „Unglücke, himmlische Zuflucht"

Aus: Extrablatt vom 15. November 1816, gedruckt vom Bregenzer Drucker Brentano, Vorarlberger Landesarchiv.

Gelegentlich wurden Extrablätter über Schiffsunglücke gedruckt, die reißenden Absatz fanden. Der Bregenzer Drukker Brentano ließ am 15. November 1816 ein solches Extrablatt für zwei Kreuzer verkaufen. Es trug die Überschrift: „Beschreibung des verunglückten Schiffes auf dem Bodensee. Von den Geretteten von Fußach selbst angegeben":

Fußach den 15. November 1816
Vergangenen Dienstag den 10. des Monats, vormittags um 8.45 Uhr wurde wie gewöhnlich mit dem sogenanntenn Fußacher Botenschiff, welches beiläufig 200 Zentner Ladung tragen kann, von Fußach abgefahren, um daselbst die Briefe und Gepäcke nacher Mayland abzuholen.
In diesem Schiffe befand sich diesmal ein Ladung von höchstens 10 Zentner Stroh, dann der Mayländer Kurier Leonhard Weiß von Fußach, der Schiffsmeister Johann Schneider, Karler, und die 4 erfahrenen Schiffmänner Nikolaus Kuster, Leonhard Schneider, Gebhard Zoller und Johann Baptist Gugele von Fußach, dann ferner ein Schweizer von Altstädten, ein Bäcker von Langenargen, der Johann Schneider Seidler von Höchst, und noch drey Weibspersonen von dort, in allem also 12 Personen.
Der Südwind war bei der Abfahrt stürmisch, so, daß man leicht in einer halben Stunde in Lindau anzukommen hoffte. Kaum war das Schiff ein halbe Stunde weit vom Lande entfernet, legte sich der Wind beinahe gänzlich und wurde sonach der Segel bis oben aufgezogen.
Durch die Hemmung des Windes fieng es desto heftiger zu schneyn an. Der Schiffmeister überließ das Steuerruder einem andern erfahrenen Schiffmann, und beschäftigte sich mit Herrichtung des Kompasses, dessen man sich bei der Nacht und finsterm Nebelwetter bedient.
In einer kurzen Zeit hörte man ein starkes Brausen, augenblicklich wurde befohlen, den Segel einzuziehen, mit Schnelligkeit wurde alles angewendet, dem Rufe zu folgen, aber es war schon zu spät, der Wind fiel von Norden so schnell und mit solcher Heftigkeit ein, dass es nicht möglich war, den Segel herunter zu bringen, und in einem Augenblicke war das Schiff auf die Seite gelegt, und mit Wasser aufgefüllt."

Darauf folgt die Beschreibung des Schicksals der Schiffbrüchigen:

„Die bedaurungswürdige Gesellschaft sah einander mit äußerster Wehmut auf dem umgeworfenen Schiffe an, und es entstund ein sehr heftiges lang unterhaltenes Geschrei um Hilfe und Rettung, bis der Schiffmeister wiederholt gebeten hatte, man möchte bei der Unmöglichkeit von Menschen gehört zu werden, von diesem Hilfsgeschrei abstehen. Hierauf beteten die Unglücklichen gemeinsam mit lauter Stimme zum Himmel, und bereiteten sich zum Tode. Von der größlichen Wuth der Wellen, und Umsturz des Schiffes ganz durchnässert, und von dem schneidenden Nordwind halb erstarrt, sahen sie auf der Seite des Schiffes sitzend alle Augenblicke dem Tod entgegen.
Die gräßlicheren Scenen fiengen sogleich an, und Schlag auf Schlag erfolgte, um allen Muth und letzte Hoffnung zu lähmen. Nach mehr als einer Stunde sanken die drei Weibspersonen ganz entkräftet und bewusstlos Hand in Hand eingeschlungen auf einmal vom Schiffe in das Wasser hinab; die übrigen sahen ihren Untergang und hierinn auch ihr eigenes baldiges Loos. Eine kurze Zeit hierauf fieng der Mann von Altstädten mit dem Tode zu ringen an, er zitterte an allen Gliedern und fiel entkräftet in die Tiefe des Bodensees.
Der neben ihm sitzende Schiffmann Leonhard Schneider wurde durch diese schrecklichen Anblicke am meisten ergriffen, er nahm von der ganzen Gesellschaft mit lauter Stimme Abschied, er sagte, er seye sich nicht länger zu halten im Stande, empfahl die übrigen dem Schutze des Allmächtigen, und sank langsam in die Tiefe des Bodensees hinab. Jetzt bestund die Gesellschaft noch aus 7 Personen."

Aus: Kaspar Hagen, Dichtungen in alemannischer Mundart aus Vorarlberg. Zweite Sammlung. Innsbruck Bregenz, Feldkirch 1874, S. 31-37.

Noch heute ist die Überlieferung des Gelöbnisses in Seenot eines Schiffers namens „Klos" (Nikolaus) in Fußach lebendig, das der Bregenzer Mundartdichter Kaspar Hagen 1874 in einem Gedicht mit dem Titel „Das Gelöbnis" verarbeitet hat. Darin lässt er einen Schiffmann in einer kritischen Situation mitten in einem Sturm sagen:

„Muettergottes, du Himmelskönigin, hilf' is, o hilf' is!
Hilf' is ussem G'weäll und Sturm, sus simmer verlore,
Simmer caput und hi, und könet ,s Büntele mache!
O du liebe Gnademuetter! los uff mi G'löbniß:

Hörtexte

Wenn i desmol no vertrinn', nu desmol,
G'hört 's ganz Lästle Streue di: i lass' der's mit Freuda!
Opfere will i's gern, o hilf' is, der taused Gott's wille!

An der Wasserburger Stede kamen der Schiffmann und sein Sohn dann glücklich an, so berichtet Kaspar Hagen weiter, in der „Krone" aßen die beiden 8 (!) Schüblinge, tranken Most und rauchten, bevor sie sich an den Verkauf der Streue machten. Da stellte der Sohn seinen Vater zur Rede:

„Aette, säget, jo was ist des? As g'fallt me blos halbe.
Honder it d'Streue im Schiff der Muettergottes versproche?
Jetzeda zicht mi gueta Schiffma hofele d'Kappe
Ueber's Ohr und lachet: „Ho, sie kriegt mer koa Hälmle!"

2. Hörstation: „Waren und Passagiere"

Aus: Regina Lampert, Die Schwabengängerin – Erinnerungen einer jungen Magd aus Vorarlberg 1864-1874 (Das volkskundliche Taschenbuch). Zürich 1996, S. 57.

Regina Lampert, 1854 in Schnifis als Kind armer Leute geboren und 1942 in Zürich gestorben, begann 1929 als über Siebzigjährige ihre Jugenderinnerungen niederzuschreiben. In ihren „Erinnerungen einer jungen Magd aus Vorarlberg 1864-1874" berichtet sie von ihrer ersten Fahrt ins „Schwabenland", die am 17. März begann. Mit dem Fuhrwerk ging's bis Dornbirn, dort wurde übernachtet, am folgenden Tag erreichten die Kinder mit ihrem Begleiter, Reginas Vater, Bregenz. Der Vater löste die Billete für die Kinder. Regina Lampert erinnert sich:

„Ich ließ den Vater nicht mehr los, er musste mich führen, so hab ich mich gefürchtet, auf das große Schiff und das große Wasser zu gehen. Auf dem Schiff sind mir die Tränen nur so herunter gerollt. Die anderen lachten mich aus, dann endlich schämte ich mich und hab mich beruhigt. So etwas Schönes wie das Schiff und das große Wasser habe ich vorher noch nie gesehen. Bald kamen wir in den Hafen von Rorschach und dann nach Lindau, wo der große Löwe auf dem hohen Turm vor Lindau war, eine Überraschung nach der andern. Bald kam ein anderes großes Schiff gegen uns gefahren, immer gab es etwas Neues anzusehn. So verging die Zeit recht schnell, ich bin so ruhig geworden, bewunderte alles, auch die Küche habe ich gefunden, eine dicke feste Köchin sah ich darin Gemüse richten."

Die Köchin gab Regina und ihrem Bruder, jedem, ein Stück Kuchen. Nachdem sie es gegessen hatten, sprangen die Kinder zum Vater zurück und erzählten ihm, wie gut es ihnen gegangen war.

Aus: Franz Michel Felder, Aus meinem Leben. Lengwil 2004, S. 196.

Der in Schoppernau im Bregenzerwald 1839 geborene Dichter Franz Michel Felder schildert in seiner Autobiografie „Aus meinem Leben", wie er das Schiff gerade nicht besteigt und phantasiert über einen Selbstmord:

„Am anderen Morgen ging ich in aller Frühe wieder Bregenz zu. Ich hätte auf einem Dampfschiffe fahren können; aber ich wollte nichts mehr, was ich nicht auch daheim haben konnte. Das Schicksal verdammte mich zum mühevollen Gehen und schloss mich ab von den Errungenschaften unserer Zeit. Nun - es sollte seinen Willen haben. Lange haderte ich mit der Glocke, die drüben am Hafen die Abfahrt eines Dampfers verkündete. Das Geld zum Fahren hätte ich schon noch gehabt, aber ich glaubte der Glocke einen rechten Possen zu spielen, wenn ich so schnell als möglich weglief.
Mancher Bregenzerwälder will aus Furcht vor dem großen Wasser auf kein Schiff. Diese Furcht kannte ich nicht. Wenn ein Schiff mit mir unterginge, was wäre daran gelegen? Ich stand still und suchte mir's auszumalen, bis ich schon das Zischen und Tosen zu hören meinte. Es ließe sich wohl herrlich ruhen da unten in der blauen Tiefe. Meine Landsleute hätten dann gesagt: Da hat er's nun! Immer wollte er weiter als andere - nun tröst' ihn Gott und lasse dem Ruhelosen auf der Welt die ewige Ruhe! Es ist ihm leicht wohler
als bei uns. - Ja, so hätten sie gesagt, und mit Recht." (gekürzt)

Hörtexte

3. Hörstation „Österreichische Bodenseeschifffahrt"

Aus: Emil Krumholz, Die Legende der Familie Krumpholz. Kopie der Handschrift im Archiv der Landeshauptstadt Bregenz, Schachtel „100 Jahre Österr. Bodenseeschifffahrt", S. 126-129.

Emil Krumholz, geb. in Odrau, gest. am 10. Feb. 1923 in Jauernig, war bei der k.k. Kriegsmarine tätig und bemühte sich um 1880, wie er in seinen Lebenserinnerungen schreibt, eine Zivilanstellung zu erlangen, auch in Hinblick auf seine baldige Verehelichung:

„Ich hatte unterdessen alles mögliche unternommen, um mir eine annehmbare Zivilanstellung zu verschaffen. Anfangs Mai 1883 ging ich auch zum Präsidenten der damaligen Direktion für Staatseisenbahnbetrieb und bat ihn um eine Stelle bei der in Aussicht genommenen Einrichtung einer Bodenseedampfschiffahrt durch den Staat. Ich wurde mit schönen Reden hingehalten und auf das nächste Jahr vertröstet. Das dauerte mir aber viel zu lang. Ich beschloss daher ein vollständiges Arbeitsprogramm aufzustellen, in dem genau und systematisch aufgezählt und nachgewiesen wurde, was alles vorbereitet, vorgearbeitet und durchgeführt werden müsse, um im Jahre 1884 einen staatlichen Schiffahrtsbetrieb auf dem Bodensee mit Aussicht auf Erfolg ins Leben rufen zu können. Da in Wien und in Bregenz das für eine solche Arbeit erforderliche Material nicht aufzutreiben war, mußte ich mich bei ihrer Durchführung fast ausschließlich auf meinen gesunden Menschenverstand und meine Erfahrung verlassen. Im Juni übergab ich meine Arbeit dem Sektionschef Arndt, der sie dem Handelsminister übermittelte. Nun hörte ich lange Zeit gar nichts von dem Schicksale dieser Arbeit."

Ende August erhielt Emil Krumholz endlich eine Nachricht zu seiner Arbeit:

„Der Handelsminister hatte, nachdem er sie gelesen, angeordnet, mich sofort anzustellen und mich mit der Durchführung der in meinem Programm aufgezählten Arbeiten zu betrauen. Sonntag Mittag war ich angestellt, sollte sofort meine Pensionierung als Seeoffizier durchsetzen und Urlaub nehmen, da ich schon am 2. September an einer in Konstanz stattfindenden Konferenz teilnehmen müsse."

Emil Krumholz leitete die k.k. Bodenseeschifffahrt als Linienschiffs-Lieutenant und Inspector die ersten 13 Jahre.

Aus: Heimito von Doderer, Die Wasserfälle von Slunj. München 1995, S. 121 f.

Der 1966 verstorbene österreichische Erzähler Heimito von Doderer schildert in seinem letzten Roman die Atmosphäre Wiens und der Donaumonarchie. Andreas Milohnic aus Kroatien trifft sich in Bregenz mit seinem als Kapitän auf dem Bodensee tätigen Vater:

„Drei Wochen, bevor Milohnic Wien endgültig verließ, fuhr er nach Bregenz und ging sogleich an Bord der „Rohrschach", die sein Vater befehligte. Das Schiff lag, weiß und mächtig hoch am Landungssteg in der strahlenden Herbstsonne. Der Alte kam ihm über das Deck entgegen, braun und breitschultrig, in seiner blauen Jacke und umarmte der Sohn. Milo erhielt eine Kabine und fuhr zwei Tage mit seinem Vater. Sie sprachen nur kroatisch miteinander. „Mein lieber Sohn", sagte der Kapitän, „wenn deine Mutter selig noch gelebt hätt', ich wär vielleicht nicht hierher gegangen. Aber ein Schiffmann ist ja überall daheim. Die Menschen sind hier anders, als bei uns dort unten. Jeder wie eine aufgeklarte Koje. Singen tun sie nur, wenn zwanzig oder dreißig beisammen sind; einer allein lässt sich das nicht einfallen; und so ein langes Lied, wie die Geschichte vom Vuk Brankovic, würde sich keiner merken. Für meine Draga wär's nichts gewesen. Nächstes Jahr mach' ich einmal Urlaub und fahr' heim, setz' mich unten vor dem Haus in die Klippen und fisch'."

4. Hörstation: „Impressionen"

Aus: Ulrike Längle, Seesucht. Eggingen 2002, S. 129 f.

Ulrike Längle, Schriftstellerin und Literaturwissenschaftlerin aus Bregenz, beschreibt in „Seesucht," wie Anna Katharina Matt und Dr. Marinus Zeemann gemeinsam einen Sommer lang auf Kursschiffen auf dem Bodensee unterwegs sind. Dabei erfährt man, dass Schiff fahren auf dem Bodensee zur Sucht werden kann. An der Landestelle Wasserburg macht der alte Goethe Dienst, mit dem Anna Katharina auf das Schiff wartend plaudert.

„In der Ferne näherte sich die „Vorarlberg". Der See sah aus, als ob er von unten beleuchtet wäre. Schwarze Wolken ein Lichtbrunnen am Himmel, schräge Wellenlinien als Ackerfurchen über das Wasser. Lautlos glitt das Schiff heran

Hörtexte

die Motoren wurden immer schon vor dem Anlegen gedrosselt, die Glühbirnenbeleuchtung war bereits eingeschaltet, ein Film von Fellini war eine blasse Wochenschau gegen diese Szene. Und wieder wurde sie Zeugin eines unnachahmlichen Landemanövers, fast ohne Geräusch. Nur ein sanftes Anremmen an die Landepflöcke und ein leises Entlanggleiten an den Pfählen. Als der alte Goethe die Stahlseile wieder an Bord zurückgeworfen hatte, winkte Anna Katharina ihm zu. Die immer wieder an unvermuteten Stellen durchbrechende Sonne in dem dunkelgrauen Himmel versetzte meist völlig unbeachtete Uferstriche in eine geradezu bengalische Beleuchtung, zum Beispiel den Uferstreifen zwischen Lochau und Lindau, wo nun wirklich nichts zu sehen war außer einem Fabrikskamin und der hellblau gestrichenen und gewundenen Erlebnisrutschbahn eines Strandbades. Bei der Rückfahrt nach Bregenz vermisste Anna Katharina eigentlich nur einen Regenbogen. Das hätte der Landschaft die Krone aufgesetzt."

Aus: Eduard Mörike, Einer Reisenden, zitiert nach: Doris und Dieter Schiller, Literaturreisen Bodensee. Stuttgart 1990, S. 112.

Der tiefe Eindruck, den die Bodenseelandschaft durch ihre Weite und helle Heiterkeit auf den Dichter Eduard Mörike bei seiner ersten Reise an den Bodensee 1840 gemacht hatte, wurde von ihm 5 Jahre später dichterisch verarbeitet in der „Idylle vom Bodensee".
Verse der Sehnsucht gab Mörike einer Reisenden auf den Weg zum Bodensee mit. Er fasste ein Gefühl in Worte, das nicht nur die Dichter dieser Landschaft, sondern auch Einheimische und Besucher empfinden:

„Bald an die Ufer des Sees, der uns von Ferne die Herzen
Lockt in jeglichem Jahr; Glückliche! kehrst du zurück.
Tag und Nacht ist er dein, mit Sonn' und Mond, mit der Alpen
Glut und dem trauten Verkehr schwebender Schiffe dazu.
Denk ich an ihn, gleich wird mir die Seele so weit wie sein lichter
Spiegel: und bist du dort – ach wie ertrag' ich es hier?"

Aus: Rainer Maria Rilke, Bodensee, zitiert nach: Mathias Jung und Heinz Finke, Geliebter Bodensee. 2. Auflage Dortmund 1987, S. 34.

Rainer Maria Rilke kam auf einer seiner zahlreichen Reisen auch an den Bodensee und schwärmt in einem Gedicht:

Bodensee
Die Dörfer sind wie ein Garten.
In Türmen von seltsamen Arten
klingen die Glocken wie weh.
Uferschlösser warten
und schauen durch schwarze Scharten
müd auf den Mittagsee.

Und schwellende Wellchen spielen,
und goldene Dampfer kielen
leise den lichten Lauf;
und hinter den Uferzielen
tauchen die vielen, vielen
Silberberge auf.

Aus Leopold Ziegler, Der Bodensee. In: Jens Dittmar (Hg.), Loreley am jungen Rhein - literarische Streifzüge von der Quelle bis zum Bodensee. Schaan 2002, S. 106.

Der in Überlingen 1958 verstorbene Philosoph Leopold Ziegler empfindet Übereinstimmung von Natur und Kultur am Bodensee. In eindrückliche Worte fasst er das Farbenspiel des Sees:

„Was unseren Bodensee von allen Alpenseen unterscheidet, den ebenbürtigen Bruder im Südwesten der Schweiz nicht ausgenommen, ist seine Ferne und Weite. [...] Wenn die übrigen Alpenseen entweder blau oder grün sind, nussfarben oder fahl, so sieht der Bodensee je nach Windrichtung und Windstärke, je nach Sonnenstand und Luftfeuchtigkeit bald flaschengrün gefärbt aus, moosgrün, achatgrün, bald brütet er unbewegt und wie mit einer dünnen Ölschicht übergossen in einem stumpfen Eisengrau, das sich gelegentlich bis zur tollen Bleifarbe verdüstert; bald leuchtet er, ein zarter Widerschein des Himmels, in einem sanften Blau, welches bei östlicher Luftbewegung bis zu einem fast harten

Hörtexte

Ultramarin, ja Kobaltblau übergehen kann, um dann, dies namentlich in sommerlichen Abendstunden, in allen bunten Tinten des Opals verhalten aufzuglühen oder gar wie ein faltenlos ausgespanntes Stück Seide im lichten Blaugrün des Türkis zu schimmern. Allzu arm ist die Sprache an Bezeichnungen für die zahllos gestuften Abschattungen innerhalb des Farbenkreises, die der See schon bei der leisesten Kräuselung seiner Oberfläche erleidet. Aber gerade in ihrer Unsäglichkeit bezaubern sie das Auge unwiderstehlich und versetzen uns leicht in jenen glückhaften Rausch der Sinne, den uns sonst eigentlich nur der Süden spendet. Wie dem übrigens sei – die Farben, eben diese Farben, entführen also den Betrachter immer wieder in die sehnsüchtige Weite, in der ich das Merkmal unseres Bodensees zu gewahren glaube."

Aus: Ludwig von Hörmann, Bregenz, zitiert nach: Mathias Jung und Heinz Finke, Geliebter Bodensee. 2. Auflage Dortmund 1987, S. 112.

Ludwig von Hörmann, Ehrenbürger der Stadt Feldkirch, zeigt sich in seinen „Wanderungen in Vorarlberg" 1895 begeistert vom Anblick der Bregenzer Bucht:

„Schöneren Willkommensgruß kann der Besucher des herrlichen Landes Vorarlberg nicht empfangen, als wenn er auf stolzem Dampfer von Lindau herschwimmend, aus der grünumsäumten Bucht das liebliche Bregenz vor sich aufsteigen sieht.
Halb Kind der Ebene, halb der Berge, baut sich die Stadt terrassenförmig an dem bewaldeten Abhang des Pfänders empor, überragt von der Aussichtswarte des Gebhardkircchleins, bewacht von der majestätischen Kette der Schweizer Berge, die jenseits des weitgeöffneten Rheintales den Blick bis zu den blauduftigen Graten des Rätikon geleiten. Welches Alpenland hat ein so schmuckes Empfangszimmer aufzuweisen!

Gekürzt nach: Die Aureliensage. In: Karl Schweizer ung Uli Kaiser, Sagenhaftes Lindau, Lindau 2003, S. 7 f.

Aurelia wurde im frühen Mittelalter in Süddeutschland als selige Jungfrau sehr verehrt. Der Legende nach flüchtete sie zu Zeiten einer Christenverfolgung in Rom über die Alpen und durch das Rheintal nach Bregenz zu ihrem Onkel, der hier in der Verwaltung der römischen Besatzungsarmee arbeitete. Als die Gefahr für die christliche Aurelia auch hier immer größer wurde, musste sie wieder fliehen – über den Bodensee.

„Zwei Freunde ihres Onkels ruderten sie in einer hellen Vollmondnacht vom benachbarten Dorf Fußach aus über den Bodensee bis zur Römerschanze. Diese kleine Insel lag damals noch ohne Verbindung vor der Insel Lindau. Heute befindet sich dahinter das Römerbad."

Später erzählten Menschen, Aurelia hätte mit einem einzigen Sprung den Bodensee überquert und wäre auf der Römerschanze gestorben und beerdigt worden. Andere erzählten, sie wäre weiter gezogen, zunächst nach Basel und später bis nach Straßburg, wo sie schließlich erkrankte und gestorben sei.

Impressum

Leihgeber und Bildquellen:

Private Leihgeber und Michael Boschner, Lindau; Arnulf Dieth, Bregenz; Hugentobler Spezialleuchten, Kreuzlingen; Elmar Küng, Höchst; Museum für antike Schifffahrt, Mainz; Edwin Oberhauser, Götzis; ÖBB Schifffahrt, Bregenz; Friedrich Prossegger, Hohenems; Willi Rupp, Hörbranz; Archiv der Landeshauptstadt Bregenz; Jürgen Zimmermann, Lustenau; Technisches Museum, Wien; Vorarlberg-Tourismus, Bregenz.

Ausstellungskonzept:

Gerda Leipold-Schneider, Karl Heinz Burmeister, Arnulf Dieth, Susanne Fink, Martina Heise, Thomas Klagian, Ulrike Längle, Ute Pfanner, Anja Rhomberg.

Ausstellungsgestaltung, -technik:

Roland Schuster, Bruno Stadelmann, Markus Unterkircher.

Das kleine Dampfboot „Patricia" in der Konstanzer Bucht

Die „Königin Katharina" vor der Rheinbrücke in Konstanz

Quellenangaben und Bildnachweise der einzelnen Beiträge

Gerda Leipold-Schneider

Der Bodensee – eine Schiffslandschaft

Seiten 8 – 21

1 Hakelberg, Dietrich: Schifffahrt auf dem Bodensee. Geschichte und Archäologie von der Spätantike bis zur Industrialisierung. In: Archäologisches Landesmuseum Baden-Württemberg (Hg.): Einbaum, Lastensegler, Dampfschiff (ALManach 5/6, 2000/2001). Stuttgart 2000, S. 126. – Letzner, Kai: Überlegungen zur frühesten Schifffahrt in Südwestdeutschland. In: Archäologisches Landesmuseum Baden-Württemberg (Hg.): Einbaum, Lastensegler, Dampfschiff (ALManach 5/6, 2000/2001). Stuttgart 2000, S. 58.

2 Hakelberg, Dietrich, Das Kippenhorn bei Immenstaad. Archäologische Untersuchungen zu Schiffahrt und Holzschiffbau am Bodensee vor 1900 (Materialhefte zur Archäologie in Baden-Württemberg 56). Stuttgart 2003, S. 191, 201. - Hakelberg (vgl. Anm. 1) S. 126.

3 Hakelberg (vgl. Anm.2) S. 17.

4 Hakelberg (vgl. Anm.1) S. 128 f.

5 Hakelberg (vgl. Anm. 2) S. 35, 39.

6 Stadelmann, Eugen: 50 Jahre Marktgemeinde Hard. Bregenz 1955, S. 131.

7 Werg (vgl. Anm. 2) S. 160.

8 Werg ist Flachsabfall und Teer. Siehe dazu: Leidenfrost, Johannes: Die Lastsegelschiffe des Bodensees. Ein Beitrag zur Schiffahrtsgeschichte (Bodensee-Bibliothek 11). Sigmaringen 1975, S. 37.

9 Hakelberg (vgl. Anm. 2) S. 127, 169 f.

10 Ebd. S. 180.

11 Menghin, Oswald: Die vorgeschichtlichen Funde Vorarlbergs (Österreichische Kunsttopographie 27). Baden bei Wien 1937, S. 16.

12 Hakelberg (vgl. Anm. 2) S. 156, 173, 181; S. 175 Abb. 190.

13 Leidenfrost (vgl. Anm. 8) S. 14. - Burmeister, Karl Heinz: Vom Lastschiff zum Lustschiff. Zur Geschichte der Schiffahrt auf dem Bodensee. Konstanz 1992, S. 29. Hakelberg (vgl. Anm. 2) S. 25.

14 Zu den genauen Schiffsmaßen siehe die Tabelle im Beitrag „Von Einbäumen und Lastschiffen – frühe Schifffahrt auf dem Bodensee" in diesem Band. - Hakelberg (vgl. Anm. 2) S. 158, 27. – Leidenfrost (vgl. Anm. 8) S. 50, 17.

15 Leidenfrost (vgl. Anm. 8) S. 25. - Hakelberg (vgl. Anm. 1) S. 138.

16 Leidenfrost (vgl. Anm. 8) S. 25, 27, 31. - Hakelberg (vgl. Anm. 1) S. 138.

17 Burmeister (vgl. Anm. 13) S. 120.

18 Hakelberg (vgl. Anm. 2) S. 25, 170. – Leidenfrost (vgl. Anm. 8) S. 24.

19 Hakelberg (vgl. Anm. 2) S. 27.

20 Leidenfrost (vgl. Anm. 8) S. 10. – Hakelberg (vgl. Anm. 2) S. 164, 167 f.

21 Burmeister (vgl. Anm. 13) S. 34. - Hakelberg (vgl. Anm. 2) S. 175.

22 Hakelberg (vgl. Anm. 2) S. 27, 170.

23 Burmeister (vgl. Anm. 13) S. 35.

24 Hakelberg (vgl. Anm. 2) S. 170.

25 Leidenfrost (vgl. Anm. 8) S. 40-42.

26 Vorarlberger Landesarchiv (VLA), Vogteiamt Feldkirch, Sch. 15. – VLA, Hds. u. Cod. LBS 74-76. - Stadtarchiv Überlingen, Hds. „Allerlei Zoll" 1720-32. - Vgl. auch Burmeister, Karl Heinz: Die Waren der Lastschifffahrt auf Bodensee und Hochrhein. In: Archäologisches Landesmuseum Baden-Württemberg (Hg.): Einbaum, Lastensegler, Dampfschiff (ALManach 5/6, 2000/2001). Stuttgart 2000, S. 147-157.

27 Kurz, Andreas: Lindau und sein Handel mit Salz. In: Salzgeber: eine alpenländische Chronik. Band II. Salz - das weiße Gold. Dornbirn 1979, S. 197, 200 f. - Bilgeri, Benedikt: Bregenz – Geschichte der Stadt. Politik, Verfassung, Wirtschaft. Wien, München 1980, S. 301-308.

28 Vogt, Werner: Bregenzer Bemühungen um den Salzhandel. In: Salzgeber: eine alpenländische Chronik. Band II. Salz - das weiße Gold. Dornbirn 1979, S. 221. - Dobras, Werner / Kurz, Andreas: Die Geschichte der Bodenseeschiffahrt um Lindau. In: Neujahrsblatt 34 des Museumsvereins Lindau 1994, S. 13.

29 Dobras/Kurz (vgl. Anm. 28) S. 11. – Stender, Detlef (Hg.): Industriekultur am Bodensee. Ein Führer zu Bauten des 19. und 20. Jahrhunderts. Konstanz 1992, S. 160, 55. - Göttmann, Frank: Getreidemarkt am Bodensee: Raum, Wirtschaft, Politik, Gesellschaft (1650-1810) (Beiträge zur südwestdeutschen Wirtschafts- und Sozialgeschichte 13). St. Katharina 1991, S. 42, 254 ff.

30 Hakelberg (vgl. Anm. 1) S. 141.

31 Vgl. Hakelberg (vgl. Anm. 2) S. 23. - Deppert, Werner: Mit Dampfmaschine und Schaufelrad. Die Dampfschiffahrt auf dem Bodensee 1817-1967. Konstanz 1975, S. 8-11.

32 Dobras/Kurz (vgl. Anm. 28) S. 17. - Hakelberg (vgl. Anm. 1) S. 141. – Hakelberg (vgl. Anm. 2) S. 23. – Fritz, Karl F.: Abenteuer Dampfschiffahrt auf dem Bodensee. Meersburg 1990, S. 15.

33 Dobras/Kurz (vgl. Anm. 28) S. 18 f., 22, 25. - Hakelberg (vgl. Anm. 1) S. 142.

34 Vgl. Fritz (vgl. Anm. 32) S. 13-18. Abdruck des Vertrages der königlichen Hafendirektion in Friedrichshafen und den dort ansässigen acht Schifferfamilien bei Pernwerth von Bärnstein, Friedrich: Die Dampfschiffahrt auf dem Bodensee und ihre geschichtliche Entwicklung während ihrer ersten Hauptperiode (1824-1847), unter Benützung amtlicher Quellen. Würzburg 1905, S. 167 ff.

35 Brunner-Schwer, Hans Georg / Fritz, Karl F.: Die Geschichte der großen Bodenseeschiffe (Bodensee Magazin Spezial). 2. Auflage, o.J., S. 18. – Deppert (vgl. Anm. 31) S. 17.

36 Krumholz, Emil: Die Geschichte des Dampfschiffahrtsbetriebes auf dem Bodensee. Innsbruck 1906, S. 15.

37 Dieth, Arnulf: Rot-Weiss-Rot auf dem Bodensee. Die österreichische Schiffahrt im Wandel der Zeit. Hard 1995, S. 232.

38 Stender (vgl. Anm. 29) S. 192 f., 160. - Krumholz (vgl. Anm. 36) S. 259. - Dieth (vgl. Anm. 37) S. 12.

39 Brunner-Schwer/Fritz (vgl. Anm. 35) S. 18.

40 Ebd. S. 7 f., 18.

41 Krumholz (vgl. Anm. 36) S. 2.

42 Leidenfrost (vgl. Anm. 8) S. 39.

43 Dieth (vgl. Anm. 37) S. 20.

44 Dobras/Kurz (vgl. Anm. 38) S. 35 f.

45 Dieth (vgl. Anm. 37) S. 13. - Brunner-Schwer/Fritz (vgl. Anm. 35) S. 18.

46 Dobras/Kurz (vgl. Anm. 37) S. 37 f. – Stender (vgl. Anm. 29) S. 101.

47 Fritz (vgl. Anm. 32) S. 38.

48 Hakelberg (vgl. Anm. 1) S. 179.

49 Röber, Ralph: Konstanz und seine Häfen. Standort und Infrastruktur von der Antike bis in das 19. Jahrhundert. In: Archäologisches Landesmuseum Baden-Württemberg (Hg.): Einbaum, Lastensegler, Dampfschiff (ALManach 5/6, 2000/2001). Stuttgart 2000, S. 207.

50 Brunner-Schwer/Fritz (vgl. Anm. 35) S. 18. - Dobras (vgl. Anm. 37) S. 35.

51 Brunner-Schwer/Fritz (vgl. Anm. 35) S. 32.

52 Ebd. S. 32, 45, 47.

53 Ebd. S. 33.

54 Ebd. S. 51, 53.

55 Fritz (vgl. Anm. 32) S. 78. - Brunner-Schwer/Fritz (vgl. Anm. 35) S. 52.

56 Dieth (vgl. Anm. 37) S. 47-49, 52.

57 Dobras/Kurz (vgl. Anm. 28) S. 39. - Brunner-Schwer/Fritz (vgl. Anm. 35) S. 54.

58 Ebd. S. 74.

59 Ebd. S. 56.

60 Dieth (vgl. Anm. 37) S. 201. - Brunner-Schwer/Fritz (vgl. Anm. 35) S. 55.

61 Fritz (vgl. Anm. 32) S. 131. - Brunner-Schwer/Fritz (vgl. Anm. 35) S. 55. 1952 nahmen nur Dampfschiffe, 1954 nur deutsche Bodenseeschiffe an der Wettfahrt teil.

62 Ebd. S. 57, 59-61.

63 Ebd. S. 62, 64, 66 f. - Wir brauchen nicht den Ozean, wir brauchen nicht das Meer. Lauterach 2002, S. 30.

64 Brunner-Schwer/Fritz (vgl. Anm. 35) S. 67.

65 Ebd. S. 67.

Abbildungsnachweise:
Stiftsbibliothek St. Gallen: 1
Ertel, Christine: Das römische Hafenviertel von Brigantium/ Bregenz, Bregenz 1999. S. 55: 2
Hakelberg, Dietrich: Schifffahrt auf dem Bodensee. Geschichte und Archäologie von der Spätantike bis zur Industrialisierung. In: Archäologisches Landesmuseum Baden-Württemberg (Hg.): Einbaum, Lastensegler, Dampfschiff (ALManach 5/6, 2000/2001). Stuttgart 2000, 18 Abb. 4, 176 Abb. 191, S. 26 Abb. 8: 3, 4, 6
Stadtmuseum Lindau: 7

Karl F. Fritz, Konstanz: 8, 12
Rosgartenmuseum Konstanz T 777: 9
Archiv der Landeshauptstadt Bregenz: 10, 13
Vorarlberger Landesmuseum: 5, 11, 15
Arnulf Dieth: 14, 16
Stadtwerke Konstanz: 17, Anneros Troll, Steißlingen: 18-20

Ronald Bockius

Gedanken zum Plattbodenschiff im Spiegel der archäologisch-historischen Überlieferung

Seiten 24 – 27

1 Zur Übersicht: Beaudouin, François: Bateaux des Fleuves de France. Douarnenez 1985. - Sarrazin Jenny / van Holk, Andrei: Schopper und Zillen. Eine Einführung in den traditionellen Holzschiffbau im Gebiet der deutschen Donau (Schriften des Deutschen Schiffahrtsmuseums Bremerhaven 38). Bremerhaven 1996. - Rieth, Éric: Des Bateaux et des Fleuves. Archéologie de la batellerie du Néolithique aux Temps modernes en France. Paris 1998.
2 Vgl. besonders Arnold, Béat: Batellerie gallo-romaine sur le lac de Neuchâtel. Bd. 2 (Archéologie Neuchâteloise 13). Saint-Blaise 1992, S. 57 ff. – Ebenso die Beiträge in Brandt, Klaus / Kühn, Hans Joachim (Hg.): Der Prahm aus dem Hafen von Haithabu. Beiträge zu antiken und mittelalterlichen Flachbodenschiffen (Schriften des Archäologischen Landesmuseums Schleswig, Ergänzungsreihe, Bd. 2). Neumünster 2004.
3 Bockius, Ronald: Antike Prahme Monumentale Zeugnisse keltisch-römischer Binnenschiffahrt aus der Zeit vom 2. Jh. v. Chr. bis ins 3. Jh. n. Chr. In: Jahrbuch des Römisch-Germanischen Zentralmuseums Mainz 47, 2000, S. 439-493. – Ders.: Ancient riverborne transports of heavy loads. In: Pasquinucci, Marinella / Weski, Timm (Hg.): Close Encounters: Sea- and Riverborne Trade, Ports and Hinterlands, Ship Construction and Navigation in Antiquity, the Middle Ages and in Modern Time (British Archaeological Reports, International Series 1283). Oxford 2004, S. 105-115. Jeweils mit älterer Literatur.
4 Einzelne Beispiele bei Bockius, Ronald: Boote und Schiffe zur Römerzeit zwischen Tiber und Rhein (Rekonstruktionsmodelle aus dem Forschungsbereich Antike Schiffahrt, RGZM Mainz, im Maßstab 1:10). In: Kuhnen, Hans-Peter (Hg.): Abgetaucht, aufgetaucht. Flußfundstücke. Aus der Geschichte. Mit ihrer Geschichte (Schriftenreihe des Rheinischen Landesmuseums Trier Nr. 21). Trier 2001, S. 142 ff. Abb. 26-27. – Ders.: Antike Prahme und ihre Rolle innerhalb der gallisch-germanischen Provinzen. Vortrag, gehalten zum Glavimansa Symposium am 16. Mai 2003 in De Meern, Holland (im Druck).
5 Hingenommen bei Bockius: Boote (vgl. Anm. 4) S. 139 ff. Abb. 24.
6 Bockius: Prahme (vgl. Anm. 4).
7 Zettler, Alfons: Heilige, Mönche und Laien unterwegs. Bilder und Texte zur Schiffahrt auf dem Bodensee im frühen Mittelalter. In: Archäologisches Landesmuseum Baden-Württemberg (Hg.): Einbaum, Lastensegler, Dampfschiff (ALManach 5/6, 2000/2001). Stuttgart 2000, S. 110 mit Abb. 1; S. 113 mit Abb. 4.

Abbildungsnachweise:
Neu, Stefan: Kölner Jahrbuch für Vor- und Frühgeschichte 22, 1989, S. 343 Abb. 137: 1
Landesmuseum Mainz: 2
Museum für antike Schifffahrt Mainz, Volker Iserhardt: 3, 5
Zettler, Alfons: Heilige, Mönche und Laien unterwegs. In: Archäologisches Landesmuseum Baden-Württemberg (Hg.): Einbaum, Lastensegler, Dampfschiff (ALManach 5/6, 2000/2001). Stuttgart 2000, S 113 Abb. 4 : 4

Ralph Röber

Von Einbäumen und Lastschiffen – frühe Schifffahrt auf dem Bodensee

Seiten 30 – 37

1 Pfahlbauquartett, 4 Museen präsentieren 150 Jahre Pfahlbau-Archäologie. Frauenfeld 2004.
2 Letzner, Kai: Überlegungen zu frühesten Schifffahrt in Südwestdeutschland. In: Archäologisches Landesmuseum Baden-Württemberg (Hg.): Einbaum, Lastensegler, Dampfschiff (ALManach 5/6, 2000/2001). Stuttgart 2000, S. 51-68.
3 Wieland, Günther: Keltische Fluss-Schifffahrt in Südwestdeutschland. In: Archäologisches Landesmuseum Baden-Württemberg (Hg.): Einbaum, Lastensegler, Dampfschiff (ALManach 5/6, 2000/2001). Stuttgart 2000, S. 77-92.
4 Heiligmann, Jörg: Römische Schifffahrt in Südwestdeutschland. In: Archäologisches Landesmuseum Baden-Württemberg (Hg.): Einbaum, Lastensegler, Dampfschiff (ALManach 5/6, 2000/2001). Stuttgart 2000, S. 93-108.
5 Schmid, K.: Königtum, Adel und Klöster am Bodensee bis zur Zeit der Städte. In: Maurer, Helmut (Hrsg.), Der Bodensee. Landschaft, Geschichte, Kultur, Sigmaringen 1982, Abb. 5. - Quarthal, Franz: Reichenau. In: Germania Benedictina Bd. V. Ottobeuren 1975, S. 518 ff.
6 Zettler, Alfons: Heilige, Mönche und Laien unterwegs. Bilder und Texte zur Schiffahrt auf dem Bodensee im frühen Mittelalter. In: Archäologisches Landesmuseum Baden-Württemberg (Hg.): Einbaum, Lastensegler, Dampfschiff (ALManach 5/6, 2000/2001). Stuttgart 2000, S. 109-120.
7 Röber, Ralph: Warentransport im Bodenseeraum in Mittelalter und früher Neuzeit. Hegau. Zeitschrift für Geschichte, Volkskunde und Naturgeschichte des Gebietes zwischen Rhein, Donau und Bodensee 59, 2002, S. 29 ff.
8 Hakelberg, Dietrich: Das Kippenhorn bei Immenstaad. Archäologische Untersuchungen zu Schiffahrt und Holzschiffbau am Bodensee vor 1900 (Materialhefte zur Archäologie in Baden-Württemberg 56). Stuttgart 2003, S. 35. - Röber, Ralph: Konstanz und seine Häfen. Standort und Infrastruktur von der Antike bis in das 19. Jahrhundert. In: Archäologisches Landesmuseum Baden-Württemberg (Hg.): Einbaum, Lastensegler, Dampfschiff (ALManach 5/6, 2000/2001). Stuttgart 2000, S. 185-214.
9 Nachweise bei: Röber (vgl. Anm. 7) S. 32.
10 Burmeister, Karl Heinz: Die Waren der Lastschifffahrt auf Bodensee und Hochrhein. In: Archäologisches Landesmuseum Baden-Württemberg (Hg.): Einbaum, Lastensegler, Dampfschiff (ALManach 5/6, 2000/2001). Stuttgart 2000, S.147-158.
11 Hakelberg (vgl. Anm. 8) S. 146 ff.
12 Röber, Ralph: Vom ersten Einbaum zum letzten Lastensegler. Die neue Schiffahrtsabteilung des Archäologischen Landesmuseums. Nachrichtenblatt der Denkmalpflege 29, 4, 2000, S. 264-270.
13 Hakelberg (vgl. Anm. 8) S. 76 ff.
14 Leidenfrost, Johannes: Schiffstechnische Berechnungen. In: Hakelberg, Dietrich, Das Kippenhorn bei Immenstaad. Archäologische Untersuchungen zu Schiffahrt und Holzschiffbau am Bodensee vor 1900 (Materialhefte zur Archäologie in Baden-Württemberg 56). Stuttgart 2003, S. 236.
15 Leidenfrost, Johannes: Die Lastsegelschiffe des Bodensees (Bodensee-Bibliothek 11). Sigmaringen 1975, S. 22.
16 Hakelberg (vgl. Anm. 8) S. 25 ff.
17 Mainberger, Martin: Taucharchäologisches Experiment am „Salzschiff" von Unteruhldingen, Gde. Uhldingen-Mühlhofen. Archäologische Ausgrabungen Baden-Württemberg 1996 (1997) S. 297-300. - Hakelberg (vgl. Anm. 8) S. 161 ff.
18 Kinsky, Michael: Lastsegelschiffe des Bodensees im 19. Jahrhundert. Nachbau in Modellen und Ansätze zu einer Rekonstruktion von Bautechniken. In: Archäologisches Landesmuseum Baden-Württemberg (Hg.): Einbaum, Lastensegler, Dampfschiff (ALManach 5/6, 2000/2001). Stuttgart 2000, S. 159-175.
19 Hakelberg (vgl. Anm. 8) S. 163 ff.

Abbildungsnachweise:
Archäologisches Landesmuseum Baden-Württemberg, Frau M. Schreiner: 1-3, 10-14, 17-18
P. Filtzinger u.a. (Hg.), Die Römer in Baden-Württemberg, Stuttgart - 1986, Taf. 27b: 4
Stiftsbibliothek St. Gallen: 5
Archäologisches Landesmuseum Baden-Württemberg, Frau C. Bürger: 6
Stadtmuseum Lindau: 9
Landesamt für Denkmalpflege im Regierungspräsidium Stuttgart, M. Kinsky: 7-8, 15-16
Seemuseum Kreuzlingen: 19
Stadtarchiv Konstanz: 20

Quellenangaben und Bildnachweise der einzelnen Beiträge

Gerda Leipold-Schneider

Die Lädine „St. Jodok" –
das historische Lastsegelschiff auf dem Bodensee

Seiten 40 – 43

1 Lädinen-Verein e.V.(Hg.): Unveröffentlichtes Manuskript zusammengestellt von Rudolf Hiß. Immenstaad 2003, S. 4.

Abbildungsnachweise:
Lädinenverein Immenstaad, Markus Weber: 1 - 5

Fredy Meyer

Sankt Nikolaus als Patron der Schiffs- und Handelsleute

Seiten 44 – 51

1 Vgl. dazu die grundlegenden und umfassenden Monographien von Meisen, Karl: Nikolauskult und Nikolausbrauch im Abendlande. Eine kultgeographisch-volkskundliche Untersuchung (Forschungen zur Volkskunde Heft 9-12). Düsseldorf 1931. – Mezger, Werner: Sankt Nikolaus zwischen Kult und Klamauk. Zur Entstehung, Entwicklung und Veränderung der Brauchformen um einen populären Heiligen. Ostfildern 1993. - ferner: Bächtold-Stäubli, Hanns (Hg.): Handwörterbuch des deutschen Aberglaubens Bd. 6. Photomechan. Nachdruck der Ausgabe Berlin 1934/35. Berlin-New York 1987, Sp. 1086-1107. – Wimmer, Otto / Melzer, Hermann: Lexikon der Namen und Heiligen. Hamburg 2002. – Braunfels, Wolfgang: Lexikon der christlichen Ikonographie, Bd. 8. Rom, Freiburg i. Br., Basel, Wien 1994, Sp. 45-58 (Art. v. L. Petzoldt).
2 Vgl. Mezger (vgl. Anm.1) S. 30.
3 Hecht, Konrad: Die ehemalige Kapelle zu Allensbach – eine bisher unbekannte frühmittelalterliche Basilika des Klosters Reichenau. In: FDA Bd. 73 (1953), S. 5-58.
4 Freundlicher Hinweis von Pfarrer Duffner, Kath. Pfarramt Überlingen. Siehe auch dazu den ersten Südkurierbericht in der Linzgauer Zeitung vom 7. Dez. 1959, Nr. 282, S. 5.
5 Bei Herrn Stadtarchivar Dr. Heiner Stauder möchte ich mich an dieser Stelle für seine freundl. Unterstützung bedanken.
6 Die Nikolauskapelle in Wolfurt wird 1167 erstmals erwähnt. In Rickenbach befand sich eine 1702 erbaute Votivkapelle, auch "Lenza" - Kapelle genannt, die auf ein Gelübde wegen Wasserkatastrophen zurückgeht. Vgl. Ulmer, Andreas: Vorarlberger Gotteshäuser in Wort und Bild. Bregenz 1934, S. 30 f.
7 Aus: Der Heiligen Leben, Bd. I (Winterteil), S. 195.

Abbildungsnachweise:
Fredy Meyer, Stockach: 1, 4, 7
Foto Siegfried Lauterwasser, Überlingen: 2, 3
Vorarlberger Landesmuseum, Gerda Leipold: 5, 6

Gerda Leipold-Schneider

Schifffahrt – ein Thema im Rosgartenmuseum Konstanz

Seiten 54 – 55

1 Hakelberg, Dietrich: Das Kippenhorn bei Immenstaad (Materialhefte zur Archäologie in Baden-Württemberg 56). Stuttgart 2003, S. 165, 170.
2 Maurer, Helmut: Über Häfen des hohen Mittelalters am Bodensee – Beobachtungen anhand der schriftlichen Überlieferung. In: Archäologisches Landesmuseum Baden-Württemberg (Hg.): Einbaum, Lastensegler, Dampfschiff (ALManach 5/6, 2000/2001). Stuttgart 2000, S. 181.
3 Röber, Ralph: Konstanz und seine Häfen – Standort und Infrastruktur von der Antike bis in das 19. Jahrhundert. In: Archäologisches Landesmuseum Baden-Württemberg (Hg.): Einbaum, Lastensegler, Dampfschiff (ALManach 5/6, 2000/2001). Stuttgart 2000, S. 203.

4 Knöpfli, Albert / Schwan, Berthold / Oesterle, Hans: Grethäuser in Rorschach, Konstanz, Überlingen. In: Bodenseebuch 1960. Kreuzlingen 1960, S. 174 f.
5 Hofmann, Erich / Hofmann, Herbert: Konstanz – alte Stadt in alten Bildern. Konstanz 1978, S. 142. - Umfassende Publikation zu Kaufhaus und Hafen siehe Gonschor, Brunhild: Kaufhaus und Hafen (Konstanz in alten Ansichten 2; Konstanzer Museumskataloge 1.2). Konstanz 1988.
6 Röber (vgl. Anm. 3) S. 205 f.
7 Hofmann/Hofmann (vgl. Anm. 5) S. 168.

Abbildungsnachweise:
Rosgartenmuseum Konstanz, 1-4

Gerda Leipold-Schneider

Die „Greth" in Überlingen – zu ihrer Baugeschichte

Seiten 58 – 61

1 Die Ergebnisse der Untersuchung sind publiziert in Uhl, Stefan: Die „Greth" in Überlingen. In: Südwestdeutsche Beiträge zur historischen Bauforschung, Band 4, 1999, S. 259-299 und werden hier zusammenfassend wiedergegeben.
2 Stender, Detlef (Hg.): Industriekultur am Bodensee. Ein Führer zu Bauten des 19. und 20. Jahrhunderts. Konstanz 1992, S. 56.

Abbildungsnachweis:
Stefan Uhl, Biberach: 1, 2, 7
Stadtmuseum Überlingen: 3
Stadtarchiv Überlingen: 4, 5
Foto Siegfried Lauterwasser, Überlingen: 6

Gerda Leipold-Schneider

Die Schifffahrt im Städtischen Museum Überlingen

Seiten 64 – 65

1 Ständer, Detlef (Hg.): Industriekultur am Bodensee. Ein Führer zu Bauten des 19. und 20. Jahrhunderts. Konstanz 1992, S. 160.
2 Bühler, Wolfgang: Ein Gang durch die Geschichte – von den Anfängen bis zum Ende der Reichsfreiheit (1802). In: Stadt Überlingen (Hg.): Überlingen – Bild einer Stadt. Weißenhorn 1970, S. 26.
3 Schnering, Eugen: Eine Stadt auf zwei Beinen – Überlingens Weg von 1945 bis heute. In: Stadt Überlingen (Hg.): Überlingen – Bild einer Stadt. Weißenhorn 1970, S. 59.
4 Zang, Gert: Die Entwicklung von Schiffahrt und Eisenbahn im badischen Bodenseegebiet während des 19. Jahrhunderts. In: Zeitschrift für Württembergische Landesgeschichte, 49. Jahrgang. Stuttgart 1990, S. 265.
5 Ständer (vgl. Anm. 1) S. 160.

Abbildungsnachweise:
Städtisches Museum Überlingen, 1-6

Achim Schaefer

Die Hafenanlage in Steinach

Seiten 68 – 71

1 Siehe hierzu Duft, Johannes: Der Bodensee in Sankt Galler Handschriften. St. Gallen 41988, S. 33 ff.
2 Duft, Johannes (Hg.): Die Lebensgeschichte der Heiligen Gallus und Otmar. Sigmaringen 1988, S.107.
3 Urkunden der Abtei, Nr. 304, von 827 (828) April 25. - Siehe auch Moser, Fritz: Das Strassen- und Schiffahrtswesen der Nordostschweiz im Mittelalter. Frauenfeld 1930, S. 20.

4 Moser (vgl. Anm. 3) S.103.

5 Siehe hierzu Duft, Johannes / Gössi, Anton / Vogler, Werner: Die Abtei St. Gallen. St. Gallen 1986, S. 20 ff.

6 Moser (vgl. Anm. 3) S.20.

7 Duft (vgl. Anm. 2) S. 18. - Siehe auch Niederstätter, Alois: Ante Portas. Herrscherbesuche am Bodensee 839- 1507. Konstanz 1993, S. 56.

8 So z. B. in Urkunden aus dem Jahr 1358 und 1431. Urkunden der Abtei, Nr. 1534, Nr. 3627.

9 Gmür Max: Die Rechtsquellen des Kantons St. Gallen, erster Teil Offnungen und Hofrechte, erster Band Alte Landschaft, Aarau 1903, S. 146.

10 Stadtarchiv St. Gallen, Grabbuch von Steinach. Zum Teil transkribiert bei: Peyer, Hans Conrad: Leinwandgewerbe und Fernhandel der Stadt St. Gallen von den Anfängen bis 1520. Bd. 1. St. Gallen 1959/60, S.242 ff.

11 Im Gegensatz zu Wahrenberger und Keller, die ein Herabsinken des Steinacher Hafens in die Bedeutungslosigkeit erkannt haben wollen.

12 Ich verweise hier besonders auf die Untersuchung von Göttmann, Frank: Getreidemarkt am Bodensee Raum – Wirtschaft – Politik – Gesellschaft 1650-1810 (Beiträge zur südwestdeutschen Wirtschafts- und Sozialgeschichte 13). St. Katharinen 1991.

13 Göttmann (vgl. Anm. 12) S. 231.

14 Staatsarchiv St. Gallen, R 158; Pachtvertrag für die Domäne Steinach zwischen dem Domänendepartement und Herrn Greusing vom 27. April 1839, der in Artikel 18 ausdrücklich auf den Eid als Zoller hinweist. Im übrigen weist dieser Pachtvertrag eine erstaunliche Ähnlichkeit mit den Gredordnungen aus früheren Zeiten auf.

15 Die hier genannten Zahlen stammen aus Vögele, Jörg: Getreidemärkte am Bodensee im 19. Jahrhundert. St. Katharinen 1989, S. 142 ff.

16 Staatsarchiv St. Gallen, Kaufvertrag vom 16. Juli 1860, 158- Fasz. 3 und Verhandlungsprotokoll des Gemeinderaths Steinach, Bd. V, S. 205.

17 Staatsarchiv St. Gallen, R 159, Fasz. 2.

Abbildungsnachweise:
Daniel Studer, St. Gallen: 1
Kantonalarchäologie St. Gallen: 2
Grenzatlas der alten Landschaft der Fürstabtei St. Gallen von ca. 1730. Faksimileausgabe, von Werner Vogler und Hans-Peter Höhener, Stiftsarchiv St. Gallen, Band 1204, fol. 31: 3

Gerda Leipold-Schneider

Mit Segel und Dampf –
Schifffahrtsgeschichte im Seemuseum Kreuzlingen

Seiten 74 – 81

1 Leipold-Schneider, Gerda: Schiffahrt auf dem Alpenrhein zwischen Chur und der Bodenseemündung. Sonderdruck aus: Die Erschließung des Alpenraums für den Verkehr im Mittelalter und in der frühen Neuzeit (Schriftenreihe der Arbeitsgemeinschaft Alpenländer, Berichte der Historikertagungen, Neue Folge 7). Bozen 1996, S. 222.

2 Burmeister, Karl Heinz: Vom Lastschiff zum Lustschiff. Zur Geschichte der Schiffahrt auf dem Bodensee. Konstanz 1992, S. 55. - Hakelberg, Dietrich, Das Kippenhorn bei Immenstaad. Archäologische Untersuchungen zu Schiffahrt und Holzschiffbau am Bodensee vor 1900 (Materialhefte zur Archäologie in Baden-Württemberg 56). Stuttgart 2003, S. 153.

3 Burmeister (vgl. Anm. 2) S. 58. - Vorarlberger Landesarchiv (VLA), LBS 76, fol. 664. – Frachtbuch des Schiffers Lutz aus dem 19. Jahrhundert. Privatbesitz Siegfried Lutz, Gaißau.

4 Stadelmann, Eugen: 50 Jahre Marktgemeinde Hard. Bregenz 1955, S. 136.

5 Göttmann, Frank: Getreidemarkt am Bodensee. Raum – Wirtschaft – Politik – Gesellschaft 1650-1810 (Beiträge zur südwestdeutschen Wirtschafts- und Sozialgeschichte 13). St. Katharina 1991, S. 42, 254-256, 262.

6 Vgl. Stadtarchiv Überlingen, Akten XXXIX.

7 Salzmann, Martin: Schiffahrt und Verkehr im Bodenseeraum im 19. Jahrhundert aus schweizerischer Sicht. In: Zeitschrift für Württembergische Landesgeschichte, 49. Jahrgang, S. 253.

8 Kuhn, Elmar L.: Schiffahrt und Verkehr im württembergischen Bodenseegebiet um 1900. In: Zeitschrift für Württembergische Landesgeschichte, 49. Jahrgang, S. 270.

9 Göttmann (vgl. Anm. 5) S. 109.

10 VLA, Bregenz Kreisamt I, Faszikel 157.

11 Siehe Beitrag „Der Bodensee – eine Schiffslandschaft" in diesem Band. Deppert, Werner: Mit Dampfmaschine und Schaufelrad - die Dampfschifffahrt auf dem Bodensee. Konstanz 1975, S. 12.

12 Ebd. S. 12 f., 154 f.

13 Ebd. S. 14.

14 Dobras, Werner / Kurz, Andreas: Die Geschichte der Bodenseeschiffahrt um Lindau. In: Neujahrsblatt 34 des Museumsvereins Lindau 1994, S. 22.

15 Deppert (vgl. Anm. 11) S. 58 f.

16 Ebd. S. 59.

17 Liechti, Erich / Meister, Jürg / Gwerder, Josef: Die Geschichte der Schiffahrt auf Bodensee, Untersee und Rhein, Schaffhausen 1981, S. 8, 15.

18 Deppert (vgl. Anm. 11) S. 46-49.

19 Brunner-Schwer, Hans Georg / Fritz, Karl F.: Die Geschichte der großen Bodenseeschiffe (Bodensee Magazin Spezial). 2. Auflage, o.J., S. 7 f.

20 Fritz, Karl F.: Abenteuer Dampfschiffahrt auf dem Bodensee. Meersburg 1990, S. 25. - Dobras/Kurz (vgl. Anm. 14) S. 26 f.

21 Dieth, Arnulf: Rot-Weiss-Rot auf dem Bodensee. Die österreichische Schiffahrt im Wandel der Zeit. Hard 1995, S. 64.

22 Brunner-Schwer/Fritz (vgl. Anm. 19) S. 31.

23 Lauterwasser, Siegfried / Frank, Stephan: Segeln am Bodensee. Bielefeld 2000, S. 10-13.

24 Ebd. S. 30.

25 Ebd. S. 30.

Abbildungsnachweise:
Seemuseum Kreuzlingen: 1-17

Jürgen Klöckler

Konstanz -
Von der Dampfschifffahrt zur „schwimmenden Brücke"

Seiten 84 – 87

1 Vgl. dazu weiter: Zang, Gert (Hg.): Provinzialisierung einer Region. Zur Entstehung der bürgerlichen Gesellschaft in der Provinz. Frankfurt/Main 1978.

2 Weiterführend Weidhase, Helmut: Imperia. Konstanzer Hafenfigur. Konstanz 1994.

3 Deppert, Werner: Mit Dampfmaschine und Schaufelrad. Die Dampfschiffahrt auf dem Bodensee 1817-1967. Konstanz 1975, S. 11. Siehe auch Beitrag „Der Bodensee – eine Schiffslandschaft" in diesem Band.

4 Daten zu diesen Schiffen bei Deppert, Werner: Die weiße Flotte. Wissenswertes über die Schiffahrt auf dem Bodensee. Konstanz 1977, S. 25.

5 Gut, Waltraud: Unterwegs zur Fähre. 75 Jahre Konstanz-Meersburg (Kleine Schriftenreihe des Stadtarchivs Konstanz, 2). Konstanz 2003, 48-52. - Klöckler, Jürgen / Hennige, Christer / Leinweber, Franz: Schwimmende Brücke. Die Fähre auf dem Bodensee. Konstanz 2003, S. 13-16.

Abbildungsnachweise:
Stadtarchiv Konstanz: 1
Touristinformation Konstanz: 3, 4
Seemuseum Kreuzlingen: 2

Heiner Stauder

Der Lindauer Hafen

Seiten 90 – 97

1 Für die Stadtgeschichte Lindaus immer noch grundlegend: Wolfart, Karl (Hg.): Geschichte der Stadt Lindau im Bodensee. 2 Bde. Lindau 1909. - An jüngeren Resümees

Quellenangaben und Bildnachweise der einzelnen Beiträge

sowie an Darstellungen bestimmter Zeitabschnitte seien ohne Anspruch auf Vollständigkeit genannt: Bachmann, Karl: Chronologische Geschichte Lindaus von den Anfängen bis zur Gegenwart. In: Neujahrsblatt 45 des Museumsvereins Lindau 2005. – Burmeister, Karl Heinz: Das Bild der Reichsstadt Lindau. Ansichten der Insel von 1500 bis 1800. In: Neujahrsblatt 42 des Museumsvereins Lindau 2002, bes. S. 10-13 mit dem Kapitel „Die Entwicklung der Stadt Lindau 800 – 1800". – Dobras, Werner: Lindau im 19. Jahrhundert. Streifzüge durch die Geschichte der Stadt. Bergatreute 1983. - Horn, Adam / Meyer, Werner: Stadt und Landkreis Lindau (Bodensee) (Die Kunstdenkmäler von Bayern, Regierungsbezirk Schwaben, Bd. 4). München 1954, bes. die Einleitung zur Stadtgeschichte S. 1-17. – Stauder, Heiner: Lindau. In: Hohrath, Daniel/ Weig, Gebhard / Wettengel, Michael (Hg.): Das Ende reichsstädtischer Freiheit 1802. Zum Übergang schwäbischer Reichsstädte vom Kaiser zum Landesherrn. Begleitband zur Ausstellung „Kronenwechsel" ... (Forschungen zur Geschichte der Stadt Ulm, Reihe Dokumentation, Bd. 12). Ulm 2002, S. 126-131.

2 Zur städtebaulichen Entwicklung vgl. neben Horn/Meyer (vgl. Anm. 1) auch Götzger, Heinrich: Insel Lindau im Bodensee. Erschließen der Siedlungsentwicklung aus Grundstückslagen. Ein Versuch. In: Neujahrsblatt 16 des Museumsvereins Lindau 1967.

3 Trotz seiner zentralen Bedeutung für die Stadtgeschichte liegt keine größere Publikation zur Entwicklung des Hafens vor. Einzelne Aspekte werden angeschnitten bei Dobras, Werner / Kurz, Andreas: Die Geschichte der Bodenseeschiffahrt um Lindau. In: Neujahrsblatt 34 des Museumsvereins Lindau 1994.

4 Stadtmuseum Lindau: Glea 104. - Eine Beschreibung bei Stauder (vgl. Anm. 1) S. 129 ff., dort auch weitere Literaturangaben. - Burmeister (vgl. Anm. 1) S. 58 ff.

5 Wolfart (vgl. Anm. 1) Bd. 1/1, S. 240.

6 Zur Jakobskapelle und der Rolle Lindaus als Station am Jakobsweg vgl. Wipper, Heinrich: Der neue Jakobsweg durch den Landkreis Lindau. In: Jahrbuch des Landkreises Lindau 19, 2004, S. 41-53.

7 Hinweise auf Parallelen zwischen den Hafenanlagen am Bodensee in vorindustrieller Zeit bei Hakelberg, Dietrich: Das Kippenhorn bei Immenstaad. Archäologische Untersuchungen zu Schiffahrt und Holzschiffbau am Bodensee vor 1900 (Materialhefte zur Archäologie in Baden-Württemberg 56). Stuttgart 2003, S. 39, Anm. 199.

8 Boulan, Friedrich: Lindau vor Altem und Jetzt. Lindau 1870, S. 465.

9 Vgl. die Erläuterungen zu einer Vogelschau des Lindauer Hafens von 1772 bei Hakelberg (vgl. Anm. 7) Abb. 13.

10 Zu Lindau als Umschlagplatz für Salz siehe Kurz, Andreas: Zur Geschichte des Lindauer Salzhandels im 18. Jahrhundert. In: Jahrbuch des Landkreises Lindau 3, 1988, S. 47-52.

11 Vgl. Stauder, Heiner: Die Mediatisierung Lindaus – ein Sonderfall. In: Blickle, Peter / Schmauder, Andreas (Hg.): Die Mediatisierung der oberschwäbischen Reichsstädte im europäischen Kontext (Oberschwaben – Geschichte und Kultur, Bd. 11). Epfendorf 2003, S. 119-145.

12 Stadtmuseum Lindau: Glea 131.

13 Zum Bau der Molen 1811/12 vgl. Stauder, Heiner: Der Lindauer Hafen 1812. In: Hohrath/Weig/Wettengel (vgl. Anm. 1) S. 253-255.

14 [Wiebeking, Karl Friedrich:] Beschreibung des auf Befehl Seiner Majestaet des Koenigs von Baiern im Jahr 1812 angelegten Seehafens am Constanzer-See bey Lindau (Sonderdruck aus Wiebekings theoretisch-praktischer Wasserbaukunst, 2. Bd., 2. Aufl.). [München] 1812, S. 19, dort auch die folgenden Zitate.

15 Bilgeri, Benedikt: Bregenz – Geschichte der Stadt. Politik, Verfassung, Wirtschaft. Wien, München 1980, S. 393.

15 Stadtarchiv Lindau, Kartensammlung.

17 Wiebeking (vgl. Anm. 14) S. 20.

18 Ebd. S. 20 f.

19 Dazu vgl. u.a. Dobras, Werner: Der Lindauer Hafen und der Fremdenverkehr. In: Schönere Heimat. Erbe und Auftrag 92, 2003, S. 104-107. – Dumcke, Walter: Lindau und die Eisenbahn 1853-1953. In: Neujahrsblatt 13 des Museumsvereins Lindau 1954, S. 45-74. - Sendner-Rieger, Beatrice: Die Bahnhöfe der Ludwig-Süd-Nord-Bahn 1841-1853. Zur Geschichte des bayerischen Staatsbauwesens im 19. Jahrhundert. Karlsruhe 1989. – Schweizer, Karl: 150 Jahre Eisenbahn im Landkreis Lindau. In: Jahrbuch des Landkreises Lindau 18, 2003, S. 9-38.

20 Dumcke (vgl. Anm. 19) S. 50.

21 Zur Blüte des Getreidehandels in Lindau nach dem Bahnanschluss vgl. Martin, Karl: Die Schranne zu Lindau. Ihre Geschichte seit dem 18. Jahrhundert. Neujahrsblatt 27 des Museumsvereins Lindau 1982, S. 52-57.

22 Zur Erweiterung und Ausschmückung des Hafens 1854-1856 vgl. v.a. Sendner-

Rieger (vgl. Anm. 19), S. 80 f. - Dobras/Kurz (vgl. Anm. 3) S. 29.

23 Dobras/Kurz (vgl. Anm. 3) S. 35.

24 Stadtmuseum Lindau: Glea 153.

25 Zu Harrer und seinem Album vgl. Hölz, Christoph: Kurbad Schachen (1850-1930). Entwicklungsgeschichte und Bautypologie. Unpublizierte Magisterarbeit im Fach Kunstgeschichte an der Philosophischen Fakultät der Ludwig-Maximilians-Universität München. München 1991, S. 13 f.

26 Vgl. 125 Jahre Hotel Bayerischer Hof. Lindau 1979.

27 Zum Maximiliandenkmal vgl. Dumcke (vgl. Anm. 19) S. 65. - Sendner-Rieger (vgl. Anm. 19) S. 81.

28 Stadtmuseum Lindau: Glea 150.

29 Zum Trajektverkehr vgl. Dumcke (vgl. Anm. 19) S. 67 f. - Dobras/Kurz (vgl. Anm. 3) S. 35-38.

30 Hierzu und zum folgenden Martin (vgl. Anm. 21) S. 52-57.

31 Zum Bau der beiden Amtsgebäude siehe Bachmann, Karl: Geschichte Lindaus um den Ersten Weltkrieg. 1900-1919. Neujahrsblatt 40 des Museumsvereins Lindau 2000, S. 55 f.

32 Zu den Anfängen Lindaus als Stadt des Tourismus Hinweise bei Bachmann (vgl. Anm. 31) S. 41-43. - Dobras (vgl. Anm. 19) S. 107.

33 Kurzbiographie in: Stuhler, Werner / Thorbecke, Franz: Die Insel Lindau. 50 Jahre photographischer Rückblick. Lindau 2002, S. 144. - Ebd. S. 122 die hier vorgestellte Aufnahme (Abb. 6), deren Wiedergabe mit freundlicher Genehmigung des Fotografen erfolgt.

34 Burmeister, Karl Heinz: Vom Lastschiff zum Lustschiff. Zur Geschichte der Schiffahrt auf dem Bodensee. Konstanz 1992.

35 Dumcke (vgl. Anm. 19) S. 72 f.

36 Zur Schiffswerft Schweizer, Karl: Mehr als 100 Jahre Metall-, Textil- und Holzgewerkschaften in Lindau. Lindau 2004, S. 36. - Bachmann (vgl. Anm. 1) S. 81.

Abbildungsnachweise:
Stadtmuseum Lindau: 1, 2, 4, 5
Stadtarchiv Lindau: 3
Werner Stuhler, Franz Thorbecke: Die Insel Lindau. 50 Jahre photographischer Rückblick, Lindau 2002, S. 122: 6

Gerda Leipold-Schneider

Die Faktorei beim Fußacher Hafen – Etappenort im Alpentransit

Seiten 100 – 101

1 Bilgeri, Benedikt: Geschichte Vorarlbergs. Band 1: Vom freien Rätien zum Staat der Montforter. Wien, Köln, Graz 1971, S. 126.

2 Weitensfelder, Hubert: Industrie-Provinz: Vorarlberg in der Frühindustrialisierung 1740-1870 (Studien zur historischen Sozialwissenschaft 29). Frankfurt 2001, S.13.

3 Gemeindearchiv Höchst, Manuskript Bilgeri, S. 31.

4 Burmeister, Karl Heinz: Vom Lastschiff zum Lustschiff. Zur Geschichte der Schiffahrt auf dem Bodensee. Konstanz 1992, S. 91.

5 Zwanowetz, Georg: Zur Geschichte der österreichischen Bodenseeschiffahrt in der ersten Hälfte des neunzehnten Jahrhunderts. In: Monfort 1956, S. 133.

6 Vorarlberger Landesarchiv (VLA), Vogteiamt Feldkirch, Sch. 15. - Zwanowetz (vgl. Anm. 5) S. 145.

7 Bilgeri, Benedikt: Geschichte Vorarlbergs. Band 3: Ständemacht, Gemeiner Mann – Emser und Habsburger. Wien, Köln, Graz 1977, S. 139; 445. Dobras, Werner / Kurz, Andreas: Die Geschichte der Bodenseeschiffahrt um Lindau. In: Neujahrsblatt 34 des Museumsvereins Lindau 1994, S. 11.

8 VLA, Vogteiamt Feldkirch, Sch. 15. – VLA, Hds. u. Cod. LBS 74, Gerichtsprotokolle Höchst. – VLA, Landgericht Dornbirn, Sch. 19.

9 Zwanowetz (vgl. Anm. 5) S. 146.

10 Krapf, Philipp: Die Geschichte des Rheins zwischen dem Bodensee und Ragaz. In: Schriften des Vereins für die Geschichte des Bodensees und seiner Umgebung 1901, S. 216.

11 VLA, Hds. u. Cod. LBS 76, Gerichtsprotokolle Höchst, fol. 679, 664.

12 Stadtarchiv Überlingen, Gredamtzollstrafen 1601-1767, fol. 140 verso.

13 Stadtarchiv Überlingen, Gredamtzollstrafen 1601-1767, fol. 158 verso, 163 verso, 166 verso, 165 verso.
14 Zwanowe:z (vgl. Anm. 5) S. 152.
15 VLA, Bregenz Kreisamt I, Faszikel 166.
16 Dehio-Handbuch: Vorarlberg. Wien 1983, S. 218.
17 Dieth, Arnulf: Rot-Weiss-Rot auf dem Bodensee. Die österreichische Schiffahrt im Wandel der Zeit. Hard 1995, S. 12.

Abbildungsnachweise:
Amt der Vorarlberger Landesregierung, Abt. Raumplanung: 1
Stadtarchiv Dornbirn: 2
Vorarlberger Landesmuseum: 3, 4

Karl F. Fritz, Reinhard E. Kloser
Letzter Zeuge einer großen Epoche – das Dampfschiff Hohentwiel

Seiten 104 - 111

1 Kloser, Reinhard E. / Fritz, Karl F.: Das Dampfschiff Hohentwiel wieder in Fahrt auf dem Bodensee. Konstanz 1992, S. 36, 39.
2 Ebd. S. 27.
3 Ebd. S. 38.
4 Ebd. S. 43.
5 Ebd. S. 48, 49, 53.
6 Ebd. S. 53.
7 Ebd. S. 54.
8 Ebd. S. 55.
9 Ebd. S. 63.
10 Ebd. S. 66.

Abbildungsnachweise:
Reinhard E. Kloser, HSG, Hard: 1-5, 7-10
HSG: 6

Gerda Leipold-Schneider, Arnulf Dieth, Ute Pfanner
„Anker klar..." - Von den Gefahren zu den Freuden der Schifffahrt

Eine Ausstellung im Vorarlberger Landesmuseum Bregenz

Seiten 114 – 125

1 Dieth, Arnulf: Rot-Weiss-Rot auf dem Bodensee. Die österreichische Schiffahrt im Wandel der Zeit. Hard 1995, S. 213.
2 Vorarlberger Landesarchiv (VLA), Bregenz Kreisamt I, Sch. 300.
3 Krumholz, Emil: Die Geschichte des Dampfschiffahrtsbetriebes auf dem Bodensee. Innsbruck 1906. S. 26.
4 Staatsarchiv St. Gallen, Rheineck, L III 3.
5 Schulte, Aloys: Geschichte des mittelalterlichen Handels und Verkehrs zwischen Westdeutschland und Italien mit Ausschluß von Venedig. Berlin 1966, S. 495.
6 Hagen, Caspar: Dichtungen in alemannischer Mundart aus Vorarlberg. Zweite Sammlung. Innsbruck, Bregenz, Feldkirch 1874, S. 31-37.
7 Brunner-Schwer, Hans Georg / Fritz, Karl F.: Die Geschichte der großen Bodenseeschiffe (Bodensee Magazin Spezial). 2. Auflage, o.J., S.68 f.
8 Hakelberg, Dietrich, Das Kippenhorn bei Immenstaad. Archäologische Untersuchungen zu Schiffahrt und Holzschiffbau am Bodensee vor 1900 (Materialhefte zur Archäologie in Baden-Württemberg 56). Stuttgart 2003, S. 181, 164, 160, 27, 131.
9 Maurer, Helmut: Über Häfen des hohen Mittelalters am Bodensee. Beobachtungen anhand der schriftlicher Überlieferungen. In: Archäologisches Landesmuseum Baden-Württemberg (Hg.): Einbaum, Lastensegler, Dampfschiff (ALManach 5/6, 2000/2001). Stuttgart 2000, S. 178.
10 Leipold-Schneider, Gerda: Schiffahrt auf dem Alpenrhein zwischen Chur und der Bodenseemündung. Sonderdruck aus: Die Erschließung des Alpenraums für den Verkehr im Mittelalter und in der frühen Neuzeit (Schriftenreihe der Arbeitsgemeinschaft Alpenländer, Berichte der Historikertagungen, Neue Folge 7). Bozen 1996, S. 222.
11 Weitensfelder, Hubert: Industrie-Provinz: Vorarlberg in der Frühindustrialisierung 1740-187 (Studien zur historischen Sozialwissenschaft 29) Frankfurt 2001, S. 13.
12 Burmeister, Karl Heinz: Vom Lastschiff zum Lustschiff. Zur Geschichte der Schifffahrt auf dem Bodensee. Konstanz 1992, S. 88.
13 Zwanowetz, Georg: Zur Geschichte der österreichischen Bodenseeschiffahrt in der ersten Hälfte des neunzehnten Jahrhunderts. In: Monfort 1956, S. 158 f.
14 Brunner-Schwer/Fritz (vgl. Anm. 7) S. 10.
15 Stadtarchiv Bregenz, Kartei der Schiffsmannschaft.
16 Lechner, Josef: 75 Jahre österreichische Bodensee-Dampfschiffahrt. Ihre Entstehung und Entwicklung. Bregenz 1959, S. 15.
17 Beitl, Richard: Im Sagenwald. Feldkirch 1953, S. 32 f.
18 Krumholz (vgl. Anm. 3) S. 388, 545, 562.
19 VLA, Bregenz Kreis- und Oberamt, Faszikel 606.
20 Röber, Ralph: Konstanz und seine Häfen – Standort und Infrastruktur von der Antike bis in das 19. Jahrhundert. In: Archäologisches Landesmuseum Baden-Württemberg (Hg.), Einbaum, Lastensegler, Dampfschiff (ALManach 5/6, 2000/2001), Stuttgart 2000, S. 199f.
21 Liener, Hannes: Beiträge zur Geschichte des Salzhandels der Stadt Feldkirch. Unpublizierte Hausarbeit, Universität Innsbruck 1982, S. 35, 43.
22 Burmeister, Karl Heinz: Die Waren der Lastschifffahrt auf dem Bodensee und Hochrhein. In: Archäologisches Landesmuseum Baden-Württemberg (Hg.), Einbaum, Lastensegler, Dampfschiff (ALManach 5/6, 2000/2001), Stuttgart 2000, S. 152. – Weitensfelder (vgl. Anm. 11) S. 15.
23 Kuhn, Elmar L.: Schiffahrt und Verkehr im württembergischen Bodenseegebiet um 1900. In: Zeitschrift für Württembergische Landesgeschichte, 49. Jahrgang, S. 270.
24 Salzmann, Martin: Schiffahrt und Verkehr im Bodenseeraum im 19. Jahrhundert aus schweizerischer Sicht. In: Zeitschrift für Württembergische Landesgeschichte, 49. Jahrgang, S. 243.
25 Dieth (vgl. Anm. 1) S. 25.
26 Hakelberg (vgl. Anm. 8) S.143.
27 Leidenfrost, Johannes: Die Lastsegelschiffe des Bodensees. Ein Beitrag zur Schifffahrtsgeschichte (Bodensee-Bibliothek 11). Sigmaringen 1975, S. 56.
28 Billamboz, André / Tegel, Willy: Die dendrochronologische Datierung des spätrömischen Kriegshafens von Bregenz. In: Jahrbuch des Vorarlberger Landesmuseumsvereins 1995, S. 23-30.
29 Ertel, Christine: Das römische Hafenviertel von Brigantium-Bregenz (Schriften des Vorarlberger Landesmuseums A, 6). Bregenz 1999, S. 23-25.
30 Krumholz (vgl. Anm. 3) S. 77.
31 Dieth (vgl. Anm. 1) S. 74.
32 Weitensfelder (vgl. Anm. 11) S. 236 f. – Zwanowetz (vgl. Anm. 13) S. 161-187.
33 Brunner-Schwer/Fritz (vgl. Anm. 7) S. 10.
34 Ebd. S. 29.
35 Dieth (vgl. Anm. 1) S. 35, 138.
36 Ebd. S. 47, 133, 148.
37 Land Vorarlberg (Hg.): Vorarlberg Chronik. Lochau 1997, S. 248 f. – Wanner, Gerhard: Schiffstaufe Fußach 1964. Bregenz 1980.
38 Dieth (vgl. Anm. 1) S. 236 f.
39 Ebd. S. 65.
40 Bernhard, Klaus: Idylle – Theorie, Geschichte, Darstellung in der Malerei 1750-1850. Zur Anthropologie deutscher Seligkeitsvorstellungen. Köln, Wien 1977, S. 247 f.
41 Kos, Wolfgang: Das Malerische und Touristische. In: Faszination Landschaft. Ausstellungskatalog. Salzburg 1975, S. 7 f.

Abbildungsnachweise:
Vorarlberger Landesmuseum: 1-13, 15-17, Jürgen Zimmermann: 14

Quellenangaben und Bildnachweise der einzelnen Beiträge

Verzeichnis der Autoren

Thomas Klagian

Der Bregenzer Hafen bis ins 19. Jahrhundert

Seiten 128 – 131

1 Ertel, Christine: Das römische Hafenviertel von Brigantium-Bregenz (Schriften des Vorarlberger Landesmuseums A, 6). Bregenz 1999.
2 Burmeister, Karl Heinz: Vom Lastschiff zum Lustschiff. Zur Geschichte der Schifffahrt auf dem Bodensee. Konstanz 1992, S. 102-104. – Bilgeri, Benedikt: Bregenz – Geschichte der Stadt. Wien, München 1980, S. 29, 175, 221, 318, 392 f. – Bilgeri, Benedikt: Bregenz – Eine besiedlungsgeschichtliche Untersuchung (Schriften zur Vorarlberger Landeskunde 1). Dornbirn 1948, S. 55, 104, 170.
3 Dieth, Arnulf: Die österreichische Schiffahrt auf dem Bodensee. Hard 1984, S. 52.
4 Dieth, Arnulf: Rot-Weiss-Rot auf dem Bodensee. Die österreichische Schiffahrt im Wandel der Zeit. Hard 1995, S. 72 f.

Abbildungsnachweise:
Stadt Bregenz: 1
Vorarlberger Landesmuseum: 2, 5
Archiv der Landeshauptstadt Bregenz: 3, 4

Gerda Leipold-Schneider, Karl F. Fritz

Der Voith-Schneider-Propeller und ältere Antriebssysteme

Seiten 134 – 137

1 Brunner-Schwer, Hans Georg / Fritz, Karl F.: Die Geschichte der großen Bodenseeschiffe (Bodensee Magazin Spezial). 2. Auflage, o.J., S.43.
2 Ebd. S. 77.
3 Ebd. S. 41.
4 Fessler, Klaus: Ing. Josef Ehrhart (1897-1949), einer der bedeutendsten Techniker Vorarlbergs (Manuskript) zit. Nägele, Hans: Der Maschinenbauer Josef Ehrhart. In: Gartenstadt Dornbirn, 1951, S. 184-196.
5 Deppert, Werner: Die weiße Flotte. Wissenswertes über die Schiffahrt auf dem Bodensee. Konstanz 1977, S. 14.
6 Dieth, Arnulf: Rot-Weiss-Rot auf dem Bodensee. Die österreichische Schiffahrt im Wandel der Zeit. Hard 1984, S. 26. Krumholz, Emil: Die Geschichte des Dampfschifffahrtsbetriebes auf dem Bodensee. Innsbruck 1906, S. 2, 15, 17, 23. Brunner-Schwer, Hans Georg/ Fritz, Karl F.: Die Geschichte der großen Bodenseeschiffe (Bodensee Magazin Spezial). 2. Auflage, o.J., S. 7.
7 Deppert (vgl. Anm. 5) S. 15.
8 Krumholz u. Bodensee-Magazin
9 Hakelberg, Dietrich: Schifffahrt auf dem Bodensee. Geschichte und Archäologie von der Spätantike bis zur Industrialisierung. In: Archäologisches Landesmuseum Baden-Württemberg (Hg.): Einbaum, Lastensegler, Dampfschiff (ALManach 5/6, 2000/2001). Stuttgart 2000, S. 124.
10 Lädinen-Verein e.V.(Hg.): Unveröff. Manuskript zusammengestellt von Rudolf Hiß, Immenstaad 2003, S. 4, 57. - Vgl. Niederer, Gebhard, Gaißau, Dornbirn 1962, S. 104.

Abbildungsnachweise:
Vorarlberger Landesmuseum: 1
Voith-Schneider, Heidenheim: 2
Arnulf Dieth: 3, 4
Seemuseum Kreuzlingen: 5
Lädinenverein Immenstaad, Markus Weber: 6

Anneros Troll

Landschaftsfotografie Bodensee und Schiffe

Titelbild auf dem Umschlag, Bild Seite 167,
Doppelseitenbilder Seiten: 6-7, 22-23, 28-29, 38-39, 52-53, 56-57, 62-63, 66-67, 72-73, 82-83, 88-89, 98-99, 102-103, 112-113, 126-127, 132-133, 138-139, 168-169.

Dr. Ronald Bockius
Museum für Antike Schifffahrt
Neutorstraße 2b
D-55116 Mainz
T +49 (0) 6131 2866321
F +49 (0) 6131 2866324
www.rgzm.de
bockius@mufas.de

Arnulf Dieth
Am Brand 28
A-6900 Bregenz
T +43 (0) 5574 522 87

Karl F. Fritz
Enzianweg 22
D-78467 Konstanz
T +49 (0) 7531 95 98 71

Mag. Thomas Klagian
Archiv der Landeshauptstadt Bregenz
Bergmannstraße 6
A-6900 Bregenz
T +43 (0) 5574 410 15 60
F +43 (0) 5574 410 550
www.bregenz.at
thomas.klagian@bregenz.at

Dr. Jürgen Klöckler
Stadtarchiv Konstanz
Benediktinerplatz 5
D-78459 Konstanz
T +49 (0) 7531 900 600
F +49 (0) 7531 61743
www.konstanz.de
KloecklerJ@stadt.konstanz.de

Reinhard E. Kloser
Sägewerkstraße 9a
A-6971 Hard
T +43 (0) 5574 757 24

Dr. Gerda Leipold-Schneider
Vorarlberger Landesmuseum
Kornmarktplatz 1
A-6900 Bregenz
T +43 (0) 5574 460 50 15
F +43 (0) 5574 460 50 20
www.vlm.at
gerda.leipold-schneider@vlm.at

Dr. Fredy Meyer
Pestalozzistraße 7
D-78333 Stockach
T +49 (0) 7771 7627
Dr_Meyer@web.de

Mag. Ute Pfanner
Vorarlberger Landesmuseum
Kornmarktplatz 1
A-6900 Bregenz
T +43 (0) 5574 460 50 14
F +43 (0) 5574 460 50 20
www.vlm.at
ute.pfanner@vlm.at

Dr. Ralph Röber
Archäologisches Landesmuseum
Baden-Württemberg
Außenstelle Konstanz
Benediktinerplatz 5
D-78467 Konstanz
T +49 (0) 7531 9804-0
F +49 (0) 7531 68452
www.konstanz.alm-bw.de
roeber@konstanz.alm-bw.de

Achim Schaefer M.A.
Historisches und Völkerkundemuseum
St. Gallen
Museumstrasse 50
CH-9000 St. Gallen
T +41 (0) 71 242 06 67
F +41 (0) 71 242 06 44
www.hmsg.ch
achim.schaefer@hmsg.ch

Heiner Stauder M. A.
Stadtarchiv Lindau (B)
Reichsplatz
D-88131 Lindau (B)
T +49 (0) 8382 94 46 53
F +49 (0) 8382 94 46 54
www.lindau.de
StadtarchivLindau@web.de